JN062316

DAS SCHICKSAL DER BEGABTEN FRAU

IM SCHATTEN BERÜHMTER MÄNNER

INGE STEPHAN

才女の運命

男たちの名声の陰で

イング・シュテファン 著　松永美穂 訳

凡例

・脚注については、原注は☆＋アラビア数字で、訳注は数字で記した。
必要に応じて丸括弧を用いて本文中に記した箇所もある。
・作品・書籍・雑誌等の名称については『 』で示した。

書籍カバー図版

ヴィルヘルム・ハマスホイ
「画家の妻のいる室内、コペンハーゲン、ストランゲーゼ30番地」(1902年)
Vilhelm Hammershøi, *Stue i Strandgade med kunstnerens hustru* (Public Domain)

Das Schicksal der begabten Frau: Im Schatten berühmter Männer
by Inge Stephan

This book is originally published as German edition in 1989 by Kreuz Verlag, Stuttgart
This Japanese edition is published in 2020 by Film Art Inc, Tokyo

光と陰　日本語版への前書き

有名な男性の陰でずっと生きてこられて、どんなお気持ちですか。エレーヌ・ド・コーニングはあるときそんなふうに尋ねられた。一九三三年から一九八六年に癌で世を去るまでの五十年間、戦後アメリカでもっとも重要な画家の一人となったヴィルヘルム・ド・コーニングとの間に別離と再会をくりかえし、波乱に富んだ結婚生活を送ってきた女性画家は、その質問に対してそっけなくこう答えた。

「わたしは彼の陰にいるのではなく、彼の光のなかに立っているのです。」

有名な男性とともに生きてきた多くの女性たちは、エレーヌ・ド・コーニングと同じように考えてきたのだろう。彼女たちは夫の名声が発する光を浴び、その光が自分の上にもふりかかるのを楽しんできたのかもしれない。

この本で取り上げた女性たちも、夫（や愛人）の名声をいくらかは楽しんだだろうし、なかには有名だったからこそその人を夫に選んだ、という女性もいる。しかし、彼女たちはすべて、多かれ少なかれ、最終的には光ではなく、夫の陰に生きなければならないという辛い体験をした。光があるところには必然的に陰が生じるものだし、この陰は結局妻たちの上に投げかけられる。たいていは彼女たちがまだ生きているうちに、そうでなくても死んでから、男性の天才にばかり興味を示し、女性などはさっさと忘れてしまう後世の人々によって。

女性が男性の作品に対して与えた生産的な助力が無視されるだけではない。芸術家、作家、あるいは学者としてその女性が自分一人の力で、パートナーとの苦しい闘いやものすごい競争を経て完成させた作品までが、忘れ去られてしまうのである。

この女性たちは「父の娘」という一種の重荷を背負って男女関係に入ったのだ。父親に偏愛され、恵まれた才能を伸ばすように教育された娘として、彼女たちは立派な仕事をしようという意欲を持ち合わせていた。しかし不幸にも、彼女たちは男性的な規範を頭のなかにたたき込まれており、他の女性たちと連帯することがそろいもそろって苦手だった。大いに成功した男の傍らでは、そのことが自己疑念やコンプレックスや孤立感につながり、ひどい時には男性の出世のために自分の生活を犠牲にする結果にもなったのである。

画家で彫刻家のマックス・クリンガーのモデル兼愛人として、彼にインスピレーションを与え続けたエルザ・アシニイェフ（一八六八～一九四二）は、『女性の反乱と第三の性』（一八九八）や『解放された女性の日記』（一九〇二）などの、大いに論議を呼んだ作品で世に知られた人だった。そんな彼女も、右に述べたような事情によって、世紀末の有名な大芸術家クリンガーに尽くすため、作家としての仕事をほとんど辞めてしまったのだ。

「彼は偉大な画家であり続けるべきです。彼の崇高さのために、わたしは犠牲になりましょう。」

エルザはクリンガーとともに旅行し、彼の彫刻のために大理石を探し回り、彼の作品について綿密な日記をつけ、彼の娘を生んだが、彼の法律上の妻になることはなかった。彼の正式の妻となったのは、卒中の発作で体が麻痺していたクリンガーが死ぬ直前の一九二〇年に結婚した、家政婦のゲルトルート・ボックだった。枢密顧問官夫人としての肩書きを手に入れたゲルトルート・ボックは、未亡人として喪に服しながら、憎らしい愛人エルザの思い出を消していった。エルザ・アシニエフの方は、その間に精神病院に収容され、もはや抜け殻のようになってしまって、貧しく、世間にも忘れられて死んでいった。ミュンヘンのバイエルン州立美術館に所蔵されているマックス・クリンガー作の大理石の胸像だけが、彼女のかつての美しさを後世に伝えている。彼女自身は自分の美しさが失われていくのに気づかず、「抜け殻」として、「言葉に表せないほど惨たらしい姿」を周りの人々に見せつけたのであった。

この本は、こうした悲しい例に満ちている。カップルたちは双方にとって生産的で、ハーモニーあふれる共同生活を期待していたのに、その大いなる期待は、日常生活のなかで行きづまってしまう。人生の夢に対して代償を払わなければならないのは、ほとんどいつも女性たちである。男性たちは傷つくことはあるものの、世間は後から男性を天才にまつりあげ、その完全無欠性をアピールする。天才は犠牲を必要とする、というわけだ。この本は、こうした天才の犠牲になった女性たちの物語を伝えようとしている。彼女たちは単に犠牲者というだけではなく、加害者でもあり、またそれ以上に、記憶される価値のある才能豊かな芸術家、そして学者たちだった。

才能ある女性はどこにでもいるものだ。だからこそ、この本が日本でも読者を見いだしてくれるように願う。

この本を翻訳しようと考え、実現してくれた松永美穂に、わたしの特別な感謝を捧げつつ。

インゲ・シュテファン

一九九五年二月、ベルリンにて

目次

新版のための前書き

インゲ・シュテファン

三十年以上前のことですが、有名な男たちの陰で自らの創造性を発揮しようと闘った女性たちの物語を書いたとき、それが重要な本であり、正しい時期に出版されたのだということに、わたし自身気づいていませんでした。この本はこの間に多くの熱心な読者に見出され、ドイツでは何度も版を重ねました。ある女性の読者は、この本が自分の人生を変えた、という手紙をくれました。ある男性の読者は、何年もこの本とともに生き、読み返すたびに教えられることがあると言ってくれました。

長い時間が流れました。わたしがとりあげた女性たちの何人かは、その間に世間でも認知されるようになり、もはや陰の存在ではなくなっています。数年前にパリでロダン美術館を訪れたときには、そこを訪れる人たちの多くが「巨匠」の作品だけではなく、特別な展示室を割り当てられたカミーユ・クローデルの作品を見に来ているのを発見して、嬉しく思いました。ミレヴァ・アインシュタインやゼルダ・フィッツジェラルドも、もはや無名の人ではありません。女性たちの業績が抑圧され隠されてきたことを認識する以上に重要なのは、両性間の権力分布の不公平さに対する鋭敏な感覚であり、社会のなかで男女間に限らず生じている排除のメカニズムへの洞察です。国際的なジェンダー研究の発展によって、わたしたちは性やジェンダーに関わるシステムの封建的な構造や破壊的な影響に対して、鋭い目を向けることができるようになりました。それ以来、社会のなかで多くのことが変わってきました。

女性たちは、芸術や文化の領域で、また政治の領域で、これまでになく可視化され、成功を収めています。ヨーロッパの女性たちに大学や美術学校での教育が許されるようになったのは二十世紀初頭に過ぎず、ドイツで女性が選挙権を得たのは第一次世界大戦後であったことを考えると、その状況がどんなに急激かつ徹底的に変化してきたかに驚かされます。その際に忘れられがちなのは、こうした成功がけっして自明のことではなく、何世紀にもわたる女性解放の闘いの成果であることです。その闘いに対しては絶えずバックラッシュが起こっていました。たとえばフランス革命は、女性の自由と平等への要求を取り込みませんでした。そのためにオランプ・ド・グージュが一七八九年の「人権宣言」を、一七九二年の「女性の権利宣言」で補うことになりました。勇敢な行為でしたが、彼女はそのために断頭台で命を失いました。さらに、いったん手に入れた自由を奪われてしまう場合もあることを、国民社会主義（ナチズム）が示しました。ワイマール共和国時代の解放された女性たちは、ナチズムによってふたたび家のなかへ、もしくは亡命生活へ、あるいは自殺へと追いやられたのです。「近代的な女性」のイメージは、ドイツではファシズムによって徹底的に叩かれて失墜させられてしまい、一九六八年以降の学生運動や新しい女性運動によってようやく少しずつ復権することができたのでした。

その後、新しい世紀が始まり、女性の解放はあらゆる分野において前進しているように見えます。リーダーの地位にある女性たちが抱える問題について、Facebookの最高執行責任者シェリル・サンドバーグとジャーナリストのチェルシー・クリントンが語り合ったとき、サンドバーグはオバマ大統領の選挙スローガンを変化させる形で、「イエス、シー・キャン(Yes, she can)」というフレーズを口にし、強い意志があり、性別の問題を気にしないならば、女性たちには何でもできるのだという楽観的な見解を表明しました。しかし、現時点で話題になっている「ミートゥー(#MeToo)」の議論などを見ると、事態はそれほど楽観的でもないようです。女性たちはあいかわらず女性として限定され、さまざまな差別を経験しています。ヨーロッパにおける新しいアイデンティタリアン運動(訳注 極右や白人を中心としたナショナリスティックな運動)では、それに加えて極端に保守的で反動的な女性像への退行が見られるようになっています。芸術の領域でも、男女平等になったとは言えません。よりによって社会への反抗や因習制度の否定を売り物にし、ラディカルで進歩的だと理解されているはずの分野において、マチズモ(訳注 男っぽさを誇示する動き)が支配し、展覧会やオークションの結果などに影響を及ぼしています。国際的に活躍する女性芸術家の数は少なく、女性は男性に比べてはるかに収入が少ないのです。ドイツの画家のなかで最も収入が多い一人である有名人ゲオルク・バセリッツにとって、その理由は単純です。女性は男性ほどうまく絵が描けない――少なくとも彼のようには――し、だからあまり認知されない、もしくは男性画家のように高い値段で絵を売ることができない、というのです。いずれにしても彼は、例外的な女性画家がいることは認めています。しかしこうした人々は「まともな女性」ではない、というのです。そんな発言は肩をすくめて無視したいところですが、ここには何百年にもわたって受け継がれてきた、そして今日でも社会に流布する可能性のある差別的な意見が隠されているので、そうはいきません。

フェミニズムはそれゆえ、今日においてもまだ完結していないプロジェクトです。ホルクハイマーとアドルノは『啓蒙の弁証法』(一九四四)において、啓蒙運動に対する基本的な批判を行いましたが、フェミニズムは解放運動としての性格を啓蒙運動と共有しています。啓蒙運動とフェミニズムは共通の根を持ち、共通の目的を持っています。ホルクハイマーとアドルノは『オデュッセウス』を読解するなかで、自然の抑圧が文明化のプロセスの出発点にあることを指摘しました。自然の抑圧には「ネガティブな側面」もありますが、ひとたび起こってしまえば引き返すことはできません。この文明化のプロセスに、女性と男性は異なる前提において組み込まれてきたのです。肉体的な力の差は両性の関係において今日ではもはや決定的なポイントではありませんが、戦時になると女性が大量に強姦される事実が示すように、いまでもくりかえし力の差が問題になり得ます。人間の思考のなかで、文明によって上塗りされた部分は想像以上に薄いのです。しかし決定的なのは、ホルクハイマーとアドルノが論じる「男性社会」が、「異質な存在」と「他者」を排除することで成り立っている点です。「別の性」としての女性たちは――シモーヌ・ド・ボーヴォワールの「第二の性」という言葉を想起させせられます――文明化のプロセスのなかで「犠牲者」としての役割を演じてきました。ひょっとするとこの点に、多くの女性たちがフェミニズムと一体化したがらない理由が隠されているかもしれません。フェミニズムは、行動する主体としての女性たちが歴史に登場してきたのが非常に遅かったこと、そしてその主体としての地位が絶えず脅かされていること――社会の発展によって、あるいは劇作家でエッセイストのギゼラ・フォン・ヴィソッキが一九八〇年の著書において述べたところの「自由の厳しさ」に対する自らの不安によって――を思い起こさせるからです。わたしたちは誰もが、敗者の側よりは勝者の側に立ちたいと願うものです。「犠牲者」でありたいと思う人などいるでしょうか？

さらに、もう一つの観点が加わります。女性解放運動は――実はそれは両性に関わる運動で、当初から理論的・実践的に男性たちによっても支えられてきたものなのですが――広い意味で女性のことがらにとどまり続けました。運動の成果はきわめて大きいものだったのですが、フェミニズムは女性たちが乗り越えたかった両性間の地位をくりかえし規定する結果になりました。女性たちが社会のなかで平等な地位を求め、「マイスター制度」においても排除されたくないと願うのは、きわめてまっとうなことです。しかし、この要求によって彼女たちはくりかえし、何世紀にもわたって形成されたヒエラルキーや男女間の神話と衝突することになりました。女性解放の闘いは、ある意味においてはシシフォスの苦労を思い起こさせます。ギリシャ神話のシシフォスは毎朝大きな岩を山の上まで運び、夜にはその岩が谷底に転がり落ちるのを見ることになるのです。フェミニズムはまさにシシフォスがするような仕事ですが、無駄ではなく、成果がないわけでもありません。この運動は、世代ごとにまた新たに成し遂げられていかねばならない、永遠の課題なのです。

ですから、ただ座して社会の不平等を嘆いたり、単なるお題目のように平等を求めているわけにはいきません。むしろ、こうした要求を出すための諸前提を振り返り、フェミニズムのプロジェクトと結びついている目標を理解すべきです。それはたとえば、女性の優位を誇示する「イエス、シー・キャン」のような関与の問題に力を集中させるのではなく、「マイスター制度」や芸術における営みに批判的な目を向けつつその背景を探ることを意味するかもしれません。これは退行への賛成演説ではなく、むしろ社会における自分のポジショニングが問題となるとき、男女平等に憂慮すべき犠牲も伴うということの想起です。フェミニズム運動のメダルの両面としての、平等の要求と差異の主張は、うまく連結されるべきです。その連結が、「男性性」と「女性性」が本質主義的に固定されるのではなく、人間の特性を形作る変更可能な変数として理解されるようなイメージのもとに行われることが望ましいのです。そうなって初めて、さまざまに異なりつつも平等な生き方や芸術の実践という多様性や混淆が生まれてきて、わたしたち全員に利益を与えることができるでしょう。

『才女の運命』が日本において、初版から二十五年を経て新たに出版の運びとなったことは、わたしにとって大きな喜びでした。自分の研究における問いが古びていないこともわかりました。独自の道を歩もうとした女性たちの生涯を振り返ることは——たとえ彼女たちが常にその道を見出したわけではないにせよ——意味のあることでした。とりわけ嬉しかったのは、当時この本を訳してくれた松永美穂が、いまでは忠実な友人でもあり、この新版にも携わってくれたことです。この本が新しい世代の、バックラッシュに挫けることなくフェミニズムのプロジェクトを自覚し前進させてくれる男女の読者たちと出会うことを、わたしは願っています。

ドイツの画家マックス・ベックマン[1]は、のちに彼の妻となる女性と交際を始めるにあたり、ヴァイオリニストとして自らのキャリアを追求するか、画家である彼のキャリアのために尽くしてくれるか、はっきりと決断を迫ったという。妻となったマティルデ・ベックマンは回想録にこう記している。

「『そうなんだ、愛しい人、ぼくは君の邪魔はしたくない。もしヴァイオリニストとして活躍する道を選ぶのなら、ぼくは君を自由の身にするよ。だけどそうなったらもう一緒に暮らすことはできない。ヴァイオリニストになるか、ぼくのもとにとどまるか。両方同時に、というのは無理だ。ぼくは君のすべてを必要とするか、あるいは君をまったく必要としないか、のどちらかなのだから。』それ以後わたしはもう公衆の前では演奏しなかった。[☆1]」

音楽を捨てることがどんなに辛かったか、ということがマティルデ・ベックマンの日記には見てとれるけれども、彼女はあえてその道を選んだのだった。

作曲家グスタフ・マーラー[2]も同様に断固とした態度で、「芸術家同志の結婚」における男と女の位置を定めている。妻となる女性は作曲家でもあり、その仕事を彼も認めてはいたのだが、彼女に宛てた結婚式の少し前の手紙のなかで、マーラーは次のように書いている。

「君の仕事はこれからはたった一つ、ぼくを幸せにしてくれるということだけなのです。わかりますかアルマ、ぼくの言っている意味が？　『作曲家』の仕事はぼくに割り当てられる。夫を愛する伴侶、そして理解にあふれるパートナーとしての仕事がこれからの君の役割になるのです。[☆2]」

男性芸術家たちのこのように自己陶酔的な身勝手さを、マーラー、グロピウス[3]、ヴェルフェル[4]の妻となったアルマ・シントラー[5]はその後もたびたび経験することになる。オスカー・ココシュカ[6]も女性の地位については彼の先駆者たちと同じように書いているが、彼の要求はさらにきびしくなっている。

「君は女性であり、ぼくは芸術家だ。ぼくは早く君を妻に迎えたい、そうしなければせっかくのぼくの才能は破滅してしまうんだ。君は夜の間に、魔法の妙薬のようにぼくを新しく生まれ変わらせてくれなくてはいけない。昼間は君の仲間たちのところから離れる必要はない。そこで力を蓄えてくれたまえ！　それが君にとっていいことだし正しいことだ、というのはよくわかるよ。ぼくは一日中仕事をしながら、夜の間に吸い込んだ力を吐きだすことができる。ぼくはきょうあの赤い絵を描いていて、君がぼくをどんなに強くしてくれるか、君のこの力がいつも働くならばぼくがどんなに偉大な画家になれるか、わかってきたんだ。[☆3]」

アルマは、ココシュカとは結婚しない、という決断を下したものの、芸術家たちのこうした吸血鬼まがいの欲求には理解を示したのだった。

「重要な芸術家の傍らでは妻である女性はいつも貧乏くじを引くものです。彼は自分のことも妻のことも、支配欲を貫徹させ自分の芸術を存分に生み出すための道具としか感じていないのです。ひと言で言えば、よりよく仕事をするための道具、ということです☆4。」

マーラー、ココシュカ、グロピウスやヴェルフェルとの関係で、アルマは自分を「必要とした」のが「重要な男性たち」だった、という意識を持つことで満足しようとする。しかしそんな彼女の場合にも、自分自身の創造の場を失ってしまったことについての悲しみはくりかえし襲ってきていた。ハゲタカが獲物☆5を捕らえるように情け容赦なく天才たちを捕らえて放さない「ファム・ファタール(運命の女[7])」としての見事な自己演出は、積み木の家のように崩壊してしまい、自分自身の「自己」から押し退けられ、自分は他者の人生から意味を吸い取っているだけの「感情の寄生虫☆6」でしかないのだ、という味気ない思いが残る。自分が吸い取られるのではなくて、自分の方こそ男たちから吸い取っているのだ、という彼女の見解に、世間一般の人々も好んで同意したのではあるが。

もう一人の芸術家の妻、ニナ・カンディンスキーにとっては、夫[8]の傍らで自分の役割を定義することは、まったく問題がなかったように思われる。彼女は有名な夫の「完璧な内助の妻」がどのようであるべきかを心得ていたし、回想録の次の箇所からもわかるように、自分をその役割にはめ込もうとした。

「もし妻が夫を本当に愛しているなら、彼女は彼のために良心的に家事をするべきですし、よい料理人でもなければいけません。彼女は夫の背後に退き、夫が自分の才能を伸ばし、心配事から解放されて仕事できるように、たくさんのことを犠牲にしなくてはなりません。わたしはそうしたのです。だからこそわたしたちの結婚はあれほどまでに幸福であり、わたしたちは共に暮らしていた日々の間、一日たりとも離れることはなかったのです。わたしは、カンディンスキーの生活の負担を減らすように努力したのです[☆7]。」

自分はそうした負担減らしのためにいるのではなくて、カンディンスキーのそばで芸術家として成長していきたいのだ、と主張した、かつての恋人で画家でもあったガブリエレ・ミュンター[9]よりも、ニナは利口だった[☆8]。「内助の功をなし遂げた妻」であるニナ・カンディンスキーは、カンディンスキーとガブリエレ・ミュンターの関係の破綻を、ほかでもない自分を犠牲にすることを知らなかったガブリエレ一人のせいにしている。

カーチャ・マンが記した『夫トーマス・マンの思い出』によると、彼女もニナ・カンディンスキー同様に、高名な夫[10]の脇で妻としての役割を演じることに、何の問題も感じなかったように見える。それでもこの本には次のような文も見られるのだ。「わたしは自分の人生において、やりたいと思ったことをすることは決してできませんでした[☆9]。」

カーチャ・マンが、やりたいことをいつも簡単に放棄できたわけではなかったことは、間接的に、他の人の証言からうかがい知ることができるだけである。たとえば一九三〇年代の初めに彼女は、ヘルマン・ヘッセとの結婚を直前に控えていたニノン・アウスレンダーに対して、夫との関係のなかでは自己主張を捨てるようにと真剣に警告し、結婚生活の範囲内で自分の仕事の領域を見つけ出しなさい[10]、と勧めている。

マティルデ・ベックマン、アルマ・マーラー＝ヴェルフェル、ニナ・カンディンスキー、カーチャ・マン……。彼女たちはみな、「内助の妻[11]」という、ある一定のタイプの女性のヴァリエーションだった！　彼女たちはさまざまなやり方でこのタイプを体現し、さまざまな激しさでこのタイプの人生を生きた。彼女たちの夫であった男性たちがおさめた成功は、遅ればせにではあっても、彼女たちの生き方を正当化するように見える。夫の才能に賭けた人生には報いが与えられ、後世が夫たちの名声に与える輝きは「忠実な伴侶」としての妻たちの上にも照り返り、思い出を金色に染めるのである。

しかし、この本ではそうした女性たちの例は取り上げない。夫たちの名声のために犠牲になろうとした彼女たちの決断は、彼女たち自身の生というものをまったく成立させなかったからだ。彼女たちの人生を再現しようとする試みは、空白に突き当たってしまう。報告することができるような独自の事柄はそこにはないのである[12]。同時に、そうした「内助の妻」たちの回想録には、かつて下した決断を正当化しようとする身振りがあまりに強く、自分自身の役割についての充分な内省は行われなくなってしまっていることが多い。率直な分析の代わりに、自分の願望を押し殺し、「代価[13]」を払って夫に従属したという思いが中心になってしまう。カーチャ・マンの『夫トーマス・マンの思い出』はこうした点において、自己抑圧の一例でもある。

そのような「自己を抑圧されてしまった女性芸術家たち」はこの本の対象ではない。自分自身の役割を内省し、男性たちとの関係のなかで自分自身のアイデンティティの獲得のために闘い、自己表現の方法を求め、男性優位のヒエラルキーに基づいた関係を拒否し、パートナーとの「対等[☆14]」な人生をめざした女性たちをこの本では取り上げたいと思う。

この本のタイトルである「才女の運命」という言葉は、「有名な男たち」との関わりにおいて妻や愛人たちが直面する、特別なアイデンティティの問題を暗示してもいる。男性のために自分自身のキャリアを断念しなければならないという自己犠牲と、自己主張との間の葛藤は、実際にしばしば運命を左右するような動きを生み出しさえする。そのような葛藤に終止符を打つのは、多くの場合、病気、狂気、自殺などだった。有名な男性の姉妹[☆15]や娘たち[☆16]、母たち[☆17]の例を見るだけでもこのことは充分証明されるだろう。

この本の関心は男と女の関係に向けられている。女が姉妹や娘や母として階級的な構造のなかに組み込まれ、アイデンティティをめぐる闘いが始まる以前にすでに敗北しているような関係ではなくて、むしろパートナーとして、男性と同じレベルで活動している関係を問題にしたい[☆18]。もちろん彼女たちは対等な関係に何の苦もなく入っていけたわけではない。娘として、あるいは姉妹として、彼女たちはすでに苦労を重ねてきたのだった。

男性との関係のなかにもはっきりとした芸術的あるいは学問的な関心を持ち込んだ女性たち。音楽家、画家、彫刻家、作家、数学者、歴史家あるいは神学者として、しばしば男性たちと同等か、時には男性よりも優れてさえいた女性たちを、わたしは意図的に選んだ。彼女たちの豊かな才能は、男性たちにとって魅力の根源でもあった。女性のこの「才能」が双方の関係のなかでどうなっていったか、というのがそれぞれの女性たちの肖像を描く上で提出される中心的な問いである。この本で描かれる女性たちのほとんどは「挫折した人たち」のように見えるかもしれないが、意図的にそういう人物を選んだわけではない。女性も男性もともに才能を伸ばして発展を遂げることのできた、対等で対話的な男女関係の例を見つけ出そうと努力はしたのだが、見出したものはそうした意図とは裏腹に、男性のパートナーによる女性の才能の搾取と破壊、さらに男たちの仕事に対する彼女たちの創造的・女性的な貢献を、後世の歴史評価が脇へ押しやり、排除してしまう様子であった。男たちが「ちょうどいい時期に」死んでしまったり、関係が早い時期に解消してしまったような場合にのみ、晩年において創造力を自分自身のために発揮する可能性が妻たちにも残されたのだった（シャルロッテ・ベーレント＝コリント、クララ・ヴェストホフ＝リルケらの場合）。

女性たちを意気消沈させるこのような事実はもちろん、芸術家、学者、政治家としての男性たちに向けられてきた「天才」の概念とも関わりを持っている。この「天才」概念はあまりにも仰々しいもので、他者からの吸血鬼的な搾取を必然的に前提とするものだった。そもそも、「天才的な作品」は、激しい肉体的努力の総体として考えなくてはいけないものなのである。作品は、芸術家の目に見える形での作業と、レナーテ・ケプラー[11]がイワン・イリイチ[12]の言葉を借りて「シャドウワーク[13]」と呼んだところの仕事の結合にほかならない[☆19]。「シャドウワーク」とはすなわち、女性たちの仕事を指しているのである。主婦として、秘書としての仕事から、インスピレーションを与えてくれる女神のような存在、あるいは共同作業者として愛を与え関係を保つこと、さらには妻や娘や家政婦までが一生の間「著作」のために奉仕させられていたマルクス家の家政の例に見るように、一族郎党あげて偉大な作品を生み出すために参加する、というようなことまでが、女性たちの仕事には含まれている。

すでに長い間フェミニズム研究者の共通の認識となっている「女性の犠牲[☆20]」というテーゼ、あらゆる文化的な創作活動は必然的に女性の犠牲を前提としている[☆21]、というテーゼはこうして確認される。エドガー・アラン・ポー[14]の『楕円形の肖像』という作品では、このテーゼを証明する印象的な題材が示されている。自分自身の妻をモデルにして描いている一人の画家の物語が語られるのだが、何週間もかけて仕事をするうちに画布の上の絵がどんどん生き生きとしてくる一方で、妻は次第に衰弱し、みるみるうちに生命力を失っていく。ついに絵が完成した時には、妻は死んでしまうのである。

「何週間もが過ぎ、ほとんど作品に手を加える必要もなくなり、あとは口許に少し筆を入れるか、目を少し塗るか、という程度になった時、彼女の生気はもう一度だけ、ランプの炎のように燃えあがった。それから筆が入り、色も塗られた。画家はほんの一瞬、自分が仕上げた作品の前にたたずんでそれに見とれていたが、次の瞬間には、震えが彼を襲い、顔を青ざめさせた。恐れとおののきに包まれて彼は叫んだ、『なんてことだ、まるで生きているみたいだ』、そして愛する女性を見るためにいきなり振り向いた。しかし彼女はこと切れていた[☆22]！」

女たちの肖像を一冊の本にまとめようとするこの仕事の間、わたしは絶えずポーの作品のこの場面について考えずにはいられなかった。もちろん、現実の世界で起こる「殺害」はテクストにおける虚構のそれとは違った様相を帯びている。しかしカミーユ・クローデルやゼルダ・セイヤー＝フィッツジェラルドの生涯は、虚構と現実の境が流動的なものであることも示してくれる。

男たちの作品のなかで女たちが忽然と姿を消していくさまは、なにも芸術作品の領域に限って見られることではない。学問の分野でも女たちが視界から消えていくのを見てとることができる。名指されることのない共同研究者あるいは共同執筆者としての女性たちは、男たちの仕事のなかに飲み込まれてしまう（ミレヴァ・マリチ＝アインシュタインやシャルロッテ・フォン・キルシュバウムの例を見よ）。あるいはヘートヴィヒ・グッゲンハイマー＝ヒンツェの例が示すように、女たちが残した足跡は、後世の記憶から組織的に抹殺されてしまう。芸術、学問、政治といったさまざまな分野におけるいろいろな例を見てみると、もともとは双方が対等な関係を結ぼうとして努力した場合でも、シューマン夫妻やアインシュタイン夫妻の例が示すように、結局は父権的な構造の方が個人的な願望よりも強いということが示される。このことはわたしたちの祖母や曾祖母の世代のみではなく、今日にもあてはまることである。

「誰がいったい悪いのか」という質問は、これまで当事者たちからもくりかえし出されてきたし、今日でも女性たちの生涯の物語をひもとく際にわたしたちの胸をよぎるのではあるが、短絡的で的を射ないことになる。ゼルダ・セイヤー＝フィッツジェラルドは、このことについて夫に次のように書き送っている。

「以前はわたしのせいではないと思っていた罪を、今になって自分に引き受ける用意はわたしにはありません。でもどちらにしても、誰が悪いのか、ということは問題ではないのです……[23]。」

たとえばトルストイやフィッツジェラルドの結婚生活において繰り広げられた、夫婦の間の死に物狂いの争い、あるいはシューマンの結婚において見られた、やや弱められた形でのそれは、生き残りをかけた生存競争にほかならなかった。いくつかの過激な例は、女性たちがいつも犠牲者だったわけではなく、加害者の役割をも果たしたことを示している[24]。男たちを支配することによって自らの「重要性」をかち取ろうとし、男たちの「天才」に参加しようとする彼女たちの試みは、自分自身を奇形にするだけでなく、パートナーである男性をも奇形にするという結果に導いた。このことは娘としての女性、という彼女たちが元来占めていた位置を想起させる。

この本のなかで取り上げる女性たちはすべて、「父親っ子」、すなわち目立って父親の寵愛を受け、才能を伸ばすようにと父親の側から決定的な働きかけを受け[25]、母親とは往々にして非常に悪い関係にあった娘たちであった[26]。早くから父親の働きかけによって目覚めさせられた、自己評価の意識と自分への要求の高さは、二つの相反する価値を同時に含んだ「持参金」であることが実証される。父親との自己同一化と女性的な役割の否定とは、娘である彼女たちが驚くべき仕事を成し遂げるのを可能にしたが、同時に彼女たちを、天才を有する男性たちの誘惑に対して弱くもした。意識的にせよ無意識的にせよ彼女たちは、愛する父親を上回るほどではないにしても、父親によく似た男性たちを求めるようになった。こうして、自らに対する高い要求と、「強い」男性の虜になりやすい、という傾向との間で、解決しがたい葛藤が生じることになるのである。こうした女性たちは、たとえばシャルロッテ・フォン・キルシュバウムがキリスト教における女性の地位について分析を行ったように、一度は否定し、排除した「母からの遺産」に近づくことができる領域を見いだしたり、クララ・ヴェストホーフ＝リルケやシャルロッテ・ベーレント＝コリントの例が示すように「中立的」もしくは「男によって占められていない」領域を見いだすことによって、初めて心的葛藤の構造を解消し、自ら生産的な仕事に取り組むことができたのだった。

これから描こうとする女性たちの物語では、彼女たちが潜在的に持っていた創造的な可能性を再現することが重要なポイントとなる。これらの肖像は、女性は常に犠牲者だというテーゼをあらたに証拠だてるために描かれるのではなく、女性たちの隠された創造力をあらわにし、すでに忘れられ、排除されてしまった、さまざまな分野における彼女たちの寄与をあらためて目に見えるようにしよう、という意図のもとに執筆されている。これらの物語は彼女たち自身が自ら入りこんだか、あるいは夫や男性の側に立つ歴史記述者によって故意に押し込められた「陰」から彼女たちを引き出そうとするものである。「聖人伝説」を作り上げてしまうのではなく、父権的な構造と、こうした構造における女性たちの共犯性に批判的に立ち向かっていくことによってのみ、わたしたちはこれらの女性たちの物語から何かを学ぶことができるだろう。

肯定的な再構成の仕事と批判的な分析作業とのバランスを保つことは必ずしも容易ではなかっ

た。困難はすでに、彼女たちの名前を挙げる段階から始まった。ファーストネームを用いることによって、対象となる女性たちへの親近感を生み出そうとする方法もあるが、わたしは一般的に、ファーストネームとファミリーネームの両方を使う方法に決定した。娘時代に触れるときだけ、ファーストネームを採用したが、クララ・ヴィーク＝シューマンとゼルダ・セイヤー＝フィッツジェラルドの場合だけは例外となった。この二組の夫婦の場合には、「夢のカップル」としての伝説化に際して「クララとローベルト」あるいは「ゼルダとスコット」というファーストネームがいわば商標のようになっているので、夫と妻の双方をファーストネームで呼ぶことにした。名前についてはソフィヤ・アンドレイェヴナ・トルストヤも例外的な扱いを受けることになった。彼女に関してはわたしもロシアで一般に行われている、姓を女性化した形を用いることにし、ややこしい「ソフィヤ・アンドレイェヴナ・ベアス＝トルストイ」という書き方は、ロシア語にそれに対応する形がないこともあって、避けることにした。同様に、一般的な方法とは逆になるが、女性たちをまず最初は「旧姓」で、結婚したあとにはそこに夫の姓も付加して呼ぶことにした。旧姓↓夫の姓という順番は、結婚してダブルネームを使う女性たちの場合にしばしば逆になることもあるし、「旧姓」をまったく捨ててしまう女性たちもいる。このダブルネームからも、父親と夫との間で揺れ動く女性たちのアイデンティティの問題が浮き彫りになるのであり、この両者の間で自分自身の、すなわち父親にも夫にも依存しない地位を獲得することの難しさが明らかになると思う。

執筆の際に一番気になったのは、さまざまに異なる資料をどう用いるかということだった。わたしが紹介しようとする女性たちのほとんどは「陰の女たち」であって、自らの生の軌跡をほとんど残していないか、あるいは後世の人々によって注意深くその軌跡を消されてしまった人々なのである。イェニー・ヴェストファーレン＝マルクスの場合はほとんど書簡だけに、ソフィア・トルストヤの場合は日記に頼らざるを得なかった。ミレヴァ・マリチ＝アインシュタインやシャルロッテ・フォン・キルシュバウム、ヘートヴィヒ・グッゲンハイマー＝ヒンツェの場合にはそうした資料さえなかった。空白を埋めるために男性たちの残した資料を使いたい、という誘惑は大きかった。そういう事情でたとえば故人の遺物がいまだに未公開の状態にあるクララ・ヴェストホフ＝リルケの場合には、リルケの作品や書簡からの引用が大量に用いられることになった。とはいえわたしはできる限りリルケの引用に頼ることを避けたつもりである。そうでなければ引用によってリルケがより前面に押し出されてしまうことになっただろう。「男性側の二次的証言」を避けたために、多くのポートレートが詳細を欠くものになってしまうことは甘受せざるを得なかった。わたしが試みたのはそれぞれの女性たちが自ら残した資料に基づいて彼女たちの生涯と業績を再構成することであって、有名なつれあいたちの言葉を借用することによって、彼女たちをまた新たに陰の世界に押し込めてしまうことではなかったからである。それにしても、全生涯とはいわないまでも彼女たちの芸術的あるいは学問的側面を再構成させてくれるような「仕事」がいつも残されたわけではなかった。たとえ何らかの仕事が残されていたとしても、全然あるいは部分的にしか出版されていない（たとえばクララ・ヴィーク＝シューマンの場合）か、全然あるいは部分的にしか整理されていない（絵やスケッチがまだ完全には整理されていないクララ・ヴェストホフ＝リルケの場合のように）か、あるいは作品が残っていることすら一般の人々が気づいていない（シャルロッテ・ベーレント＝コリントの場合のように）という状況だった。こうした忘却に手を貸したのが彼女たちの仕事の質によるのではないことは、天才的な作品を残しながらも忘れられてしまったカミーユ・クローデルの例が示している。

どの女性たちを描くべきか、という選択も容易ではなかった。有名な夫を持つ女性たちに関する調査の多くはうまくいかず、資料が整っていないために中断されざるを得なかった。また、たとえばアンナ・グリゴルエブナ＝ドストエフスカヤのような幾人かの女性たちに関しては、資料が豊富にあるにもかかわらず、すでに出されている評伝のくりかえしになることを避けるために取り上げなかった。

ここで取り上げた女性のうちの四人（ベーレント、グッゲンハイマー、キルシュバウム、マリチ）がユダヤ人としての出自を持つのは、決して偶然ではないだろう。このことは意図的な選択の結果ではもちろんなく、文化的・学問的生活に知性的なユダヤ人たちが際立って関与していたことを示すものである。二重の意味でアウトサイダーであったユダヤ人の女性たちは、他の女性たち以上に先入観から自己を解き放ち、因習に縛られない歩みをすることが可能だったのだろう。

もともと計画していた十一のポートレートのうち、実際にわたしが描いたのは十だった。非常に成功した人生を送り、かつ長命でもあったことで「陰の女たち」とは著しい対照をなしているアンナ・フロイトは、そもそも「父親っ子」である女性が、後になって異性との関係がもたらす階級構造にはめ込まれてしまうことさえなければ、どんなに強く、また立派な業績を残すことができるか、という、励ましに満ちた一例としてここに描かれる予定であった。しかしながらわたしは彼女の生涯や作品を詳細に検討した結果、この本で紹介した他のどの女性よりも力強く見える[☆27]アンナ・フロイトが、自分固有のものを求める闘いにおいては敗北したのであり、彼女が見いだした世間の評価も、彼女を「父親が行った心理分析を女性的なもののなかに見事に移し変えた存在[☆28]」と見なすものであって、すなわち彼女自身ではなく彼女の父親に対する評価だったのだ、という確信に至らざるを得なかった。彼女自身の業績と見なされている子どもの心理分析は、子どもたちに関する教育学の分野にフロイトの教えをまったく無反省に持ち込んだ、実をいえば大変問題の多い心理分析なのである。この、フロイト心理学の問題に満ちた適用を再構成しようとする仕事をもし手掛けていたら、ポートレートの枠組みを粉砕してしまったことだろう。そのような作業は、争う余地のない公的な成功にもかかわらず、多かれ少なかれ娘という立場にとらわれたままであった、心理分析の分野における他のパイオニア女性たちとの批判的な対決という文脈においてのみ成し遂げることが可能なのである。父親への絶対的な忠誠においてアンナ・フロイト、伝説的な「フロイト嬢」は、いわゆる「内助の妻たち」と多くの共通点を持っている。ただ彼女たちの場合は忠誠を誓う相手が父親ではなくて夫たちであったというだけのことだ。「永遠の娘」アンナ・フロイトも、献身的な「妻たち」も、外面的には輝かしく、厚い保護のもとに生涯を送るのだが、その生涯はセカンド・ハンドの生涯にほかならないのだ。

いまここにある女性たちの物語は、それぞれの生涯を再構成する仕事から出発し、一般的な社会構造を目に見えるものにするために、できるだけ異なった分野（音楽、文学、絵画、彫刻、数学、歴史、神学、政治）の女性たちを呈示したいという願いに基づいている。十九世紀後半と二十世紀前半に時間を限ったことは、何世紀にもわたる渉猟の場合には失われてしまうかもしれない、比較や関係の糸をたぐる作業を可能にしている。共通の歴史的基準、とりわけ初期の女性運動との関わりは、一つの関係の網を成立させる。そのなかには歴史的諸条件が、しかしまた同時に個人的な特殊事情が、はっきりと浮かび上がってくるのである。

この本が書かれ得たのはひとえに、多くの女性たち（そして何人かの男性たち）が伝記の面で、また解釈に関わる部分で決定的な仕事を残してくれていたおかげである。それらの先駆者たちにここで心からの感謝を捧げる。

一九八九年五月

インゲ・シュテファン

【☆原注】

1 マティルデ・Q・ベックマン『マックス・ベックマンとの生活』(Mathilde Q. Beckmann: Mein Leben mit Max Beckmann, München und Zürich 1985, S. 140/141)より。

2 八九年二月二十七日の「シュピーゲル」に載った「芸術家と彼の犠牲になった女性たち」(テーヴェライトの『王の書』についての書評)および、ドナルド・ミッチェル編、アルマ・マーラー著の『グスタフ・マーラー』(白水社より邦訳)、グスタフ・マーラー『アルマ・マーラーへの手紙』(Gustav Mahler: Briefe an Alma Mahler, Frankfurt und Berlin 1971)など参照。

3 アルマ・マーラー＝ヴェルフェル『わが愛の遍歴』(筑摩書房より邦訳)より。

4 前に同じ。

5 前に同じ。「あなた方のような間抜けな人たちにわたしの幸せがわかるものですか……。鉄の鉤爪でわたしは自分の巣を作るのです。どんな天才もわたしにとっては巣を作るための獲物、都合のいい藁のようなものなのです。」

6 前に同じ。

7 ニナ・カンディンスキー『カンディンスキーとわたし』(みすず書房より邦訳)より。

8 カール・エゴン・ヴェスター編『ガブリエレ・ミュンター』(Gabriele Münter, Hrsg. von Karl-Egon Vester, Kunstverein in Hamburg 1988)より。

9 カーチャ・マン『夫トーマス・マンの思い出』(筑摩書房より邦訳)(Katia Mann: Meine ungeschriebenen Memoiren, Frankfurt a. M. 1987. S. 62)より。

10 ギゼラ・クライネ『ニノンとヘルマン・ヘッセ――対話としての人生』(Gisela Kleine: Ninon und Hermann Hesse. Leben als Dialog. Sigmaringen 1982)参照。

11 この点に関しては一九七九年十二月の「クルスブーフ」(Kursbuch)第五十八号の「キャリア」特集、特にマルリース・グンメルトが書いている「自意識をもった教授夫人たちの言葉――ひとつの記録」と、マリアンネ・シュラーの「不幸せな成功――女性の役割とキャリアとの矛盾について」参照。

12 このことがよく表れている例としてトニ・カッシラーの回想『エルンスト・カッシラーとの生活』(Toni Cassirer: Mein Leben mit Ernst Cassirer, Hildesheim 1981)がある。この回想は時代考証の点では多少の価値を持つものの、著者である女性のプロフィールはまったく伝わってこない。同様にクレール・ユングの『極楽鳥――回想』(Cläre Jung: Paradiesvogel. Erinnerungen, Hamburg 1987)でも、著者の女性は多くの著名な作家たちの背後に完全に隠れてしまっている。

13 こうした「代価」はその関係が生涯の終わりまで続かないことになって初めて問題にされる。フリーデリケ・ツヴァイクとシュテファン・ツヴァイクの『愛の不安――

交換書簡に映し出された彼らの生涯と時代』(Friderike Zweig, Stefan Zweig: Unrast der Liebe. Ihr Leben und ihre Zeit im Spiegel ihres Briefwechsels, Frankfurt a. M. 1987)と比較してみるとよい。このことはアマリエ・ピンクス・ド・サッシとテオ・ピンクス・ド・サッシ二人の伝記『矛盾に満ちた生涯』(Amalie und Theo Pinkus-De Sassi: Leben im Widerspruch, Zürich 1988)でも明らかになる。しかし、当事者たちはこの「代価」をそれほど自覚していなかったのかもしれない。

14 フィリス・ローズ『共に生きる人生──ヴィクトリア時代の五組の結婚生活』(Phyllis Rose: Parallele Leben. Fünf viktorianische Ehen. Reinbek 1987)を参照。この本で紹介されている五組の夫婦たち(ジェイン・ウェルシュとトーマス・カーライル、エフィー・グレイとジョン・ラスキン、ハリエット・テイラーとジョン・ステュアート・ミル、キャサリン・ホガートとチャールズ・ディケンズ、ジョージ・エリオットとジョージ・ヘンリー・ルイス)のうちの幾人かは、タイトルが予想させるほど「共に生きる」生活を送ったわけではなかった。

15 ルイーゼ・プッシュ(編)『有名な男たちの姉妹』(Luise Pusch (Hrsg.): Schwestern berühmter Männer, Frankfurt a. M. 1988)

16 ルイーゼ・プッシュ(編)『有名な男たちの娘』(Luise Pusch (Hrsg): Töchter berühmter Männer, Frankfurt a. M. 1988)

17 ルイーゼ・プッシュの(編)による『有名な男たちの母』の出版も予定されている(訳注　この本は既に出版された。Luise Pusch(Hrsg): Mütter berühmter Männer, Frankfurt am Main 1994)。

18 フランソワーズ・クセナキスの『フロイト夫人はまたもや忘れ去られた!──五つの、ほとんど創作された伝記』(Francoise Xenakis: Frau Freud ist wieder mal vergessen worden! Fünf fast erfundene Biographien, München 1986)は残念ながらこのためにはあまり役に立たなかった。クセナキスはマルタ・フロイト、クサンティッペ、アデーレ・ユゴー、イェニー・マルクスとアルマ・マーラーを扱っている。矛盾を調和のなかに持ち込んでしまうマリアンネ・フライシュハックの『パートナーとしての女性──三つの生涯』(Marianne Fleischhack: Frauen als Partner. Drei Lebensbilder, Berlin (Ost) 1976)(コレッタ・キング、賀川ハル子、カロリーネ・フォン・フンボルトの生涯を描いている)も使うことができなかった。同じ著者の、『ヘレーネ・シュヴァイツァー──自分を犠牲にし、隣人愛のための偉大な事業に身を捧げた一人の女性の生涯』(Marianne Fleischhack: Helene Scweizer. Einblick in das Leben einer Frau, der es gegeben war, sich selbstlos und aufopfernd einem grossen Werk der Nächstenliebe hinzugeben, Berlin (Ost) 1969)という本も比較の対象になりうる。この本のタイトルがすでに、著者が「主人公」を再び「うるわしき女性性」の祭壇に捧げていることをうかがわせる。『だれだれのそばの女性……』というようなタイプのタイトルを持つたくさんの本も、素通りした方が良さそうである。

コンラディーネ・リュックの『女性たち —— 九つの生涯の物語』(Conradine Lück: Frauen. Neun Lebens-geschichten, Reutlingen 1937) も参照のこと。ファシズムの影響下にあるこの本では、クララ・シューマン、フローレンス・ナイチンゲール、アマリエ・ディートリッヒ、ヘンリエッタ・シュラーダー゠ブライマン、フランツィスカ・ティブルティウス、ヘレーネ・ルイーゼ・クロスターマン、ゼルマ・ラーガーレフ、エルザ・ブラントシュトロームとマリー・キュリーの生涯が扱われている。これと比較して大いに刺激的なのがレナーテ・ファイルの『無言の出発 —— 学問の分野における女性たち』(Renate Feyl: Der lautlose Aufbruch. Frauen in der Wissenschaft, Darmstadt und Neuwied 1983)(マリア・ジビュラ・メリアン、ドロテア・クリスティアナ・エルクスレーベン、カロリーネ・ヘルシェル、ドロテア・シュレッツァー、ベティ・グレイム、アマリエ・ディートリッヒ、ヘンリエッタ・ヒルシュフェルト゠ティブルティウス、リカルダ・フーフ、マルガレーテ・フォン・ヴランゲル、リゼ・マイトナーとエミー・ネターが描かれている)と、レナーテ・ベルガー(編)の『そしてわたしには絵以外のものは目に入らない —— 十八世紀から二十世紀にかけての、女性芸術家たちの自伝的テキスト』(Renate Berger (Hrsg): "Und ich sehe nichts, nichts als die Malerei". Autobiographische Texte von Künstlerinnen des 18.-20. Jahrhunderts, Frankfurt a. M. 1987) であった。

19 レナーテ・ケプラーの『シャドウワーク —— シャルロッテ・フォン・キルシュバウム、カール・バルトの傍らにいた神学者』(Renate Köbler: Schattenarbeit. Charlotte von Kirschbaum-Die Theologin an der Seite Karl Barths, Köln 1987) の序文(十七~十九ページ)を参照。

20 この点については、クラウス・テーヴェライトの『男たちのファンタジー』(Klaus Theweleit: Männer-phantasien, Frankfurt a. M. 1977, 2Bd.) を参照。テーヴェライトの新刊本『王の書 —— オルフェウスとエウリディケ』(Theweleit: Buch der Könige. Orpheus und Eurydike, Basel und Frankfurt a. M. 1988, Bd. 1) も「女性の犠牲」というテーゼについて論じている。

22 レナーテ・ベルガーとインゲ・シュテファン(編)の『文学における女性性と死』(Renate Berger und Inge Stephan (Hrsg.): Weiblichkeit und Tod in der Literatur, Köln und Wien 1987) 参照。

22 エドガー・アラン・ポー『楕円の肖像』(Edgar Allan Poe: Das ovale Porträt. In: ders. : Das gesamte Werk in 10 Bänden, Zurich 1977, Bd. 2, S. 688) 参照。

23 ナンシー・ミルフォード『ゼルダ』(新潮社より邦訳)より。

24 クリスティーナ・テュルマー＝ロア『放浪者たち』(Christina Thürmer-Rohr: Vagabundinnen. Feminis-tische Essays, 4. Auflage, Berlin 1988) 所収のエッセイ「欺瞞から失望へ —— 女性たちの共犯性」(Aus der Täuschung in die Ent-täuschung. Zur Mittäterschaft von Frauen, S. 38-56) より。

25 マルゴット・ラング（編）の『わたしの父 —— 女性たちが初めての男について語る』(Margot Lang (Hrsg.) : Mein Vater. Frauen erzählen vom ersten Mann ihres Lebens, Reinbek 1979) と、リンダ・レオンハルト『娘たちと父たち —— 倒錯した関係からの癒しとチャンス』(Linda Leonhard: Töchter und Väter. Heilung und Chancen einer verkehrten Beziehung, München 1985) 参照。

26 ナンシー・フライデイ『わたしの母のように』(Nancy Friday: Wie meine Mutter selbst, Frankfurt a. M. 1989) 参照。

27 アンナ・フロイトについては、『アンナ・フロイト著作集』十巻本 (Die Schriften der Anna Freud, München 1981, 10 Bde.) や、ウヴェ・ヘンリク・ペータースの『アンナ・フロイト —— 子どものための人生』(Uwe Henrik Peters: Anna Freud. Ein Leben für das Kind, Frankfurt a. M. 1984)、デトレフ・ベルテルセンの『フロイト家の日常生活』(平凡社より邦訳)、ソフィー・フロイトの『わたしの三人の母と情熱』(Sophie Freud: Meine drei Mütter und andere Leidenschaften, Düsseldorf 1988) などを参照のこと。

28 ルー・アンドレアス・サロメの言葉。ウルズラ・ウェルシュとミヒャエラ・ヴィースナーの『ルー・アンドレアス・サロメ ——「生の根底」から精神分析へ』(Ursula Welsch und Michaela Wiesner: Lou Andreas-Salome, Vom "Lebensgrund" zur Psychoanalyse, München und Wien 1988, S. 342) より。

[訳注]

1 マックス・ベックマン (Max Beckmann 1884–1950) ドイツの画家。一九四七年渡米。ドイツ印象派から表現主義に移行。

2 グスタフ・マーラー (Gustav Mahler 1860–1911) ロマン主義の最後の時代にドイツ、オーストリアを中心に活躍した作曲家、指揮者。生前は指揮者として有名で、一八九七年から十年間はウィーン宮廷歌劇場の総監督の地位にあった。作曲家としてのマーラーの代表作は『大地の歌』、『千人の交響曲』を含む十曲の巨大な交響曲である。彼は、伝統的形式にとらわれることなく、あらゆる手段をもちいて、自己の包括的な世界観の表現を試み、交響曲の表現領域の拡大をはかった。アルマ・シントラーとはウィーン時代の一九〇二年に結婚。

3 ヴァルター・グロピウス (Walter Gropius 1883–1969) ドイツの建築家。第一次世界大戦後ベルリンでブルーノ・タウトらと、建築を中心として前衛的な造形芸術運動を起こす。一九一九年にはワイマールに総合造形学校バウハウスを設立し校長に就任。徹底した教育実践を通して新しい造形芸術の再構成をはかる。ナチス政権樹立後の一九三四年ロンドンに逃れ、三七年には渡米。ハーバード大学教授として教育に携わると同時に、「平等な立場のチームワークによる共同設計」という自らの持論を実践してアルミニウム・シティなど多くの優れた建築物を設計。

4 フランツ・ヴェルフェル (Franz Werfel 1890–1945)
ドイツの詩人、小説家、劇作家。プラハに生まれ、詩集『世界の友』などで表現主義抒情詩の旗手となる。第一次世界大戦後ウィーンに定住し、十歳年長のアルマと結婚。ナチスから逃れ、フランスを経てアメリカに亡命する。生涯〈愛と信仰〉を追究した作家で、カトリックの影響のもとに書いた『ベルナデットの歌』はベストセラーになり、映画化もされた。

5 アルマ・シントラー (Alma Schindler 1879–1964)
画家エミール・シントラーの娘。一九〇二年にグスタフ・マーラーと結婚。グスタフ・マーラーの死後、オスカー・ココシュカとの短いが情熱的な関係を経て一九一五年にヴァルター・グロピウスと結婚。一九一八年にグロピウスと別れ、一九二九年にフランツ・ヴェルフェルと結婚した。一九四〇年にはナチスを逃れてフランス、スペインを経てニューヨークまでの逃避行を彼と共にした。一九六〇年に『わが愛の遍歴（原題はMein Leben［わが生涯］）』を出版した。

6 オスカー・ココシュカ (Oskar Kokoschka 1886–1980)
オーストリアの画家。ウィーンの工芸学校に学び、クリムトらと交友を持つ。表現主義の代表的画家で、内面に写った〈幻視〉を、奔放な、心理をえぐるような人物像や、俯瞰的遠近法の都市像にあらわした。

7 「ファム・ファタール」(femme fatale)
男を迷わせ、その運命を変えてしまう女。妖婦。

8 ワシリー・カンディンスキー (Wassily Kandinsky 1866–1944)
主にドイツで活動したロシア出身の画家。モスクワに生まれ、三十歳の時に画業を志してミュンヘンに出る。〈ミュンヘン新芸術家協会〉を経て一九一一年には表現主義を代表するグループ〈ブラウエ・ライター（青騎士）〉を創設。のちロシアの革命政府の芸術政策に協力したり、バウハウスの教授もつとめる。ナチスによるバウハウスの閉鎖を機にフランスに亡命。亡くなるまでパリ郊外で暮らした。彼の画風は、テーマの呼び覚ます内的イメージをいかに自由に強烈に画面に表現するかが重要で、そのために印象主義的なものから、色彩を強調し、デフォルメして描く表現主義、さらに抽象絵画へと変化していった。著作も多く、理論家としても影響力を持っていた。

9 ガブリエレ・ミュンター (Gabriele Münter 1877–1962)

一九〇二年からミュンヘンに住む。カンディンスキーの弟子、後に恋人となり、彼と共に数々の旅行をする。〈青騎士〉のメンバーとして活躍。カンディンスキーの初期のスタイルに、輪郭や色彩における重厚さを加えたスタイルを築き上げた。

10 トーマス・マン (Thomas Mann 1875–1955)
ドイツを代表する作家。北ドイツ・リューベックの豪商の家に生まれる。作家ハインリヒ・マンは兄、クラウス・マンは彼の長男である。代表作に『ブッデンブローク家の人々』『トニオ・クレーゲル』『魔の山』などがある。一九二九年ノーベル文学賞を受ける。一九三三年、ヒトラーの政権掌握後、ヨーロッパ各地の講演旅行に出たまま帰国せず、スイスに滞在。その後アメリカに渡り、アメリカで市民権を獲得した。戦後、一九五二年にスイスに居を移した。

11 レナーテ・ケプラー (Renate Köbler)
原注の19を参照。

12 イワン・イリイチ (Ivan Illich 1926–)
オーストリア生まれの社会思想家。米国籍。教育・医療・交通に露呈された荒廃を鋭く批判することで世界的に知られる。著書に『脱学校の社会』『医療の限界』『エネルギーと公平』『自由の奪回』など多数。

13 シャドウワーク (shadow work)
影の労働。家事・子育て・通勤など賃金を支払われない部分の労働。

14 エドガー・アラン・ポー (Edgar Alan Poe 1809–1849)
アメリカの詩人、小説家。リッチモンド生まれ。作品には、『アッシャー家の崩壊』などの幻想小説、探偵デュパンの登場する『モルグ街の殺人』などの推理小説、そのほか空想科学小説も多く、人間の心に潜む恐怖心や無意識をくっきりと描き出す怪奇小説や幻想小説の名手。江戸川乱歩のペンネームはポーより借用したもの。

Sofia Andrejewna Tolstoya

1844–1919

ソフィア・アンドレイェヴナ・トルストヤの日記

「生死をかけた闘い」

レフ・トルストイ（左）とソフィア・アンドレイェヴナ・トルストヤ（右）（1910年頃）

レフ・トルストイ[1]の人生と作品は、彼が生きている時からすでに伝説となって人々に語り伝えられていた。彼の伝記を書こうとする人々はみな、トルストイ伝説をうちやぶって彼の人生の真実に迫ることがいかにむずかしいかをうったえている。トルストイ家の人々のさまざまな回想も、彼の生涯と結婚にまつわる嘘や、半分だけの真実、ゆがんだ噂などの藪を切り開くには役に立たなかった。家族の回想などもむしろもう伝説の一部になってしまっていて、トルストイという偶像を作り上げるのに手を貸している。彼の晩年におけるヤースナヤ・ポリャーナ[2]からの逃避——彼は当時八十二歳だった——や、冬のロシアをさまよい歩いたあげく、小さな人里離れた駅アスタポヴォで壮絶な最期をとげたことなどにいたっては、世論を沸騰させ、世界中の新聞の見出しを飾ったのだが、このためにトルストイは、特別な人物として人々の記憶に残ることとなった。劇的な逃避行によって人々の心にうえつけられた聖人としての彼のイメージはしかし、四十八年間彼の妻であったソフィア・アンドレイエヴナのイメージとも分かちがたく結びついており、人々は大作家のみじめな最期は彼女に責任がある、と決めつけたのだった。ソフィア・アンドレイェヴナだって苦労したのだ、と認める伝記作家もなかにはいたものの、伝記から伝記へとこの悪妻像は語りつがれていった。

彼らの人生を別の側からながめ、同時代や後世の人々からソクラテスの妻クサンティッペのような悪妻、と決めつけられてしまったソフィア・アンドレイェヴナのイメージをつくりかえることができるようになったのは、彼女の日記が出版されて以後のことである。一八六二年の結婚生活のはじめから一九一〇年のトルストイのセンセーショナルな逃避行にまでおよぶこの日記は、一九七八年にまずロシア語で出版され、一九八二年にはドイツ語の翻訳が二巻本として出されている。常に夫の陰に立っていた女性、自分は「彼の作品の乳母」なのだ、と自覚して謙虚にふるまっていた女性、そして、トルストイの天才を際だたせるために、たいていはネガティヴなトーンでしか紹介されなかった女性、この女性のほんとうの気持ちをわたしたちは初めて知ることができるようになった。

ソフィア・アンドレイェヴナ・トルストヤは、いったいどのような女性だったのだろう？　彼女自身が語る言葉を聞いてみよう。トルストイの逃避行と死の約一年前、当時六十五歳だった彼女は散文詩の形で、自分が好きなものと嫌いなものとを書き記している。

わたしが好きなもの

心のなかの静けさ
感覚のなかの夢
人がわたしを好きになってくれること
すべての子ども
そしてすべての花

そして太陽とたくさんの光
わたしは花を植え、切り取る
木々や森のなかを通って歩くのが好き
表現すること、絵を描くことや
写真を撮るのや
役を演じるのが好き
創造的であることが好き
縫い物をしているときのわたしは創造的
音楽が好き、でもどの音楽もというわけではない
人々の明晰さや、単純さや才能が好き
衣装と装飾品
できれば陽気さとお祭り、美と輝き
詩が好き
感じやすさ
愛撫
生産的な仕事をするのが好き

わたしが嫌いなもの

人々の憎しみや不満
たとえ一時的なものであっても浅薄な心と感覚
秋
男たち（少しの例外を除いて）
闇と夜
カード遊びとお金
悩み事やお酒で暗くなった人々
秘密、不誠実、閉鎖的な心
木の生えていない草原
お酒を飲んで歌をがなり立てること
食事の過程
無能、ずるがしこさ、嘘とごますり
家事を切り盛りすることが嫌い
孤独が嫌い
あざけり、パロディー、冗談、批判、

カリカチュアが嫌い
怠けものや役立たずが嫌い
不作法はなかなか我慢できない

この散文詩からはあらゆる種類の美しいものに対する強い欲求を読みとることができる。お祭り、陽気さ、洋服や装飾品などが、花、木々、太陽やたくさんの光などと同等におかれている。芸術への愛と自分の創造力への関心も目につくが、これは家庭のなかで有用なことがらに限られている。絵を描くこと、写真を撮ること、お芝居を演じること、ピアノを弾くことや縫い物などが、妻として、また十三人の子どもたちの母親としての彼女にできる範囲のことだった。他方で彼女はあらゆる陰気な情熱や策謀をきっぱりと拒んでいる。いわゆる人間の暗部に対する断固たる否定は、彼女の夫トルストイの性格にも向けられていたといえるだろう。トルストイは若いころには波乱に富んだ独身生活を送り、年をとってからは真理を追究しそれを人々に告げ知らせるという理想に燃えて、禁欲的な生活を送るために文学活動の方はほとんど放棄してしまったのだから。しかしながらこの詩は、家族からはただ「陰気者たち」とだけ呼ばれていたトルストイの取り巻き連中に特に向けられている。彼らの影響でトルストイは、妻にとって異質な人間になってしまった。一九一〇年、寒い冬の最中にトルストイがセンセーショナルな家出をしたのも、この「陰気者たち」にあれこれ吹き込まれたせいだと、彼女は考えていた。このことについてはあとでまた述べることにしよう。まずはトルストイ夫妻の出会いについてみてみたい。

三十四歳のトルストイ伯爵と結婚したとき、ソフィア・アンドレイェヴナ・ベールスはまだ十八歳だった。モスクワで医者をやっていた彼女の父親はトルストイの旧友だった。三人姉妹の真ん中だったソフィアは、他の二人の姉妹同様、モスクワの社交界で大いに注目を集めていた。

トルストイが死んで二年後に彼女が書き記した『結婚』という自伝的文章のなかで、ソフィアは自分がナイーブな箱入り娘であったことを強調している。しかし他方ではこの文章から、彼女が結局わがままで自意識の強い娘であったこともわかってくる。彼女は人気のあるピアニストで、芸術に強い関心を持っていた。すでに十六歳で小説を書き、日記も定期的につけている。トルストイにそのことを話すと、彼は彼女に書いたものを見せてくれるように頼んだ。彼女は小説の方だけを渡したが、彼はそれを読んで強い印象を受けた。彼は日記に次のように書いている。

「彼女はわたしに小説を見せた。それは何と真実さと素直さに満ちあふれていたことだろう。」

その後もソフィアは日記のほかに文章を書きつづっていたが、それらのテキストはわずかの例外をのぞいて出版されないままに終わった。独身時代も終わろうとするころ、彼女はかつてないほど自分を自由で強いと感じていた。

「わたしの自我は空間や時間に支配されず、自由で限りなく、万能です。独身時代の最後の日々は特別な生命力と内的な感動によって貫かれていました。」

トルストイはこのころすでに有名な作家だった。ことに自伝的な影の色濃い作品『幼年時代』によって世に認められ、文学界の寵児となっていた。そのトルストイが、短期間ではあるがソフィア・ベールスに熱心に求婚したのである。トルストイの求婚、婚約時代と結婚に関する後年のソフィアの記述からも読みとれることだが、周りの人たちみんなが、そしてとりわけソフィア自身が、トルストイのこの選択に驚いたらしい。一八六二年の九月十六日に彼はソフィアに求婚し、わずか七日後の九月二十三日には早くも結婚式がとり行われたのだが、自分が迫ったこの結婚の実現のあまりの早さには、トルストイ自身どうやら困惑していたらしい。彼は日記にこう書いている。

「人がこんなに恋することができると昔なら決して思わなかっただろうが、いまわたしはその恋をしているのだ。」

後々のことを考慮して彼はこうも書いている。

「でもこれがもし愛を求める気持ちだけで、ほんとうの愛ではないとしたら?」

トルストイのはっきりしない気持ちは、女性や自分の性生活についての、相反する感情の表れでもあった。彼は日記のなかでたえず自分の奔放な性欲を嘆いている。このために彼は結婚後もさまざまなアバンチュールに巻き込まれ、そのあとには良心の呵責を覚えて苦しむのが常だった。時には性病をもらうことにもなった。一八五一年六月九日、彼は日記に次のように書いている。

「きのうはかなりいい一日だった、ほとんどすべてのことを実行できたから。ただある一点でぼくは自分に満足していない。そしてその一点とは、ぼくが自分の肉欲をおさえられないということなのだ……。」

ソフィア・ベールスに求婚する何年も前から、彼はアクシーニャ・バシキナという名の女中と同棲生活を送っていた。彼女は彼の農奴の一人と結婚しており、トルストイとの間に息子を一人もうけていた。息子は彼の農場で育ち、後にはしばらくの間、廐番としてトルストイのところでも仕事をした。

セックスとエロスとが彼の生活をどんどん分裂させていき、女性に対する彼の態度にも顕著な葛藤が見られるようになる。性欲を満足させるために彼は女たちを必要としたが、同時にそのことで女たちを軽蔑し、自分に欲望を感じさせたと非難したのである。彼が「脱線」の時代に——彼は当時の自分の生活を自らそう呼んでいた——『家庭の幸福』という物語のなかに純粋な愛と調和のとれた家庭の幸福を描き出したことは、苦渋に満ちた葛藤をなんとか克服し、自分の性欲を社会的にも道徳的にも受け入れられる方向へ向けようとする試みでもあった。

トルストイのなかのこうした矛盾について、ソフィア・ベールスは知るはずもなかった。彼女は彼の『幼年時代』を読んで、彼をとりわけ繊細で精神的な男性と見なしていたのである。夫の暗い一面を知ったことは、彼女にとっては大変なショックだった。すでに決められた結婚式の直前になって彼はソフィアに自分の日記を読むようにと手渡した。

「結婚の前に、彼があまりにも良心的にわたしに差し出したこの日記を読んで、わたしは心を動かされました。彼はわたしに日記など見せなければよかったのに！　彼の過去を知って、わたしはたくさんの涙を流しました。」

一八六二年と六三年のソフィアの日記を読むと、トルストイの日記が彼女にどんなに影響を及ぼし続けているかがわかる。彼女は夫を恐れ、愛の肉体的な面からは切り離されたように感じている。一八六二年十月九日に彼女はすでに書いている。

「肉体的な愛は何ていやなものなんでしょう！」

トルストイも性生活の面では結婚に失望したらしい。彼は妻が不感症だといって責めている。

「わたしは彼女に触れた……。彼女は体中がすべすべで、さわるには気持ちがいいが、陶器のように冷たい。見るためだけにつくられたような体だ。」

わずかな発言からも、二人の間に共通点のないことが明らかになる。トルストイは性をなにか罪深いものとして拒み、妻には母性ばかりを求めたのだった。母親的な女性に対する彼のあこがれは、幼児期に母を失ったことの反映かもしれない。トルストイの母は彼がまだ二歳の頃に亡くなってしまった。七十七歳になってもトルストイはまだ、次のような示唆に富む文章を日記に残している。

「一日中、漠然とした不安感。夕方になって、このもの悲しい気分は情愛を求める気持ち、なでたり、慰めたりして欲しいという気持ちに変わった。子どものように、自分を愛してくれ、自分の気持ちを感じとってくれる人のそばにすり寄っていきたい。愛と優しさに満ちた涙を流し、自分が強められたと感じたい。でも、わたしがそうした逃げ場を見いだすことのできる人はどこにいるのだろう……。だれにくっついていくことができるのだろう？　もう一度子どもにかえり、わたしの思い描く母親に寄り添うというのか？　そうだ、お母さん、わたしは一度もあなたの名を呼んだことがない、わたしはまだ話せなかったのだから……。そう、お母さん、わたしに考えうるかぎりの最高の、純愛の理想、人間的で、温かい母親の愛の……。わたしの疲れた魂はそれを求めている。お母さん、わたしを慰め、わたしの心を軽くして下さい……。」

彼とソフィアとの間にはたくさんの子どもたちが生まれたこともあって、彼は妻の願望や能力をかえりみることもなく、彼女を母親の地位に縛りつけた。また妊娠してしまったという嘆きが、彼女の日記のあちこちに見られる。ソフィアと医者たちとはトルストイに、産児制限をするよう説得したが無駄であった。自分で避妊したり、望まない妊娠を中絶しようとする彼女の試みもうまくいかなかった。夫はそのことに対して非常な怒りと深い嫌悪感を示した。

子どもはすべて自分のお乳で育てるべきだ、とトルストイは非常にきびしく妻に迫ったが、それもトルストイ自身が自分のなかの矛盾を解決するために求めていた母性という理想の一部だったのだろう。矛盾の解決はうまくいったとしてもいつも一時的で、最終的にはまた新しい矛盾のなかへ彼を巻き込んでしまう。しまいにはトルストイはこの問題を極端な方法で解決しようとする。一八九〇年に書かれた『クロイツェルソナタ』のエピローグで、彼は結婚生活におけるセックスの完全な禁欲を提唱し、その後、自分でもそれに従って生きようと試みたのだった。とはいえ彼はいつも「後戻り」してしまったし、それをもっぱら妻のせいにしていた。

『クロイツェルソナタ』には、ある男が、だらしなくて浮気ばかりしている妻にたえかねてついに彼女を殺してしまうまでの物語が描かれている。妻だけではなくて、女性全般に対するトルストイの盲目的な憎悪に満ちた作品といっていい。彼の空想は暴力的で殺気にあふれており、トルストイ夫妻の間の「地獄」が、ソフィアの思いこみではなくて、実生活をも支配していたことをうかがわせる。トルストイが日記のなかで書いているように、それは「生死をかけた闘い」だった。いつもと同じように正確に、原稿の清書と校正刷りのチェックを引き受けてはいたが、ソフィアは『クロイツェルソナタ』のテキストを読んでひどく苦しんだ。

「きょうも『クロイツェルソナタ』の校正刷りを読み、また前と同じ重苦しい気分になった。なんという皮肉と人間の性悪さをむき出しにした作品だろう！」

それにもかかわらず彼女は他の人に対してはなにも気づいていないようにふるまい、そのテキストを自分や自分たちの結婚に結びつけて考えていないことを示すために、大いに議論を呼ぶことになるその作品の出版を後押しすることさえした。

しかし彼女は心のなかでは、この作品によって体面を傷つけられたと感じ、落ちこんでいた。この作品のなかで女性は「汚らしい犬」や「どぶネズミ」などの動物にたとえられており、セックスは「犯罪」、子どもは「厄介者」「苦労の種」として描かれているのだ。

トルストイの女性蔑視は病的なまでに強まっていく。

「七十年来女性たちに対するわたしの評価は下がり続けており、いまでもさらに評価は低くなっている。」

トルストイがますますあからさまに女性に対する軽蔑を会話のなかで口にするようになったこと

でソフィアは苦しんだ。

「昨夜夫が女性問題に関して言ったことはわたしをとても狼狽させた。彼はもう前から女性の自由とかいわゆる男女平等には反対だったのだけれど、きのうはまた突然に、女性はたとえどんな仕事をしていようと、教師だろうと医学や芸術に関わっていようと、ただ一つの目的、すなわち性愛しかめざしていない、と言ったのだ。その目的に達するやいなや、あっというまに彼女は自分の仕事を捨ててそれにおぼれてしまう、と言うのだ。」

一八九〇年の日記で彼女は次のような苦い結論を出している。

「きょうリョヴォチュカ（訳註　トルストイの愛称）の日記を書き写していたら、彼がこんなメモを残している箇所があった。『セックスを求める肉の欲望と、生涯の女友だちを求める理性の欲望とがあるのだ。』もし彼のこうした確信を二十九年前にわたしが知っていたなら、決して彼とは結婚しなかっただろう。」

セックスに関する不協和音はしかし、ソフィアを苦しめたたくさんの問題のうちの一つにすぎなかった。こうした問題の数々が結局、同時代や後世の人々の目に彼女を欲求不満の女としてしまったのだ。夫の愛のなさ、彼が文学に背を向けてしまったこと、彼の政治に対する熱狂ぶり、彼の道徳的厳しさ、彼女のお気に入りの息子ヴァニチカも含め六人の子どもたちの死、生き残った七人の子どもたちの成長ぶりに対する失望……。こうしたことすべてが彼女を苦しませ、たえずひどい鬱状態へと彼女を追いやった。彼女の日記は彼女が失望し、心を閉ざしていく過程を非常によく示している。こうした過程を経て、かつては生きる喜びにあふれ、愛らしく感動しやすい心を持った若い娘だった彼女は、苦りきった、口やかましい老女へと変わっていったのだった。

彼女の日記を読むことは決して楽しい作業ではない。その日記はソフィアの暗い一面をも示しているからだ。この日記は、たくさんの家族がいる家庭のなかで、皮肉なことにどんどん彼女が孤独になっていく様子を示す記録でもある。日記のはじめからこの孤独は見過ごすことができない。日記は話し相手の代わりになった。夫婦の関係は最初からうまくいっていなくて、コミュニケーションは日記を通してのみ成り立っているかのようであった。彼らは二人とも、自分自身に対しては完全に正直でなくてはいられないかのように装いつつ、互いに直接口にすることのできない感情を日記に書き記している。互いの日記を交換することによって、少なくとも結婚生活の当初には、最低限の意見交換と討論が行われていた。しかし晩年になると彼らは互いに日記を隠すようになる。晩年にはもう相手のために日記を書くことはなかったし、自分自身のためですらなかった。彼らはただ後世の評価を考えて日記を書いていたのだ。できる限り自分自身には欠点がないかのように見せるため、二人は互いに相手を悪者にした。日記は自己正当化の道具となり、もはや相互理解とコミュニケーションには役立たなかった。

ソフィアはくりかえし、自分とトルストイとの関係がなぜこんなに二人にとって悲劇的なものになってしまったのかと考えた。こうした悲劇の原因を、彼女はとりわけ、トルストイの方がずっと年上で世慣れた人間として最初から優位に立っていたこと、彼女の服従で彼の優位がくりかえし確認されてしまったこと、に見ている。彼女ははっきりと、「自分の魂がつねに夫に依存していること」が「自分自身の可能性と活動力」を奪ってしまったのだ、と考えている。トルストイは意識的に、完璧に適応することができて彼の才能を後押ししてくれる「受け身で、無口で自分の意志を持たない女性」を妻として探し出したのだ、という彼女の推測は決してはずれてはいない。彼の日記には次のような「よき妻」の定義が見られるのである。

「すべての事柄を夫の目を通してみることができるようになるほど、夫の考え方を吸収し、それを身につける能力を持っているのがよい妻の条件である。」

ソフィアはまさにこの理想像に適応するべく努力したのだった。とりわけ結婚した当初、適応と献身ということにかけては彼女は優等生だった。彼の性的な願望に自分を合わせようとしたし、くりかえし彼の原稿を清書した。『戦争と平和』を彼女は何度も清書し、彼の日記の清書にも新たに取り組んだ。さらに彼女は注意深く校正刷りを読み、作品の出版のために尽力した。後年彼の作品の編集者ともなる。彼女が日々こなす仕事の量は驚くべきものであった。一日に五時間以上眠ることはほとんどなかった。トルストイはこうした「犠牲」に値する天才だ、という確信だけが、骨折りをする彼女を慰めてくれるのだった。しかし、自分がやっていることの愚かさを思うとき、こうした確信もまた揺らいでしまう。

「わたしはまるで自動機械のように生きている。歩き、食べ、眠り、湯浴みし、清書して……。私生活はなく、読んだり、遊んだり、じっくり考えることもできない。ずっとこんな生活なのだ。これが生活といえるだろうか？　実のところわたしには生活などないのだ……。」

自分には自由がなく、「監獄」にいるような暮らしをしているのだ、ということが次第に彼女の意識のなかで明らかになってくる。おさえてきた願望が頭をもたげてくる。少なくとも一日二時間はピアノを弾きたいし、絵を描いたり文章を書いたりしたいのだ。自分の創造的な力が結婚生活のなかで埋もれていってしまうことを彼女は感じるようになる。

「ほんとうになんてたくさん、なんてよくわたしは仕事をしていることだろう！　でもこの能力が、機械的な、『クロイツェルソナタ』の校正刷りを読む仕事のために使われてしまい、もっと重要で崇高な仕事の役に立たないのは残念だ。小説を書いたり絵を描くことができれば、わたしはとても幸福なのだけれど。」

彼女は娘時代の習慣に戻って小説を、それもトルストイの『クロイツェルソナタ』に対抗する作品を書き始めた。晩年にも彼女は数多くのテキストを書き残したが、そのほとんどは出版されず、今日も一般公開されないままトルストイ記念館に眠っている。こうした試みすべてに「もう遅すぎる」という言葉がつきまとうようになった。結婚生活の終わりごろになってから、夫も子どもたちも彼女の「犠牲」にはふさわしくなかったのだ、という思いを強くするようになったソフィアにとって、この「遅すぎた」という認識は心をくじくものだった。

「わたしはとても孤独です。子どもたちは夫以上に横暴でいばり散らしているのです。」

なぜ女性は創造的であることができないのだろうかと、ソフィアは考えるようになる。

「どうして女性の天才はいないのだろうと、わたしはこのごろ考えています。作家にも、画家にも作曲家にも女性の天才はいない。それは、力のある女性たちがその情熱と能力のすべてを家族や愛するもの、夫のために、そしてとりわけ子どもたちのために浪費してしまっているからなのです。彼女の能力は枯れてしまうか、きちんと成長することもなく、芽のうちに摘まれてしまうのです。子どもを産み、教育し終わると、芸術的な欲求が目覚めますが、それからではもう遅いのです、もうモノにはなりません。結婚していない女性たちはしばしば精神的・芸術的能力を発揮しますが、こうして芽生えた才能もその人かぎりで、次の世代には受けつがれません。独身の女性たちは子孫を後に残しませんから。」

このような状況をそのまま受け入れるのは彼女にはむずかしいことだった。しかし、彼女が反旗を翻すのは、トルストイが自らのいわゆる宗教的な転向の後に、できるかぎり彼女を自分の人生から遠ざけようとし、彼女がしまいには清書係としてのみ彼の作品に関わるようになってからのことである。

愛される女性としても、共同作業者としても、彼女のなすべき仕事は尽きてしまった。彼女は役割を持たない人間になってしまった。子どもたちも彼女を必要としなくなり、それぞれの道を歩き始めた。彼女がそれに対して不快な、あるいは非難がましい態度で反応した気持ちも理解できる。

「彼はわたしを計画的に殺してしまう。わたしを彼の人生に関わらせようとはしない。このことでわたしはとても傷ついている。時折わたしはものすごい絶望におそわれる。そんなときわたしは自殺したい、どこかへ逃げたい、誰かに恋をしたい、などと思う……。もしもうこの人と一緒に暮らさなくてもよいのならば。わたしはこの人を一生の間愛してきたけれど、この人を理想化していただけだったこと、彼が徹頭徹尾強い性欲に支配されていた人だったということがいまではわかっている。いまわたしの目は開かれ、わたしの人生がめちゃめちゃにされてしまったことを理解している。」

彼女の憤激はとても大きくなり、精神錯乱を引き起こすほどだった。彼女はトルストイが秘密にしていた後年の日記を手に入れようと試みた。その日記のなかに自分の悪口が書かれていることを彼女は予想していたのだが、その予想は正しかった。少なくとも後世に自分の悪いイメージが残らないように、というのが彼女の願いだった。彼女自身が書きつけた文章は、夫や子どもの目にもヒステリックで喧嘩っぱやい老女として映るようになった自分の姿についての、絶望的な反論だったに違いない。しかしその反論は成功しなかった。彼女は憎しみに身を焦がすようになり、行動はヒステリックになった。彼女の心がひどく病んでいるのは明らかだった。彼女自身、自分が「きちがい」になってしまうのではないかという恐れを口にしている。家族以外の人々からも誤解され、拒まれてしまうのではないかという不安から、彼女は人と応対する時にもパニックにおそわれるようになった。彼女は悪意や中傷や嘘のなかに逃げ込み、結果的には彼女の夫が気の毒な犠牲者として人々の目に映るようになった。

彼女の日記の第二部はとりわけ痛ましい。そのなかでソフィアと夫とはかわるがわる相手を傷つけ、加害者と犠牲者を交互に演じ合っているのである。まさに地獄のような状況だった。嫌悪感と同情とに引き裂かれて、読者にとってもこの錯綜した関係についての記述を読み進んでいくことは容易ではない。ソフィアとトルストイはくりかえし自殺するぞと言って相手を脅している。ソフィアはたびたび自殺未遂をくりかえしているし、トルストイは何度もヤースナヤ・ポリャーナから逃げ出そうとした。アスタポヴォの駅での劇的な最期は、初めから破綻すべく運命づけられていた、彼らの苦しみに満ちた結婚の、終幕を意味していた。ソフィアはすでに一八六三年、結婚からわずか一年後にトルストイとの関係について次のように書いている。

「わたしはたえず、いまが秋ですぐに何もかも終わりになってしまうような気がしています。この秋に続いてどんな冬がやってくるのか、そもそも冬がくるのかどうか、わたしにはわかりません。なんの喜びもなく生きることはぞっとするほど退屈です。わたしはもう年をとったような気がしています。」

[訳注]

1 レフ・トルストイ(Lev Nikolaevich Tolstoi 1828–1910) ロシアの小説家。ロシア建国の祖ともつながる由緒ある伯爵家の四男としてヤースナヤ・ポリャーナに生まれる。幼くして父母を失い、叔母たちに育てられる。カザン大学を中退し、二回西ヨーロッパに旅行、またコサックのもとに軍人生活を送り、クリミア戦争にも従軍した。一八六二年にソフィア・アンドレイェヴナと結婚。デビュー作は一八五二年発表の『幼年時代』。そのみずみずしい感受性と心理的リアリズムで注目された。一八六九年には『戦争と平和』、一八七七年には『アンナ・カレーニナ』という初期の代表作が完成されている。いわゆる〈改心〉

以降のトルストイは神学や政治的道徳的パンフレットの創作に精力を傾け、さまざまな時事的発言を行っている。明治以降日本でも作品が紹介され、彼の思想の信奉者が輩出。徳冨盧花をはじめヤースナヤ・ポリャーナを訪れた日本人も多い。

2

ヤースナヤ・ポリャーナ（Yasnaya Polyana）

モスクワの南一九〇キロメートルにあるトルストイの生地。ロシア語で「明るい森のなかの草地」という意味であるが、『戦争と平和』では〈禿山〉として描かれている。

Jenny Westphalen-Marx

1814-1881

「わたしたち女性にはこうしたあらゆる闘いのなかでも、
いっそう困難な闘いが割り当てられるのです、
というのもそれはより細かい部分に関する闘いなのですから……」

イェニー・ヴェストファーレン＝マルクスの生涯

イェニー・ヴェストファーレン＝マルクスの1830年代の肖像画

「またもや死神が、プロレタリア革命を目指す社会主義の古い仲間たちの一人を迎えに来てしまった。本年十二月二日、ロンドンにて、長い苦しい闘病の後にカール・マルクス[1]夫人が息を引き取ったのである。彼女はザルツヴェーデルの生まれで、彼女の生後間もなく政府参事官としてトリーアに移った彼女の父君は、そこでマルクス家の親しい友人となった。両家の子どもたちは一緒に育ち、二人の、才能に恵まれた子どもたちは互いに心を引かれるようになった。マルクスが大学に入学したとき、二人が将来一緒になるということはもう決められていた。

一八四三年、しばらくの間マルクスによって編集されていた『ライン新聞』の弾圧の後に結婚式がとり行われた。この後イェニー・マルクスは夫の運命・仕事・闘いを単にともにしたというにとどまらず、このうえない理解と燃えるような情熱をもってそれに参加したのだった……。

鋭い批判的理性と政治的態度、エネルギーあふれる情熱的な性格、同志たちへの献身等を備えたこの女性がほとんど四十年にもわたって社会主義運動のなかで成し遂げてきた仕事は、公衆の前に持ち出されることはなかったし、同時代の出版物の年鑑にも載せられてはいない。彼女の人格についてはわたしは何も言う必要はない。彼女の友人たちは彼女の性格をよく知っているし、彼女を忘れることは決してないだろう。他の人を幸福にすることに自分の最大の幸福を見いだすような女性がもしいるとすれば、それはまさしく彼女だったのである。」

この追悼文は一八八一年十二月四日、『社会民主主義者』紙上に載せられた。執筆者は、マルクス家と三十五年以上にもわたって親交のあったフリードリヒ・エンゲルス[2]である。犠牲の精神あふれる妻、そして生涯をプロレタリアート解放闘争に捧げた謙虚な同志、というイメージによってエンゲルスは、もちろん好意からであろうが、イェニー・マルクスが生きていたころからすでに作られていた神話をここでまとめあげている。墓碑銘に刻まれたとおり「人々に愛されたカール・マルクス夫人」はすでに早い時期から若い同志たちの崇拝の対象となっており、ヴィルヘルム・リープクネヒト[3]などは、彼女に「母親、恋人、信頼する人、相談相手」、すなわち「理想の女性」を見いだしていたのだった。彼女は「家族の世話に没頭」していたにもかかわらず、「靴下の穴をつくろったり玉杓子で鍋をかき回したりしているドイツの主婦とはまったくかけ離れていた」と、当時は若い作家であり、後に労働者のリーダーとなったシュテファン・ボルンも賛嘆している。

もちろんこうした認識はすべて現実に基づいたものだろう。イェニー・マルクスは外見からも気質の面からも、単純なおかみさんタイプとは異なっていたに違いない。しかし、四十年以上にわたって「プロレタリア革命を目指す社会主義の古い闘士たち」のなかにあって無我夢中で闘った忠実な党員というイメージも、彼女にはあまりそぐわないのである。このようなイメージは、搾取をなくすために革命家として闘いつつ、この闘いのために女性たちの「静かな」力の蓄えを搾取してしまった男性たちの気持ちを投影するものにほかならない。自らの良心の呵責を鎮めるための願望を反映したイメージにすぎないのである。

エンゲルスは本当はもっとよくわかっていて然るべきだったのだ。女性の解放は二次的な問題とされてはいても、そう簡単にブルジョア対プロレタリアートの階級闘争の下位においてしまっていいわけではないことを、彼は一家の友人として知っていたはずである。しかし彼の場合もやはり、調和を望む気持ちが事実関係への洞察力よりも強かった。彼もやはり、センセーショナルな男たちの革命の横で実のところいかにも付随的な印象を与える女たちの「静かな闘い」を、自分の意識から排除してしまったのである。闘いに長け、政治の経験を積んだイェニー・マルクス自身は、女性にとって不利なこうした状況を熟知していた。彼女はエンゲルスと違って、女性の「日々の生活」のなかに、「偉大な政治の闘争の舞台以上に恐ろしい闘いと苦しみがある」ことを理解していた。リープクネヒトが当局の追求を受けていることに彼女は非常に心を痛めていたが、そのリープクネヒトに対して彼女は次のように書き送っている。

「率直に申し上げて、わたしの心配はあなたのこと以上にあなたの奥さんに対して向けられています。わたしたち女性には、こうしたあらゆる闘いのなかでも、いっそう困難な闘いが割り当てられるのです、というのもそれはより細かい部分に関する闘いなのですから……。こうお話しするのはわたしの三十年の体験があるからです。がっくりしないように自分を励ましながら、やっとどうにかやってきたのだと、申し上げてよいでしょう。」

「日々の生活のなかの恐ろしい闘いと苦しみ」についてイェニー・マルクスはしかし、暗示的に語っているのみである。政治的闘争において自分の持ち分をつべこべ言わずに引き受ける勇敢な伴侶というイメージを、彼女はあまりにもぴったりと身につけてしまった。それでも彼女の回想や手紙は、女性たちが政治的闘争のために払わなければならなかった代価を示す記録でいっぱいなのである。十五年以上の歳月の間努力を傾けたカール・マルクス『資本論』の第一部が出版された一八六七年、次のような彼女の溜息を文通相手への手紙のなかに見つけることができる。

「わたしにとっては大変な荷物がこれでやっと肩から下りたという感じです……。どんなに、どんなに多くの静かな心配や不安や苦しみがそのために注がれたか、ということを打ち明ける秘密の物語をこの本の出版に寄せて書くことができるほどです。」

イェニー・マルクスはここでまた彼女らしい自己否定を示し、もっぱら夫の苦労や物質的窮乏を指して語っているようだが、『資本論』にまつわる「秘密の物語」は、もしそれが記されるならば、エンゲルスも書いているように、「同時代の出版物のどの年鑑にも載っていない」彼女自身の苦しみをも表すものであるに違いない。この「秘密の物語」を理解するためには、イェニーがカール・マルクスとの共同生活を始めるにいたった前提に目を向けてみなければならない。

イェニーは一八一四年にドイツのブラウンシュヴァイク公国のザルツヴェーデルに、古くから続いた裕福な家柄であるヴェストファーレン家の長女として生まれた。有名な軍人や役人を輩出したこの家は、イェニーの祖父が七年戦争[4]の時ブラウンシュヴァイク＝ヴォルフェンビュッテルのフエルディナント公に対して立てた武勲への報賞として、一七六四年以来貴族に列せられていた。イェニーは決して自分から貴族の称号を取り外すことはしなかった。ロンドン亡命時代、もっぱら自分たちの支持者や質屋に印象を与えるために刷らせた名刺で、彼女は次のように名乗っている。

「マダム　イェニー・マルクス、ヴェストファーレン男爵令嬢」

イェニーの父親で自由主義者のルートヴィヒ・フォン・ヴェストファーレンは、自分の父親の軍隊での輝かしいキャリアを継ごうとはしなかった。高い地位にある政府の行政官として彼は重要な役割を果たしはしたが、多くの義務にもかかわらずどちらかといえば引きこもった、目立たない生活を送った。彼は語学や文学を好んでいた。ギリシャ語、ラテン語、英語、フランス語、スペイン語を流暢に話すことができ、シェイクスピアとホメロスの熱心な読者でもあって、彼らの作品からしばしば長い一節を暗記して引用したりした。一八一六年にトリーアへ転勤になると、彼は以前よりもいっそう自分の私的な道楽に引きこもるようになった。再婚で生まれた二人の子ども、一八一四年生まれのイェニーと一八一八年生まれのエドガーにも、彼は特別な注意を払った。イェニーとエドガーは、友人である法律顧問官ハインリヒ・マルクスの家の二人の子ども、カールとゾフィーと一緒に、ルートヴィヒ・フォン・ヴェストファーレンの授業を受けた。

イェニーはこの子どもたちのなかの最年長であり、ゾフィーは二歳年下、エドガーとカールは四歳も年下だった。年が違っていても、子どもたちは素晴らしい理解力を示し、学ぶ時も遊ぶ時も一緒だった。ルートヴィヒ・フォン・ヴェストファーレンの授業は、二人の男の子にとっては後のギムナジウム（訳注　日本の中・高等学校にあたる）での勉強の準備となるものだったが、二人の利発な女の子たちにとっては知的な教育を受けることのできる唯一の機会であった。二人の男の子の方は十二歳になるとトリーアのギムナジウムに送られたが、女の子たちの方は、学校に行くことはなかった。もちろん彼女たちはその後もイェニーの父親の授業を受け、当時の女の子には珍しく教養を身につけはしたが、弟たちが家の外で経験するような事柄からは切り離されたままであった。このことは後に舅となるハインリヒ・マルクスの筆によれば「いささか天才的なところ」のあった、感情豊かで知的好奇心の強いイェニーにとってはとりわけ、侮辱的な男女差別と感じられた。父親や二人の男の子たちに強く心を寄せていたイェニーは、これまであまり関心を払ったこともなく、父親からそのように育てられてもこなかった女としての役割のなかにいきなり引き戻されてしまったのだ。彼女の心のなかに生まれた虚無感は、「トリーアで最も美しい娘」という評判と、「舞踏会の女王」としての成功によって、ほんの束の間慰められるにすぎなかった。二人の男の子が学校に入った後、貴族の若い少尉と性急に取り結ばれた彼女の婚約は、生活の保障と、社会的に容認された場を見いだそうとする試みであったに違いない。しかしすぐに、イェニーの側にこの関係を続けていく気持ちのないことがはっきりした。知的な刺激を受け、精神的な冒険をすることに慣れた彼女にとっては、婚約者はすぐに退屈な相手となってしまったのだ。幾月も経たないうちに婚約は解消され、イェニーは以前にもまして、学生になってからも定期的にヴェストファーレン家と行き来していた四歳年下のカールとの結びつきを強めることになる。父のもとで再びカールと一緒に学び始めたことは、かつての子ども時代と現在とを結びつける出来事であった。十七歳のカールがボンで法学の勉強を始めることになった時には、二人の関係は非常に親密なものであったので、イェニーもカールも、将来結婚するのはもう当然のことだと思っていた。しかしながら正式に婚約したのは一八三七年で、イェニーは二十三歳、カールは十九歳になっていた。ヴェストファーレン家のメンバー全員が、「天才少年」カールを高く評価していたにもかかわらず、二人の関係には疑問を差しはさみ、婚約に反対していたからである。それはただ年が違うからというだけではなく、若いカールのこれからの仕事の見通しがまだ曖昧なものであったからでもあった。

七年間の婚約期間はとりわけイェニーにとって辛いときであった。フィアンセの急速な知的・政治的成長を彼女はただ遠くから見ていることしかできなかったし、特に一八四二年に父親が亡くなってからは、小さな地方都市トリーアで意地の悪い陰口になすすべもなくさらされることになった。しかし、その歳月の間にイェニーとカールとは外部に対して固く結束した運命共同体となり、二人で敵視に耐えることを学んだのである。そして、感情的にも知的にも中身の詰まったこの共同体が、二人の関係を四十五年間も支えていくことになる。

しかし、一方でこの歳月は、もともと家柄や年齢のために二人のうちの優位にあったイェニーの立場を次第に弱くし、最終的に二人の力関係を逆転させてしまった。弟と恋人カールが家を離れ、父が死んでしまったことによって、彼女は感情的・知的真空状態のなかに迷い込んでしまい、カールに対する自分の愛を高まらせることによって自分を満たそうとしていた。

「カール、カール、わたしはどんなにあなたを愛していることでしょう！　いまのわたしにはとてもうまく伝えられないのだけれど、わたしの心のなかにあるもの、わたしの感覚と思考のすべて、過去、現在、未来のすべてが一つの音、一つのしるし、一つの響きになっていて、もしもそれが音を立てるなら、それはこう響くでしょう。『わたしは言葉に表せないほどあなたを愛しています、限りなく、永遠に、測りしれないほど』。」

遠くにいるフィアンセの知的優位は、イェニーが自分で熱心に勉強してももう追いつくことのできないものであった。彼女はカールから送られてくる知的な刺激を熱心に受け入れはした。たくさんの本を読み、カールの提案に従ってヘーゲルを学び、ギリシャ語を習った。しかし彼女が学ぶのはいまや自分のためではなくフィアンセのためであり、彼に認めてもらいたいがためであった。

「イノシシ坊やさん、あなたが喜んでいて、わたしの手紙があなたの心を明るくして、あなたがわたしに会いたいと思っていて、あなたが壁紙のある部屋に住み、ケルンでシャンパンを飲み、そこにヘーゲルクラブがあって、あなたが夢を見たと聞いて、要するに、あなたがわたしの愛しい、イノシシ坊やでいてくれて、わたしはどんなに嬉しいことでしょう。でもわたしは一つだけ残念なことがあります。わたしのギリシャ語のことでちょっとくらい褒めてくれてもよかったのに、そしてわたしの勉強に対して小さな賛辞を書いてくれたってよかったのに。でもあなたは、ヘーゲルの弟子であるあなた様は、それがどんなに立派なことでも何も認めてはくれないのね。もちろんあなた方が思うような意味ではわたしは立派でないかもしれないけれど。そういうわけでわたしはまた謙虚になり、自分で自分に与えた月桂冠の上にちょこんと座っていなくてはなりません。ええ、愛しい人、わたしはいまだに座っていなくてはいけないのね、羽根布団やクッションの上に。そしてこの小さな手紙だけがわたしのベッドから世の中へと送られていくのね。」

手紙のなかに偶然登場するベッドと世の中という言葉は、愛し合う二人の異なった生活領域を、古くからの性別役割分担を反映する、暗示に満ちたイメージでとらえている。ここには世間からひっそりと引きこもった、静かな場所と、なにかと病気がちな受け身の状態があり、恋人のいるところには刺激と誘惑に満ちた賑やかな世界、シャンパンとヘーゲルクラブとがある。次第にイェニーは、自分がいつかカールを満足させられなくなってしまうのではないかという不安を抱くようになった。自己疑念と劣等感にさいなまれて、彼女は白昼夢の世界に逃げ込むようになる。彼女は、カールが片手を失い、彼女が彼の考えを書き取り「他の人のために注意深くそれを保存する」ことによって彼にとってなくてはならない存在になるのだというような想像をする。実際彼女は後にカールの妻として何千枚という原稿を、指が擦りむけるほど書き取っている。この白昼夢で注目すべきことは、あれほど輝き、書いたり考えたりするのが好きだったイェニーが、婚約時代にはすでに自分を独立した一個の存在としてはとらえず、優れた男性の助け手としてのみ空想している点である。結婚生活において彼女の第二の天性となる自己犠牲がここには現れている。しかし、婚約時代のイェニーはいつもたやすくこの状態に順応したわけではなかった。数多くの神経症の発作や病気は、新しい役割を受け入れ、遠くにいるフィアンセへの完全な依存に同意するのが彼女にとって非常に困難であったことを示している。嵐のように激しい愛の誓いにかわって、憂鬱そうな不機嫌や、大げさな心配がたち現れてくる。

一八四五年六月、クロイツナハでやっと結婚式があげられた時には、自分自身をめぐる闘いでイェニーはとっくに敗北してしまっていた。自分を男性たちと同等のパートナーと見なしていた、激しい性格で自意識の強い「父親っ子」イェニー・フォン・ヴェストファーレンは、夫によって自分を定義する妻になってしまったのだった。堅信礼の時の「わたしは生きているけれどもわたしのなかに生きているのはわたしではなくキリストです」という言葉を彼女は一生涯忠実に守ったが、もちろん重要な変更がそこには加えられていた。彼女のなかに生きたのはキリストではなく、カール・マルクスだったのである。

三十六年間にわたる結婚生活では、婚約時代にすでに作り上げられた二人の関係の構造が追認されたのみだった。もちろんイェニー・マルクスは決して単純なおかみさんになどならなかった。彼女は倦むことなく、夫の知的・政治的成長に歩調を合わせようと試みた。大いに読書し、理論的・哲学的なテキストをも読んだし、夫の政治活動を支え、彼のために抜き書きをし、論文を書き写し、資料を整え、印刷屋や出版社と交渉し、数多い通信の仕事も引き受けた。彼女が誇りを持って自らをそう名付けたとおりの「革命のメッセンジャー」として、またカール・マルクスの「秘書」として、彼女は誰にも代えがたい存在であった。しかし、独立した生き方をすることは彼女にはやはりできなかった。彼女自身の出版物はわずか数編の批評や書評に限られている。このことは、彼女の夫の創造性と創造力が他を圧倒するものであったからばかりではなく、二人の共同生活の困難な条件のためでもあったに違いない。生涯続いた経済的な逼迫、ブリュッセルやパリやロンドンにおける政治難民としての不安定な生活、社会主義インターナショナルのブレーンとしてマルクスが果たしていた問題の多い役割、彼がマルキシズムの理論的基礎を創り上げるに際しての、偏執狂的なしぶとさ……。こうしたものすべては、妻の生きる力を奪ってしまうのに充分であったに違いない。

それらに加えてさらに、極端に苦労の多い生活事情もあった。七人の子どもが生まれ、そのうち四人がまだ乳飲み子か幼児のうちに亡くなった。マルクスが鋭く洞察しているように、「ブルジョア的困窮の犠牲」となったのだった。彼女がどんなに勇敢にこうした運命の打撃を受けとめ、きびしい日常を乗り切っていったかは驚嘆に値する。夫が生涯をかけている仕事に対する彼女の思いは、絶えず彼女の内に新しい力を呼び起こした。夫が理論的な仕事に没頭できるように、献身的に彼をあらゆる雑事から解放しようとした。たびたびの妊娠はとりわけ日常生活における妨げとなったが、イェニー・マルクスはそのことを自分の罪だと考えていた。二度目の妊娠に関して彼女は次のようにマルクスに書き送っている。

「わたしはあなたの本の出版を不安に満ちて待ちこがれています。出産のようなありがたくないできごとが、本の完成の時期に重ならなければいいのですが……。」

彼女はまたマルクスが、成長しつつある子どもたちにできる限りわずらわされないようにと生活をアレンジした。

「子どもたちは音を立てるので階下に隔離しておきます。あなたは上で、邪魔されずにお仕事なさって下さい。わたしは手の空いたときにあなたのところへ行きますから……。」

カール・マルクスはこうした配慮に対し感謝する術を心得ていたし、信奉者たちに悩まされている状況について彼女が報告したのを受けて書かれた次の手紙のように、時にはかすかな良心の呵責を示すこともあった。

「ところで君はぼくに、すべてのことを報告するのを恥じる必要は全然ないのだ。かわいそうな君がきびしい現実を耐え抜いたとしても、それは決して正しいことではなく、ぼくは少なくとも夫のあるべき姿としてその苦しみを分かち合いたいのだよ。君がどんなに弾力的な精神の持ち主で、どんな不都合なことを体験してもまた立ち直るということはぼくもよく知ってはいるのだけれどね。」

しかしながら彼女のこの「限りない弾力性」もはっきりと消耗を示してきていた。そんな妻に対してカール・マルクスは無愛想な反応を示し、一家の破産が迫っているからというのでイェニーが示した「エキセントリックな興奮」を非難し、ある手紙に次のように記している。

「女どもというのは奇妙な生き物です。たとえそれがたいそう理解力のある女だとしてもです。」

実際、一八五〇年代から六〇年代にかけて出されたマルクス家の私信は、イェニー・マルクスがかなりすさんだ心理状態にあったことをさまざまに匂わせている。四人の子どもたちの死と一家の悲劇的な経済状況の結果、彼女をおそった鬱状態は、自殺を考えるまでに悪化した。一八六二年にマルクスは次のように書いている。

「妻はわたしに毎日のように、自分はむしろ子どもたちと一緒に墓のなかで横になりたい、と言うのです。」

イェニー・マルクスの方は女友だちに心のたけを打ち明けている。

「そうこうする間にわたしはここで、破滅していくのです……。わたしはここに座って、ほとんど目玉が流れてしまうほど泣いて、どうしたらいいのかわからないのです……。わたしはもうダメです。」

こうした深い絶望には、マルクス家の家政婦であったヘレーネ・デムートが一八五一年にフレディー・デムートを出産したことも関係があっただろう。一八四五年以来マルクス家に住み込んでいたヘレーネ・デムートは、使用人という以上の存在であった。彼女もまた自己犠牲の名人であって、見返りを求めずに献身し、喜びも悲しみも家族と分かち合った。彼女は子どもたちにとっては母親の代わりであり、イェニー・マルクスにとっては信頼できる友人、カール・マルクスにとってはチェスの相手でもあった。彼女は口やかましい家政婦と、善良な妖精とが一つになったような存在で、マルクス家の家政の中心でもあった。一八八三年にマルクスが亡くなった後、彼女はあたかも形見の品物のようにフリードリヒ・エンゲルスのところに家政婦として引き取られた。

一九六〇年代になって出版されたマルクス家の記録によって、フレディー・デムートの父はフリードリヒ・エンゲルスではなく、カール・マルクスであったことが判明した。エンゲルスまでもが自己犠牲の名人になって、友人マルクスの負担を取り除くために子どもを認知したらしいのである。

夫がヘレーネに子どもを生ませたことをイェニーが知っていたのかどうか、知っていたとすればいつごろ聞き知ったのか、明らかではない。ちょうどこの時期に対応する私信の類は著しく少なくなっているのだが、それもおそらく偶然ではなかろう。イェニー・マルクスはそのわずか三カ月前に娘のフランツィスカを産んだばかりだったのだが、彼女をいたわるために考え出された、フリードリヒ・エンゲルスの子どもというからくりを、見通すことができなかったとは考えにくいのである。ところでこの子どもたちはどちらも出産後間もなく里子にやられた。フランツィスカは一八五三年に亡くなり、フレディーは一九二九年まで生きた。

夫の背信は、それがたとえ彼の側での「ブルジョア的困窮」に対する対応であったにしても、イェニー・マルクスの心の最も感じやすい場所に触れた。政治的亡命という屈辱的な体験を強いられた歳月のなかにあっても夫の無条件の愛と貞節を思うことで彼女の心は慰められていた。フレディー・デムートの誕生は彼女からその最後の砦を奪ってしまったのである。この出来事は、セックスの面でも誰かが彼女の代わりになることが可能なのだ、ということを彼女にはっきりとわからせた。知的な面では彼女はとっくに、イェニーとカールが結婚して二年後の一八四五年以来カール・マルクスの生涯の友人となり気心の知れた同僚ともなったフリードリヒ・エンゲルスにとって代わられていた。もちろん実際のところはイェニーは夫にとって、彼の浮気やフリードリヒ・エンゲルスとの共同作業にもかかわらず、なくてはならない存在であった。「トリーアで一番美しい娘」を手に入れたことを生涯子どものように喜んでいた彼女の夫にとって、彼女は神のようなアイドルであり続けた。一八六五年、フレディー・デムートが生まれてからもう何年も経った後だったが、人を訪ねるためにトリーアに滞在していた妻に宛てて彼は次のように書いている。

「ぼくは君があたかも目の前にいるかのように思い浮かべている。君をぼくの手の上に載せて運び、君の頭から足まで口づけし、君の前に跪いてうめき声を上げる。『マダム、あなたを愛しております。』本当にぼくは君を愛している、ヴェニスのムーア人（訳注　マルクスのあだ名は「ムーア人」だった）がこれほど女を愛したことはない、というくらいに。ぼくの愛はそんな愛なのだ……。実際世の中にはたくさんのご婦人方がおり、そのなかには美しい人々もいる。しかし、一つ一つの表情や一本一本の皺からぼくの生涯の最も偉大で甘美な思い出が甦ってくるような、そんな顔をぼくはどこに再び見いだすことができるだろう？　限りない苦しみや取り返しのつかない損失すらもぼくは君の可愛い顔のなかに読みとる、そして君の顔に口づけするとき、ぼくは自分の苦しみをキスで押し流してしまうのだ……。」

夫の数々の背信行為にもかかわらず、自分が夫にとってなくてはならない存在であることを洞察できるだけの賢明さがイェニー・マルクスにはあった。一八五〇年〜六〇年代の荒々しい絶望は、次第に安定してきた経済事情と、夫の仕事がようやく人々に認められてきたこと、そして並々ならぬ機転を身につけた優れた女性に育った三人の娘たちを誇りに思う気持ちによって、しまいには静かな諦念へと変化していった。

一八七〇年代の半ばになって腸を癌に冒されもはや回復する見込みがないとわかった時、人生に別れを告げるのがとても辛く思われる気持ちをイェニー・マルクスは次のように、自らいぶかしがりつつも書き記している。

「わたしは藁をもつかむような気持ちになっています。できればもう少し長く生きていたいのです……。奇妙なものですね。物語が終わりに近づけば近づくほど、人はますます『地上の涙の谷』にしがみつくというわけです。」

病気の過酷な進行状況からかねて予想されていたとおりに、彼女の最期は苦しみに満ちたものだった。妻の死後わずか一年あまりでカール・マルクスもこの世を去った。

イェニー・マルクスは重い病にもかかわらず晩年には比較的なごやかな日々を送ったのだったが、彼女の娘たちの運命に目を向けるとき、その平和な日々にも深い陰が差し込んでくる。イェニー・マルクスが誇らしげに自分の人生における「輝き」にたとえた三人の娘たちは、その後、非常に問題の多い「遺児」となってしまった。娘たちの歩んだ道は、母親がかかえていた問題をもう一度、陰鬱に反映して見せている。母親と同じく美人で情熱的で才能のあった娘たちは、熱狂的な「父親っ子」という点でも母親そっくりのコピーとなってしまう。魅力的な父親であったに違いないカール・マルクスは、家にいる時は娘たちの偶像となった。その一方で、娘たちから母親に対しては高慢で、せいぜいのところ悪意のない微笑が向けられるのみだった。そうした関係はしかし、娘たちが母親の過ちをくりかえすさまたげとはならなかった。三人の娘たちは自己犠牲において母親を上回りさえしたのである。神にまつりあげられた父親に対して、また、父親が同志たちの群のなかから選んで彼女たちに伴侶として与えた夫たちに対して。

最年長の娘イェニー[5]は、父のための政治活動や六回の妊娠とそのうち二人の子どもの夭折などで肉体的にも心理的にもぼろぼろになったあげく、三十八歳で膀胱癌のために亡くなった。愛する娘の死を父親は看取らなければならなかった。その後、彼自身の生きる力も尽きるのである。

次女のラウラ[6]も父親が生涯をかけた仕事を助けるための多様な政治的活動と、家族のためのさまざまな苦労のために自分自身を過度にすり減らしてしまった。彼女の三人の子どもたちのうちだれ一人として幼児期を生き延びた子はいなかったし、子どものいない老年を何の展望もなく送ることに恐怖すら覚えた彼女は、夫とともに青酸カリを飲んで早々と人生にピリオドを打ってしまった。

姉妹の内の最年少であり第二インターナショナルでは傑出した役割を果たしたエレアノール[7]も自ら生命を断った。鬱状態に悩まされていた時期に、「生きていることが何の役に立つのかわからない」と彼女は書き残している。フリードリヒ・エンゲルスの死後、ヘレーネ・デムートの妊娠をめぐる真実を聞き知ったことが彼女の幻滅を強める結果になっていたのかもしれない。三人の姉妹のうちで最も聡明で社会的にも成功をおさめた彼女は、自分たちが心理的に惨めな状態に落ち込んだ原因も、おそらくはっきりと見通していたに違いない。父親の要求と、世間がカール・マルクスの娘としての彼女に寄せた期待のもとで自分がどんなに苦しんだかを彼女は告白している。

「わたしは泣き言を言うのはそもそも好きではないし、特にパパのことで泣き言は言いたくありません。そんなことをしたらパパはわたしが家族を犠牲にして『だらしないまねをした』かのようにひどく罵るでしょうし……。パパもお医者さんもほかの誰も理解してくれませんが、わたしを主に苦しめるのは精神的な悩みなのです……。肉体的な症状がそうであるのと同じように、精神的な抑圧もまた病の一つであることを、あの人たちは理解しないし、わかろうともしません……。わたしたちの愛すべきパパについて考える代わりに自分のことを考えるなんて、わたしはますます利己的になってしまったような気がします。わたしがどんなにパパを愛しているかは誰にもわからないくらいですが、わたしたちはそれでも結局は自分自身の生を生きなければならないのですから……。」

しかし、自分自身の生を幸福に生きることは、母親にも娘たちにもできなかったのだった。

【訳注】

1 カール・マルクス(Karl Marx 1818–83)
いわゆるマルクス主義の祖。ドイツのトリーアで、代々ラビを出していたユダヤ人の家系に生まれる。父は弁護士。トリーアのギムナジウムからボン大学法学部に学び、一八四一年イェナ大学で哲学の学位を取得。ヘーゲル左派の一員だったことから大学教師の道を閉ざされ、「ライン新聞」の編集者となり、四三年イェニー・フォン・ヴェストファーレンと結婚、文筆生活に入る。四八年共産主義者同盟の組織綱領として『共産党宣言』を執筆、ドイツ三月革命に挫折後、ロンドンに亡命。経済学の研究を進め、五九年に『経済学批判』を刊行した。六四年に結成された国際的な労働者運動の連帯組織、いわゆる第一インターナショナルに参加、中央評議会の主導権を握る。六七年には『資本論』の第一巻を公刊、ドイツやフランスのマルクス派の運動に指針を与え続けながら、晩年にかけて『資本論』の完成に努めた。八三年三月肝臓癌に倒れた。

2 フリードリヒ・エンゲルス(Friedrich Engels 1820–95)
カール・マルクスと共にマルクス主義を創設。ドイツ・バルメンの実業家の長男として生まれる。一八三八年ブレーメンで貿易商の見習いをしていたときに青年ヘーゲル派に接近し、その中で共産主義思想に傾く。四二年父親が出資したイギリス・マンチェスターの紡績工場に勤務しているときに労働者の姿を観察、そこから共産主義者同盟へ接触していくことになる。一八四四年に〈独仏年誌〉に発表した「国民経済学批判大綱」がきっかけとなって、マルクスと生涯におよぶ協力関係を結ぶことになる。ドイツ革命に敗北の後、再びマンチェスターの紡績工場の経営に携わり、二十年間マルクスの『資本論』執筆への物心両面での援助に力を注ぐ。マルクスの死後は各国社会主義者の通信センターの役割を果たし、マルクス主義運動の普及に努めた。九五年咽頭癌で亡くなる。

3 ヴィルヘルム・リープクネヒト(Wilhelm Liebknecht 1826–1900)
ドイツの政治家・社会主義運動家。一八四八年の三月革命に参加。ジュネーブに亡命。一八五〇年以降ロンドンに移り、マルクスと親交を結ぶ。一八六二年に恩赦によりドイツに帰国するが、六五年にプロイセンからの退去命令を受け、ライプツィヒに移る。一八六七年、アウグスト・ベーベルとともに、社会民主党選出の初の国会議員となる。後にスパルタクス団のリーダーとなる。カール・リープクネヒトは彼の次男。

4 七年戦争(1756–63)
プロシア・イギリス両国とオーストリア・ロシア・フランスおよびその盟邦との間に行われた戦争。

5 イェニー・マルクス(Jenny Marx 1844–83)
カール・マルクスとその妻イェニーの長女。秘書として父の仕事を手伝い、J・ウィリアムズのペンネームで、アイルランド問題に関する記事をしばしば新聞に発表する。フランスのジャーナリストでパリ・コミューンのメンバーでもあったシャルル・ロングと七二年に結婚。八三年に病死。

6 ラウラ・マルクス(Laura Marx 1845–1911)
カール・マルクスの次女。姉同様、父の秘書として働く。六八年にマルクス主義者の医師ポール・ラファルグと結婚。ラファルグはフランスでのマルクス主義思想の普及に全力を挙げたが、一八七一年当局の追究を逃れてスペインに逃れ、七二年にロンドンに亡命。ロンドンに移ってからのラファルグはジャーナリズムと政治活動に専心した。八〇年の恩赦によってラファルグはフランスに戻り、『エガリテ』の専任執筆者になった。ラウラは夫の仕事のために資料を集めたり、翻訳を行ったりした。さまざまな弾圧をくぐり抜けたラファルグ夫妻は、一九一一年、かねてから七〇歳になったら死ぬと決めていたポールの意志により、ともに青酸カリによって自殺。

7 エレアノール・マルクス(Eleanor Marx 1855–98)
カール・マルクスの末娘。ロンドンに生まれ、父の秘書となる。友人リサガレーの『パリ・コミューン史』を英訳したのち、フローベールやイプセンの作品を英訳、舞台女優を志すが果たせなかった。イギリスの社会主義運動に貢献し、第二インターナショナルの創立に協力した。無神論者エドワード・エーブリングと結婚するが裏切られ、自ら命を断った。

Clara Wieck-Schumann 1819–1896

クララ・ヴィーク＝シューマンの人生と作品

「わたしが自分の人生の重点を自分自身ではなく、他の人のなかに求めなければならないということ……」

ドイツの画家、エドゥアルド・ベンデマン（Eduard Bendemann）による
クララ・ヴィーク＝シューマンの肖像画

「創作する夫とその曲を演奏する妻、アイデアを示す作曲家とそのアイデアの実現のために努力する名演奏家、という組み合わせ以上に幸福で調和のとれた結びつきは芸術の世界において考えられない。」

フランツ・リストのこの言葉は、ローベルトとクララ・シューマンの結婚について語られたり書かれたりする際に、くりかえし引用されてきた。この夫婦の世間ばなれした暮らしぶりや業績が伝えられるにおよんで、彼らはすっかり神話の一部になってしまったものである。ローベルトとクラは、市民的な日常生活やあくせくとお金を稼ぐ身過ぎ世過ぎとは無縁であって、芸術という王国のなかで互いにパートナーとして支え合い、一緒に活動した理想的なカップルとして描かれた。しかしそうした理想的な、対等な能力を持って互いに補い合うことを前提にした芸術家の愛の共同体が、実はどんなにもろいものであったかを示すのは、最近になって発表された、二人の関係の偽らざる姿を伝える新しい資料ばかりではない。リストの言葉の引用を注意深く読むだけでも、彼らの関係がはらんでいた中心的な問題がはっきりと浮かび上がってくるのである。表向き幸福で調和に満ちたこの関係はリストの引用が暗示するほどパートナーの平等な立場に基づいていたわけではなく、むしろはっきりと分けられた上下関係に根ざしていたのである。「創作する」夫、すなわち「概念を代表する作曲家」に対して「その曲を演奏する」「名演奏家」の妻は平等ではなく、下位におかれていた。ここでの「頭」と「手」の関係、もしくは作曲と解釈という仕事の分担として描かれているものは、市民社会の典型的な性的役割分担に対応している。そのなかでは夫が必ず創作者としての立場にあり、妻は常に命令を実行する道具の立場に固定されているのだ。

クララ・ヴィークの作曲活動に関連して、同時代の批評家は次のように書き記している。

「女性は演奏の天才にはなれるが、創作する天才というのは絶対に女性ではあり得ない……。女性作曲家が世に出て活躍することは決してないだろう……。創造者という概念の女性形もわたしには考えられない。女性解放の響きを帯びたものを、わたしは死ぬほど憎んでいる。」

パートナー同志が対等であるという主張は、男女間の落差をベールで包んで隠そうとする、イデオロギー的な見せかけにすぎなかった。結婚したらクララはどんな姓を名乗るのか、と花婿であるローベルト・シューマン[1]は尋ねているが、そのこと自体すでに、二人の願望をバランスを取りつつ実現していきたいという努力や主張が空しい約束に終わりそうな気配を示している。

「ところで、君は何と名乗るつもりなんだい。ヴィーク＝シューマンか、あるいはその逆か、それともただクララ・シューマンという風に名乗るかい。クララ・シューマンという名前はとても響きがいい。これでいくしかない、という感じだね。」

もう一つ、二人のあいだのライバル関係を明るみに出してみせる場面がある。エルンスト・リーツェル[2]が二人をモデルに製作しようとしたメダルで、当初クララがメダルの上部にくるはずであった。しかしローベルトはそのことに対して非常に激しく抗議した。息子の回想によれば、「作曲家」の方が「演奏家よりも上位にある」というのが彼の意見だったからである。実際に仕上がったメダルではローベルトが上部になり、クララの顔は半分彼に隠されてしまった。こうした序列は、二人の理解に基づいて関係が始められ、同時代や後世の人々によって認められた、対等な芸術家たちの愛の共同体という観念とは矛盾している。一八四〇年、当時は比較的まだ無名であった作曲家ローベルト・シューマンが国際的に有名なピアニストであったクララ・ヴィークと、彼女の父親の激しい反対を押し切って結婚した時には、二人の能力を調和的に発展させるような愛の同盟を実現しようとする、はっきりとした意図が二人にはあった。結婚式の日にクララは夫から一冊の日記帳を受け取ったが、そこには次のような、二人の生活の目標を設定する文章が書き込まれていた。

「今日君が開くこの小さな本は、とても内面的な意味を持つ。これは、ぼくたち二人の心を感動させてくれたことをすべて記す日記となるのだ……。この日記を飾るのはぼくたちの芸術的な仕事についての批評。君が立派に学んでいることも、作曲したものも、新しく見聞したことも、それについて考えていることも、ここに書いてほしいんだ。ぼくも同じようにするからね。」

明らかにクララはここでは、ローベルトから単に「演奏家」と見なされるのではなくて、作曲の仕事に関して、彼が自分の仕事に対するのと同じだけの注意を向けるパートナーとして扱われている。「作曲家」としてのクララに対する高い評価は、当時存命中の作曲家たちのなかでシューマンが重要と見なす人々の名を書き連ねたリストからもうかがうことができる。そのリストではクララ・ヴィークの名前が、メンデルスゾーンやワーグナーと並んで挙げられているのである。ある書簡のなかでローベルトはクララの作曲した作品を彼自身の作品と並べさえしている。彼女のロマンス形式の曲について、彼は一八三九年、結婚の一年前に次のように書き記した。

「君のロマンスをあらためてもう一度聴いてみて、ぼくたちは夫婦にならなければいけないと思った。君はぼくを作曲家として完成させてくれるだろうし、ぼくも君を完成させる。ぼくの音楽のすべてが君のおかげで生まれてきているように、君の考えのすべてはぼくの魂から発しているのだ。」

結婚前の彼はくりかえし、熱心に作曲したかどうかと心配しつつクララに尋ねているし、結婚してからも、作曲を忘れないようにと注意している。クララはそうした問い合わせに対してどっちつかずの反応を示しているが、自分を愛し求婚している男が自分の機嫌をとり、わざとへりくだっているのだと感じていたのかもしれない。一方で彼女は作曲がどんなに楽しいか、くりかえし強調している。自分が作曲したトリオについて、彼女は誇らしげに書いている。

「自分で作曲し、それを聴く以上の楽しみはありません。」

しかし他方では、彼女は作曲家としての自分を非常に低く評価しているのである。

「でも作曲はできません。作曲は時にわたしをとても不幸にします。本当に無理です、わたしには才能はないのです。」

その原因を彼女は、一般に流布している意見と同じく、男女の違いのなかに見いだしている。

「作曲家としてセルフコントロールすることは女性たちにはできません。それは他の女性同様わたしにも当てはまります。」

彼女の夫ローベルトの方はまったく違った見方をしており、創造的な活動をしている女性たちに対する同時代人の偏見にくみすることはなかった。彼自身、作曲を邪魔されることに対して極端に神経質に反応するタイプだったため、妻として、多くの子どもたちの母親として、きびしい条件のもとでクララが作曲していることについては、繊細な思いやりを持ち合わせていた。

「クララは一連の小品を書き上げました。以前の彼女にはできなかったような、繊細で音楽性豊かな創作です。しかし、子どもがおり、いつも空想ばかりしている夫がおりながら、作曲もするというのはなかなかうまくいきません。彼女は持続して作曲の訓練を受けることができませんし、多くの内面的なアイデアが形にならないまま失われていくのを見て、わたしもしばしば心を痛めています。」

しかし彼にもこうした葛藤を解決する方法は見いだせなかったし、自分自身の作曲活動がクララの作曲活動より優先される状況を、彼は早々と受け入れてしまう。彼の創作の方が大切であるということをクララが常に認めてくれて、彼女自身の要求を持ち出さなかったために、彼はますますこうした状況に慣れっこになってしまった。

「ぼくが自分の才能を大切にしなければいけないこと、ぼくがいま一番力の出せる時期にあり、この若さを利用しなければいけないということは、クララも理解してくれています。芸術家の結婚とはこんなものなのです。何でも互いにというわけにはいきません。大切なのはいつも、それ以外の幸福です。ぼくたちはまさしく幸せだと思います……。」

クララは自らの作曲活動にもかかわらず——公の作品目録には印刷し公表された二十三の曲目

が載っている――自分を作曲家ではなく、演奏家とみなしていた。この自己理解の正しかったことは彼女の全生涯と発展の過程が示している。

クララの父フリードリヒ・ヴィークは、娘が誕生する以前にすでにピアニストにすることを決めていた。クララという名前も予定されたものだった。一八一九年に生まれた娘の教育を通じてヴィークは古くからの夢、完璧な演奏家を作る、という夢を実現した。神学者の家に生まれたヴィークの音楽的教養はほとんど独学で身につけたものだった。その教養は自分でピアニストとして活躍するには充分ではなかったが、ライプツィヒにピアノ工場を設立し、ピアノの教師として活動し、名声を得るには充分であった。ヴィークはそれまで支配的だった機械的な教育方法を鋭く否定し、総合的音楽教育という方法を開発したが、これは画期的なものだった。そして、彼のやり方が他のあらゆる教育法にまさっていることを示す生きた証拠が、娘のクララだったのだ。

クララが五歳になると、ヴィークは一八二四年以来別居していた妻から彼女を取り返した。妻との別離の理由は、義理の娘が後に書いているところによれば、妻の「反抗的な精神」が彼に合わなかったためらしい。妻は古くからの音楽一家の出身で、ヴィークのもとでレッスンを受け、ピアニストとしてライプツィヒで成功裡にデビューを飾っていた。彼女はしぶしぶ娘のクララを夫に渡したのだった。彼女自身が夫の厳しさや冷酷な頑固さに苦しんだからである。ヴィークはクララの立ち居振る舞いを見て、年齢にふさわしい成長をとげていないのに驚いた。とりわけ言葉の面で、彼女は非常に発達が遅れていた。それでも彼はただちに娘の教育を開始する。クララは毎日ヴィークからピアノの手ほどきを受け、さらに二時間、彼の指示に従って練習しなければならなかった。練習と同じくらい長い時間、父親と一緒に体を鍛えるための散歩もした。学校には行かなかった。ピアノ教育を補い、さらに音楽理解を深めるため自分で作曲をする準備として、ヴァイオリンの弾き方や器楽編曲の方法、スコアの読み方などを習い、歌唱と楽理の授業も受けた。

ヴィークは、娘が自分に完全に服従することをレッスンの前提にしていた。母親から引き離され、関わりを持つ人間としては父親しかいなくなってしまったクララには、父親に逆らうことなどできなかった。日記さえ父親にチェックされた。彼も日記のなかに、娘が学んだことや進歩したこと、彼が満足しているかどうかなどを書き込んだ。後になると彼女は父親の監督のもと、自ら日記をつけるようになるのだが、その時にはすでに父親の考え方を完璧にマスターしていた。九歳の時、彼女は次のように書いている。

「お父さまは今日また、わたしがいつも怠け者で、いい加減で、だらしなくてわがままで言うことをきかないとおっしゃった。特にピアノの演奏や勉強の時にそうだと言われた。わたしがお父さまの前でヒュントの新しい変奏曲二十六番を弾いたけれどあまりにも下手で、第一変奏曲の最初の部分をくりかえしさえしなかったので、お父さまは目の前で楽譜を破いて、今日からはもうわたしに稽古をつけないとおっしゃった。もう、音階とクラーマーの練習曲とチェルニーのトリルの練習以外は弾いてはいけないのだ。」

ヴィークが単に心理的プレッシャーをかけていただけではなく、体罰も与えていたことは、ヴィーク家の憂鬱な状況を描写するローベルト・シューマンの記録が物語っている。彼は当時ヴィークのレッスンを受けていたが、月謝を払っていたローベルトはクララや彼女の小さな弟アルヴィンなどよりはずっと幸せな境遇にいた。シューマンが目撃したある場面は、決して忘れることのできない強い印象を彼に与えることになる。

「ヴィークはひどい人だ。アルヴィンはちゃんと弾けなかった。『この悪党、悪党め、おまえが父親に与える喜びはこんなものなのか』彼が息子を床に投げ飛ばし、髪の毛を引っ張り、怒りに震えている様子といったら！　それから彼は新たな罰を与えるためにしばらく座って休んでいたが、もう立ち上がることができなかったので犠牲者を投げ出した。小さなアルヴィンは彼にすがって、ヴァイオリンを下さい、ぼくは弾きたいんです、弾きたいんですと言った——ぼくにはとてもそんなことは言えない——そしてクララときたら、こうしたことが起こっている最中に微笑みながら静かにピアノに向かってウェーバーのソナタを弾いていたのだ。いったいあの人たちは人間なのだろうか？」

シューマンのこの回想はヴィークが子どもを虐待していたことだけではなく、クララが彼の与える教訓を完全に身につけていたということをも示している。クララは高齢になってもくりかえし父の教育方法を弁護したし、とりわけ彼女のせいで彼が「世間の人々から誤解」されてしまったことを残念がってもいた。

「みんながぞっとするようなことだと言っているお父さまの教育に対して、わたしは一生の間感謝しているのです。」

ピアニストとしてクララが成功をおさめたことは、ヴィークの正しさを証明するかにみえた。十一歳でクララは、人々が大いに目を見はる天才少女として、演奏活動を開始した。クララのデビューについて、ヴィークは鼻高々の様子で妻に宛てて書き送っている。

「まあお聞き、当地では誰もがクララの音楽的教養（名演奏家ということだけではないよ）が素晴らしく高いレベルにあることを認めて彼女のすぐれた演奏を聴きたがり、前代未聞だと言って、うなずき合っているんだ。演奏を聴いた人々は、子どもに感心すべきか、この子を教えた父親に感心すべきか迷ってしまう、というありさまだ……。偉大なピアニストたちがわたしのもとでレッスンを受けたいと言ってくるほどなのだよ。」

クララが自由に作曲もすることができるという事実は、とりわけ評判になった。この点において彼女は、音楽性よりも完璧なテクニックによって認められていた他の神童たちを超える存在となったのである。クララは機械のように演奏するのではなく、「魂のこもった」演奏をした。彼女は、腹違いの妹マリー・ヴィークのような「自動演奏機械」ではなかった。結婚をめぐるクララとの対立の後、父親はマリーを使ってかつてのような成功をおさめようとしたが、うまくいかなかったのである。この時でさえ、クララの同情は調教された幼い妹にではなく、成功を逃した父親に向けられていた。

「お父さまのレッスンによって与えられる限りのものが与えられているのに、マリーには魂が欠けているのです。あの子の演奏はわたしにはまるで機械が弾いているみたいで、いつもつまらなく思えます。それにあの子には腕の力も、持久力も足りないのです……。それでもあの子をあそこまで教えたお父さまの忍耐こそ驚くべきものです……。」

父の死後もクララは忠実な娘であり続けた。一八七三年、父の死に際して彼女は次のように日記に書き記している。

「わたしは熱い心でお父さまを愛していた……。意見の合わないことも幾度かあったけれど、そのためにわたしの愛が損なわれるようなことはなかったし、わたしが生涯抱き続けている感謝の気持ちがそんなことは帳消しにしてしまった。何という長い年月をお父さまはわたし一人のために犠牲になさったことだろう、そして何という素晴らしい影響をわたしに与えて下さったことか！　お父さまには偉大なところがあった、つまらない些細なことにはこれっぽっちも関心がなかった……。子どもの頃のわたしにはお父さまがすべてだったのだ。」

クララが堅信礼を受ける時に書いた手紙のなかで、ヴィークは自分が彼女のために何年を「犠牲にした」か、数え上げている。

「わたしはおまえとおまえの教育のために人生のほぼ十年を犠牲にしたのだよ。おまえはわたしに対してどんなに負い目があるか、考えてもごらん。」

父親の努力が決して無私無欲のものではなかったということを、クララは絶対に認めようとしなかったし、それを見逃すことができない場合でも、すぐにまた忘れてしまおうとした。

ともあれ、娘のおかげでヴィークが手にした稼ぎは決して少なくなかった。一八三〇年から三九年にかけて彼がクララのために計画したドイツ全土とウィーン、プラハ、ブダペスト、パリへの演奏旅行は多大な利益をもたらしただけではなく、彼の商売繁盛にもつながった。クララがよい演奏をすれば、商品見本として旅行に持ってきていた彼の工場のピアノもいい値段で売ることができたのである。ヴィークが娘の成功によって得た心理的な利益も軽視することはできない。クララが舞台に立つたびに彼の虚栄心はくすぐられ、ピアノ教師としての彼の名声は高まっていくのだった。

クララの教育に力を注ぎ、妻に宛てた手紙のなかの言葉を借りれば「商品をがっちりつかんで離さない」ようにすれば大きな見返りが期待できるだろう、というヴィークの確信は、一八三〇年の最初のコンサートの大成功によって強まった。商品とはもちろん、クララのことだった。このように、娘に対する期待が大きかっただけに、従順だった彼女が十六歳の時に突然、しばらく前からヴィーク家に同居していたヴィークの弟子ローベルト・シューマンに心を向けるようになったことは、父親を大いに失望させた。彼はクララとローベルトを引き離そうとしたが、無駄であった。信じられないような心理的ないじめや、娘が父親に認めていた偉大さのかけらも感じられないような意地の悪い中傷、はたまたあけすけな経済的圧迫によって、父は娘の結婚を妨げようとした。

「もしクララがシューマンと結婚でもするようなことになったら、わしは死ぬまで、あいつはわしの娘にふさわしくない奴だったと言い続けるだろう。」

そこまでしても、父親には結婚をやめさせることはできなかった。ローベルトとクララは結婚の承諾を得るためにヴィークに対する裁判を起こさなければならなかったが、このことも二人の気持ちを萎えさせることにはならず、むしろ愛を強めたのだった。まるで、父親の反対があって初めて、若い二人の気持ちが一つに結ばれていったかのようだった。逢うことを禁じられた二人は、いつも手紙を書き合って、互いの愛を確かめずにはいられなかった。一八三七年から四〇年の間にローベルトとクララは四百通を優に越える手紙を書いている。クララは悪意に満ちた父親の目にさらされていたので、たいてい急いで手紙を書かなければならなかった。そのため彼女の手紙はしばしば短くて、内容にもまとまりがない。それに対してローベルトは、愛する人を言葉によって自分自身に結びつけておくために、自分の雄弁さをすべて手紙に注ぎ込んだ。燃えるような調子で彼は二人の共同の未来を描き出し、ロマンティックな愛の同盟という形でユートピアを構築して見せた。彼が描くそうした生活はクララにとっても望むところだったし、大いに彼女の心を動かしたに違いない。

動機は異なっていたにせよ、結婚生活はローベルトにとってと同様クララにとっても、耐えがたい状況からの救済を意味していた。天才少女としての彼女の時代はもう終わろうとしていた。成熟した女性になろうとしていた彼女は、芸術家として新たに自分を作り上げる必要に迫られていたのである。しかし、父の権威のもとで育った彼女の心理状態では、一人の男性を通してしか、新しい自己規定を行うことができなかった。ヴィークの代わりとなる新しい権威が登場しなくてはならなかったのである。さまざまな理由から、この時ローベルトが彼女に求愛してきたのはまさに好都合だった。まず第一に、クララは子どもの頃からローベルトを知っていた。だから父親も自分の選択を認めてくれるだろうと思ったのだが、もちろんすぐにこれは誤りだったとわかった。第二に彼女はローベルトをその時代における最も重要な音楽家として認めていたが、この判断に関してはヴィークも同じ意見だった。ローベルトと最も激しく対立している時ですら、ヴィークは娘にシューマンの作品を演奏するように勧めている。彼の反対は芸術家としてのシューマンにではなく、自分の所有物を奪おうとする競争相手としてのローベルト・シューマンに向けられていたのだった。父親もローベルトもクララに関してくりかえし「財産」という言葉を使っていたのは決して偶然ではないだろう。父親から恋人への「財産譲渡」……。それはブルジョア社会においては普通の、きちんと取り決められた出来事のはずだったのだが、クララの場合に限っては、愛し合う二人が予想したよりも複雑な状況となった。「商品」へのヴィークの投資はあまりにも大きなものだったので、彼は娘をあっさりと他の男に譲り渡すような気にはなれなかったのである。父親の拒否にあって、クララは父と恋人の間で心理的葛藤に悩まされたが、驚くほどよくそれに耐えた。父親との強い絆にもかかわらず彼女が最終的にローベルトを選んだのは、彼に対して抱いていた愛情のためでもあったが、それ以外にも、ローベルトが彼女に、芸術家としての新しい方向づけを可能にしてくれるような創作共同体を提案していたことが大きな要因だった。ヴィークとは異なる、「作曲家」の妻として、彼女は自分が体得した芸術を新たな形で生きることができた。同時に、公的に活躍する芸術家として、それまではアウトサイダー的に生きてきた彼女も、社会的に認められた立場に立つことができるようになった。あまりに熱心な練習の結果であるローベルトの手の怪我は、彼が自分自身の作品を解釈する演奏家として公にデビューすることを妨げたが、クララにとっては一つのチャンスであった。彼女はシューマンの傷ついた手の代わりをつとめることができたのである。

こうしてみると、クララは決してなすすべもなくある状況のなかにおかれ、その状況の犠牲になったというのではなかった。ある程度そうした自分の意図は隠していたし、常に自分の利益ばかりを意識していたわけではなかったけれど、彼女は結局徹底して自分の利益のために動いたのである。ローベルトとの結びつきは、少なくとも理論的には二つの異なる願い——引き続き芸術家として成功をおさめつつ、愛される妻でもありたいという願い——を実現させてくれるはずであった。妻として、彼女は自分の身についた、順応と従属への願望を満たすことができたし、それと同時に自分の行動力によって、ローベルトが軟弱さと繊細さゆえに成し遂げられないことを代わりにしてやることもできたのだった。うまく社会に順応したい、という願望と並んで彼女のなかには、ゲーテをして「クララには少年六人分の力が潜んでいる」と言わしめた、制御しがたいエネルギーが満ちていたのである。

ところが、結婚してからの日常生活はあっという間に、クララのなかでわき立っていた希望を打ち砕いてしまった。ロマンティックな愛の同盟の実現を疑問視する気持ちはすでに婚約中から芽生えていた。自分の願望の実現には一にも二にも生活の安定が必要なのだということを彼女が見通したのは、まったく正しかった。

「一つだけあなたに言っておかなければなりません。いまとまったく違う状況になるまで、あなたと結婚はできないということです。わたしは馬もいらないし、ダイヤモンドも欲しくない、あなたの持ち物に囲まれていればそれで幸せですが、経済的な心配のない生活を送りたいと思っているのです。引き続き芸術活動をすることができなくて、食べ物の心配ばかりするようになったら？　そうしたらわたしは不幸だろうと思います。それではいけないのです……。ですからローベルト、どうぞ自分を振り返って、わたしに苦労のない生活をさせることができるかどうか、考えてみて下さい。」

この言葉で痛いところをつかれて傷ついた、ということがローベルトの彼女に対する反応からもわかる。

「君のお父さんがあんなことを書かせたのかい。あの手紙の冷淡さはぼくを殺してしまうほどだったよ……。ぼくは夢を見た。深い水のほとりを歩いていたら、君の言葉が頭に浮かんできて、ぼくは指輪を水のなかに投げ込んでしまうんだ。自分も身を投げたいという気持ちがわき起こってきてどうしようもないほどだったよ。」

愛し合う二人にとって初めてのこのいさかいは、クララの譲歩によってすぐに解消されたが、あいかわらず問題は残っていた。ローベルトが作曲家として稼ぐ金は生活には全然足りなかったし、彼らが借りることのできた住居は小さくてやかましかった。召使いによって家事の負担を軽減しようにも、どんどん育ってくる子どもたちのおかげで――クララはローベルトとの十四年間の共同生活の間に八人の子を産んだ――人手が足りるということはなかった。芸術家としてのクララの存在は危うくなってくる。作曲家としての存在ではなくて――彼女はそのことにはさして価値をおかなかった――世にもてはやされた名演奏家としての立場である。コンサートによって家族の生活を安定させることができるのなら、その方が自分はずっと楽だ、とクララはくりかえしローベルトを説得しようとした。事実、一家はクララがロシアへの演奏旅行で稼いだ金によって一年以上も生活することができたのである。しかし実際のところ、金だけが問題だったのではなかった。そうではなくて、二人があからさまに認めようとはしない欲求がそこにはあったのである。公の場に出ることが楽しいし、観衆の感激や賛嘆を生きる糧として必要としているのだという、自分にとって最も重要な動機について、クララはローベルトとの議論では決してふれようとしなかった。自分が女性であることを意識して、彼女は他の動機を前面に押し出してきたのである。

「自分の才能を使って愛しいローベルトにわずかばかりのお金をあげることがどうしていけないのでしょう？　わたしは彼に対する愛ゆえにコンサートをしたのです。彼のためだったらどんな犠牲も大きすぎる、辛すぎるということはないのです。」

ローベルトは家計がにっちもさっちもいかなくなった時に限り、クララのこの「犠牲」を歯ぎしりしながら受け入れた。結婚後初めてのクララの公演は一八四一年三月に多大な成功をおさめたが、ローベルトはそれについて、その後何年間にもわたる葛藤をはっきりと予見させる言葉でコメントを残している。

「こうした場合の、役立たずのぼくの立場を思うと、喜びもわいてこない。」

クララの名声をそばで眺める夫としての彼の立場は、幾人もの証言による次のようなエピソードが語るように、全然楽しいものではなかった。オランダへの演奏旅行中彼らをもてなした公爵家のフリードリヒ王子がローベルトに向かって、そなたも音楽の心得があるのかとお尋ねになった、というのである。ローベルトが気分を害しつつも「そうです」と答えると、ただちに次の質問が来た。

「して、そなたはどのような楽器を弾くのか？」

しかしながらクララ一人を旅行させることも彼は望まなかった。どうやら人々の陰口を恐れたらしい。口の悪い人々や、ほんのつかの間彼に割り当てられる「髪結いの亭主」の役割よりも、自分自身の芸術活動の方が彼には大切だったに違いないが、クララの旅行は、彼がそれについて行こうが行くまいが、結局彼の作曲の妨げとなった。クララがいないと、彼の創作活動は停滞してしまうのだった。彼にとって妻は、愛する相手として、インスピレーションを与えてくれる女神として、欠くことのできない存在だったのだ。彼女がそばにいて刺激を与えたり、緊張をほぐしたりしてくれないと、彼はまったく創作できなかった。

成功した妻への嫉妬、自分がダメになってしまうのではないかという不安、昔ながらの男女の役割にはまらないことから生じる葛藤、妻への依存……。クララの演奏旅行に対するローベルトの反対の理由が何であったにせよ、その結果は破壊的なものだった。夫婦の間に小さな戦争が始まる。経済的な保証を与えてちょうだい、というクララの要求に対して、ローベルトは自殺するぞとおどすのだが、このことは二人の結婚生活の結末をぼんやりと予感させた。この戦争は結局二人をぼろぼろにしてしまった。ローベルトは心理的安定を失い、クララは芸術家としての自尊心を失った。婚約時代にはピアニストとしてのクララの能力を妬むことなく認めていたローベルトが、猛烈に妻を批判するようになる。彼はクララが名演奏家かどうか、疑問だと言い始めた。そのことだけならクララも彼に同意する気持ちはあったのだが、彼はさらに、彼女の演奏方法を批判するようになった。一八四一年、大成功のコンサートの後で早くもクララは次のように日記に書き記している。

「わたしは満足できなかったどころか、この夜もその後の日々も、とても不幸な気持ちだった。ローベルトがわたしの演奏に納得していなかったからだ。」

一八五〇年、シューマンのニ短調三重奏曲の演奏後、彼女は苦々しく、公演の失敗をローベルトは彼女の演奏のせいにする、と嘆いている。

「ものすごく気が重い。だってわたしは全力を尽くし、一生懸命に演奏したのだし、自分ではこんなにうまく弾けたのは初めてだと思ったのだ。それなのに、優しい言葉の代わりにきびしい、がっかりさせるような非難の言葉を浴びせかけられて、いやな気持ちにならずにはいられない。どう演奏したらいいのか、わたしにはもうわからない。」

ローベルトが作曲し、クララがその曲を解釈して演奏するという、芸術共同体の夢——それは、彼らがそもそも抱いていた、幅広い創作共同体という計画の残がいにすぎなかったのだが——は、みごとに打ち砕かれてしまった。ローベルトはそれどころか、妻よりも、他の女性演奏家の方を解釈者として選ぶようになり、クララを不安に突き落とした。彼は彼女を「演奏家」としてすら認めようとしなくなったのだ。

もちろん、夫婦が歩み寄り、一致する時期もくりかえしやってきたが、二人の感情的な基盤はその後も揺らぎ続けた。一八五四年のローベルトの自殺未遂をめぐる奇妙な状況は、クララとの最初のいさかいの折に彼が自殺のおどしをかけたことを思いださせるが、ローベルトの自殺の試みは結局、彼とクララが結婚によって実現したいと願っていたロマンティックな愛の同盟という考えが破綻したことに対するローベルトの反応だったと考えることもできる。

ローベルトがエムデニッヒの精神病院に入れられ、一八五六年に没してからの生活を、クララは自分自身の力で何とか支えていった。まだ彼がエムデニッヒにいるうちから彼女は再び演奏活動を開始し、自分と七人の子どもたちの生活費を稼ぎだした。もちろんこの時になってもクララは、コンサートを開くことは辛いこともあるけれど楽しい、と告白するようなことはなく、子どもを養わなければならないから、と言い訳していた。さらにもう一つの理由が加わる。ローベルトの死後、彼女は彼の作品の解釈者としての役割を、誰にも妨げられることなく追究することができたのだ。彼の未亡人ということで、彼の遺産のいわば管理人として人々の前に出たのだった。

経済的な困窮が演奏活動の第一の理由ではなかったことは、子どもたちが物心つき、定職につくことを勧められた時でも彼女がコンサートを続けた、ということから読みとれる。クララがほとんど五十歳になり、ステージ生活ももうほとんど四十年近くになろうとしていた一八六八年にヨハネス・ブラームスが善意から、そろそろ引きこもるように勧めた時にも、彼女は鋭く次のように切り返している。

「コンサート旅行についてのあなたの見解はずいぶんと変わっていますことね！　あなたはコンサートを金もうけの手段としかみていないようだけれど、わたしは違うのよ。わたしは美しい作品、とりわけローベルトの作品を演奏によって再現するようにとの、神の思し召しを感じているのです……。」

ここで彼女は初めて、芸術が彼女にとって、家庭やその他の心配事の遠くおよばないところで、いかに重要な意味を持っていたか、ということをかいま見せる。

「芸術的な営みはわたしの自我を形成する大きな部分であり、わたしは空気のように芸術を呼吸しているのです！」

合計五十年以上にもわたるコンサート活動のなかで成功をおさめてきたにもかかわらず、彼女は幸福ではなかった。その理由は主に子どもたちに関する心配にあったといえるだろう。娘の一人は幼くして死んでしまったし、三人の息子たちは問題児で、そのうち二人は施設に入れられてしまった。しかしそれにもまして決定的だったのは、年を重ねるにつれて演奏の限界が見えてきたということだった。彼女はそれまでずっと、父や夫や、また何よりも自分自身や当時の支配的女性像の影響で、演奏、すなわち「再生する芸術」にこだわり、それに縛られ続けてきたのだったが……。

「芸術家にとって、年をとるということは二重の意味で大変です。生きている内に忘れ去られてしまうかもしれないという考えが、いまもしばしばわたしを苦しめます。これは演奏家の運命なのです……。彼らが一度舞台から退いたら、彼らのことを考えるのはせいぜい同時代の人たちだけでしょう。若い世代の人々はもはや彼らのことなど知らず、過ぎ去ってしまったものに対して哀れみの微笑を浮かべるだけでしょう。」

とりわけローベルトの死後手に入れた輝かしい成功にもかかわらず、クララがしばしば落ち込んでしまったメランコリーを理解する鍵となる文章が日記のなかにある。そのなかで彼女は、自分が人生の「重点」を自分のなかに持っておらず、いつも他の人々のなかにそれを求めなければならないことを嘆いている。

「臆病さと確信とがわたしのなかで闘っている。王様のように豊かな気持ちになるかと思えば、乞食のように貧しい気もしてくる。一心同体であるかのように感じることのできる友人たちが、わたしの持っている最高の財産だ。友人をなくしてしまったら、わたしの存在もないと同然のことになるだろう。でも、なぜわたしはこんなに重要で素敵な友人たちを得ることができたのだろう？　考えているうちに、わたしはいつもぼうっとなってしまう。無力感がわたしをとらえて離さない。自然はわたしにもっと多くの力を与えてくれたのではなかっただろうか？　それともわたしが自然の力をうまく使えないだけなのだろうか？　わたしが何もなしえず、自分の人生の重点をわたし自身のなかではなく、他の人々のなかに探さねばならないなんて？」

彼女は自分の主体性のない状態をあやつり人形にたとえているが、それは彼女の少女時代を思い起こさせる。父の教育によって彼女は、自分のなかに重心を持たないあやつり人形になってしまった。幼い頃にこうした訓練を受けたおかげで、彼女は一生の間、アイデンティティを自分以外の場所に探し続けることになってしまったのだった。さまざまな障害もあったが、彼女が真に創造的であることができず、「美しい作品の再現」に向かわざるを得なかったより深い理由はここにあるのではないだろうか。あやつり人形が他からの力を必要とするように、クララも生き生きと生きるために、父親的人物の権威と観客の共鳴とを必要としたのだった。

[訳注]

1 ローベルト・シューマン(Robert Schumann 1810–56)
作曲家。ドイツのロマン主義音楽の代表的存在。ザクセン地方の都市ツヴィッカウの書籍商の家庭に生まれる。ライプツィヒ、ハイデルベルク大学では法律を学んだが、二十歳代で音楽で身を立てる決心をしてライプツィヒのピアノ教師フレデリック・ヴィークの弟子になった。ヴィークの娘クララとは、結婚に反対する父親と裁判の末に一八四〇年結婚。ピアノ曲と歌曲にシューベルト以来の独自のロマン的様式を実現した初期の作曲から、室内楽、オラトリオ、オペラと創作の幅を広げ、名声を確立する。一八四四年、四カ月に及んだクララのロシア旅行にも同伴している。五〇年には音楽監督としてデュッセルドルフに招かれた。シューマンの音楽は文学とのつながりが深く、ロマン派詩人の作品に多く曲をつけ、また評論の面でも雑誌〈音楽新報〉を一八三四年に創刊している。

2 エルンスト・リーツェル(Ernst Rietschel 1804–61)
ドイツの彫刻家。一八二〇年からドレスデン美術学校で学ぶ。二六年から三〇年まではベルリンで彫刻家ラオホの助手をつとめ、ラオホのスタイルを受け継ぎながら、三二年以降はドレスデン美術学校の教授として、大きな記念碑や建築物に付随した彫像などの制作にあたった。

Camille Claudel
1864–1943

カミーユ・クローデルの生涯と作品

「これは女性の搾取であり、女性芸術家を破滅させる行為です……」

カミーユ・クローデル（1884年頃）

「わたしの夢は、すぐにヴィルヌーヴに戻り、もうそこから離れないことです。ヴィルヌーヴの納屋に住む方が、この病院の特等室で患者として暮らすよりもいいのです。

精神病院のためにあなたがお金を使ってしまうのを見て残念でなりません。わたしが美しい作品を創り、心地よく暮らすためにそのお金を役立てることができたかもしれないのに！　なんという不幸でしょう！　泣きたくなるほどです。ヴィルヌーヴにいられたら幸せなのに。この世にまたとない、あの美しいヴィルヌーヴに！」

「ここにいる人たちの叫び声にはもう我慢できません。わたしの心はそのために張り裂けそうなのです。ああ神さま、わたしはどんなにヴィルヌーヴに戻りたいことでしょう！　わたしは無名の狂人として精神病院で生涯を閉じるためにこれまでいろいろなことをしてきたのではありません。もっとよい人生を送ることもできたはずなのに。」

「わたしはこんな環境のなかで暮らすべき人間ではありません。迎えに来て下さい。十四年間もここで暮らしたのですから。わたしは声を大にして自由を求めます。」

絶望のなかから助けを求めるこれらの手紙を彫刻家カミーユ・クローデルは一九二七年の初めに、母親と、当時すでに有名な詩人であった弟ポール・クローデル[1]に宛てて送っている。彼女はそのころ六十三歳になっていて、家族の指示によって一九一三年に入院させられたモンデヴァーギュの精神病院ですでに十四年を過ごしていた。しかし、懸命の頼みにもかかわらず、母親も弟も絶望した彼女を病院から連れ出そうとはしなかった。病院の医師たちの方は、彼女を退院させて家族のそばにおくことに反対してはいなかった、ということを考えると、家族のこの態度には驚かずにはいられない。母親に宛てた一九二〇年の病院記録には次のように書かれているのである。

「五月一日。クローデル嬢は落ちついた行動をとっており、強迫観念は弱まってきています。体の具合もよいようです。家族に再会し、パリの近くに住むことを、彼女は切に願っています。

六月一日。クローデル嬢は落ちついた行動をとっており、強迫観念はまったく消えたわけではないにしても、非常に弱まっています。彼女は家族のもとに戻り、田舎で暮らしたいという願いを熱心に口にしていますが、この状況ならば退院を試みることも可能だと思われます。

六月八日。もしあなたがクローデル嬢を受け入れることができないのでしたら、彼女が切に望んでいるとおりに家の近くにおいてあげるのが患者の精神状態のためにもいいと思われます。彼女はすでにずいぶん以前から落ちついていますし、幻覚なども減っていますので、もう少ししたら退院の試みも可能かもしれません。

七月一日。クローデル嬢は相変わらず落ちついており、きちんとした行動をとっています。脅迫的な妄想は非常に弱まり、もうほとんど現れないようです。もし彼女を迎え入れることが不可能でしたら、家族のいるところに近い看護施設に彼女を移転させてはいかがですか。そうすれば家族の誰かが時折彼女を見舞うことができるでしょう。見舞いがまったくないということは、クローデル嬢にとっては実際非常に辛いことなのです。

八月二日。クローデル嬢は相変わらず落ちついており、あなたの近くに行きたいと願っています。体の具合も良好です。」

このような医者の勧めは無視され、カミーユ・クローデルは一九四三年に亡くなるまで、モンデヴァーギュの施設に入れられたままであった。三十年にわたる「収容」生活の間、見舞客が訪れることはめったになかった。家族のはっきりとした要望により、彼女は母と弟にしか手紙を出すことを許されなかった。彼女は完全に世間から隔離されていたのである。かつて彼女の後援者でありファンであった人々が、彼女はとっくに死んだのだと考えたのも無理はなかった。一般に広まっていたこのような噂のなごりは、一九七六年に出版されて好評となった芸術辞典『ベニジ』にも見いだせる。ここにはいとも簡単に、「彫刻家カミーユ・クローデルは一九二〇年ごろ死亡した」と書かれているのである。この記述はそれほど間違ってはいないのかもしれない。社会からも家族からも突き放され、医者たちからもあきらめの目で見られていた彼女が、監視されるという目的のためだけにとどまっていたモンデヴァーギュの施設での生活を、人生と呼ぶことはできないからだ。外界との接触もなく、意味のある仕事をさせてもらえるわけでもなく、カミーユ・クローデルは植物のように生きることしかできなかった。彼女が特等室の患者であるということも、その状況を変えることはできなかった。患者の介護や生活条件は、特等室の場合であっても悲惨なものだった。

「手紙を書こうと思っても、他の患者たちのいる、小さな火が燃えている大広間で座ることはできません。というのもそこは地獄のように騒々しいからです。わたしは三階にある自分の部屋へ行かなければなりませんが、そこは氷のような冷たさで、わたしの指先は青くなり、指が震えて羽ペンを持つこともできません。

冬中わたしは暖まることができませんでした。骨まで冷え切って、寒さで体が断ち割られてしまったような気がしました。この病院に送られてきた、フェネロン高校の教師をしていた人と友だちになりましたが、彼女はベッドのなかで凍死しているのを見つけられました。恐ろしいことです。モンデヴァーギュの寒さは他に比べようがありません。こんな寒さがたっぷり七カ月間も続くのです。」

「食事は基本的に次のようなメニューからなっています。スープ（いつも肉の入っていない、生煮えの野菜汁です）、黒くて油っぽく、苦いソースで味付けしてある古いビーフシチュー、そして年がら年中、べたべたした油のなかに浮いている古いマカロニか、同じように調理された古いお米が出ます。ひと言で言えば、いつもいつも脂っこい食べ物ばかりで、オードブルには小さな生ハムが一切れ、デザートには古いナツメの実か乾燥いちじくが三つ、あるいは古いビスケット三切れか、古い山羊のチーズ一切れ。あなたたちが払っている一日二十フランでこんな待遇なのですよ。ワインは酸っぱいし、コーヒーは水っぽい代用コーヒーです。」

カミーユ・クローデルにとっては亡命生活をしているか、生きながら墓のなかに閉じこめられたようなものだった。三十年の間、彼女が口にしていたのはつねに同じ願いであり、施設の壁の外でまた「普通の」生活を送りたい、ということだけだった。しかし彼女の母親は心を動かされなかった。

病院長にあてた手紙に、彼女の母親は次のようなことを書いている。

「アパートでのあの娘の暮らしはみじめなものでした。十年もの間、誰とも行き来がなく、食べ物を売りつける人々からお金を巻き上げられるままになっていました。ドアや窓には閂がかけられており、閉めっぱなしで、彼女の食事は誰かが箱に入れて、窓のところに置いていたのでした。アパートも、彼女自身もひどい状態でした。彼女はならず者に手紙を書いたり、密告文を書くことで日を送っていました。

ひと言で申し上げます。わたしはあの娘にもう会いたくありません。彼女はわたしたちにあまりにもたくさんの苦しみを与えました。院長先生、あの娘が誰を通して手紙を出しているのか調べて下さいますように、あらためてお願いいたします。きちんと事務所を通すのでなければ手紙を出さないように、彼女に命じて下さい。」

最後まで娘に心を閉ざしたままだった母親が一九二九年に亡くなったあとも、弟のポールは姉の必死の頼みに耳を貸そうとはしなかった。母親とともに下した決定を、彼は迷わずに守り続け、一九五一年になっても次のような言葉で自分を正当化している。

「手を下さないわけにはいきませんでした。ブルボン河岸通りのあの古い家の借り手たちが文句を言いだしたのです。いつも雨戸がおろされたままになっている、一階のあの部屋はいったいどうなっているんだ？　みじめな食事を受け取るために朝方だけ家の外に出てくる、あのおずおずした、取り乱した感じの女はいったい誰なんだ？　ある日、病院の職員たちが家の裏手からその部屋に入り、びっくりしているその女性を連れ出しました。彼女はもうだいぶ前から石膏像や乾いた粘土の散らばる部屋のなかに座って、迎えの人を待っていたのです。お聞きの通り、その部屋の散らかり方と汚れ方は筆舌に尽くしがたいものでした。壁には、リュ・バヤールの新聞の一面から切り取った十四の『十字架の道行き』の絵がピンで留めてありました。外には病院の車が待っていました。そして、彼女はまだそれから三十年生きたのです。」

母親とは違って、ポールはまれにではあったが姉を見舞いに行っている。彼の日記からは、あらゆる調和の試みや忘却の試みにもかかわらず彼をとらえていた、姉の運命に対する良心の呵責を読みとることができる。彼の作品も、「われわれの魂であるあのお姉さんを求める」絶望的な試み、として読めるのである。その姉を「わたしたちは見捨ててしまった。いつそんなことになったのだろう？　彼女はどうなってしまったというのだろう？」と、彼は自虐的に書いている。彼がカミーユを最後に見舞ったのは一九四三年、彼女の死の数週間前だった。彼の日記には次のような記述がある。

「カミーユはベッドに横になっていた！　八十歳だが、もっとずっと年上に見える。容姿は衰えはててしまった。少女時代や、若い娘だった時の彼女は、美貌と才能とで輝いていたのに！　わたしの姿を認めると、会えたことでひどく心を動かされて、何度も何度も『わたしの小さなポール、わたしの小さなポール！』とくりかえした。お姉さんはいま幼年期に戻っておられるのですよ、と看護婦がわたしに言った。いまだに立派な、才気に満ちた額をそなえたその大きな顔には無邪気さと幸福とが表れていた。」

八十歳になってもまだ弟に「美貌と才能とで他にまさって輝いていた素晴らしい若い娘」として回想されていたカミーユ・クローデルは、いったいどんな女性だったのだろう？　姉が「恐ろしいほどにすぐれていた」ために、自分は子どものころ非常に苦しんだのだ、とポールは語っている。それにもかかわらず彼は偶像を崇拝するような愛を持って姉に心を寄せ、姉の美しさをまるで愛人のように描写しているのである。

「みごとな額、素晴らしく美しい濃い茶色の目、そして大きな、官能的というよりは誇らしげな口、腰まで届く、立派な、赤みがかった栗茶色の毛。」

一九〇五年、姉がその名声の頂点にあったとき、ポールは彼女に捧げる讃歌を書いたが、そこに見られる姉への求愛の調子は無視することができないほどだ。その作品全体が、自分とカミーユとの秘かな類似性を描き出すという目的のために書かれていた。細かい知識を駆使して彼は、カミーユの「内面の芸術」と詩人の「禁じられた夢」との間に結びつきを創り出した。彼は姉が製作した彫像を「内的な考えの一種の記念碑」として、また「夢を見ることに対する提案を、生き生きとした断片によって描き出している」として賛美した。弟にとって姉は「天才的な女性」そのものを表す存在であって、彼を不安にすると同時に魅了してもいた。彼は彼女に反発すると同時に、自分の方が劣っていることをくりかえし感じたものだった。

カミーユ・クローデルはいったい何者だったのだろう？

カミーユは一八六四年、シャンパーニュ地方のフェール＝アン＝タルドゥノワで生まれた。父親は一八六〇年来その地方で収税吏をしていた。カミーユの誕生から二年後には妹のルイーズが、さらにその二年後には弟のポールが生まれている。母親はどうやら最初から、長女を受け入れることができなかったらしい。最初に生まれた息子で、生後いくにちもたたないうちに死んでしまった、シャルル・アンリの代わりになってくれる男の子の誕生を期待していたからかもしれない。精神病院から出されたカミーユの手紙は、少女時代やヴィルヌーヴ＝シュール＝フェールにあった実家での情愛あふれる思い出に満ちているのだが、弟ポールの言葉を信じるならば、少女時代の彼女も不幸だったように思われる。

「家のなかでは誰もが喧嘩をしていました。父と母が喧嘩をし、子どもたちが両親と喧嘩をし、子どもたちの間でもたくさんの喧嘩がありました……。」

家庭内での喧嘩の主要な原因の一つは、すでに早い時期からはっきりと目についた、長女の特別な才能だった。父親は無条件に彼女の才能を伸ばそうとしていたが、母親の方は、女らしくないから、という理由で彼女の才能を認めることを拒んでいた。子どもの頃からカミーユは、まるで何かにとりつかれたように粘土をこねて形を作っていた。本で読んだり人から聞いたりしたことが、彼女の手にかかると、古代の伝説の英雄も、聖書の登場人物も、すべて形を持ったものに変えられていくのだった。八歳から十二歳になるまでの間に彼女は何百もの人物像をつくり上げ、その作品によってすでに彼女独自の不思議な世界をつくり上げていた。カミーユの作品に感激して一八九八年に『メルクール・ド・フランス』誌に賛辞を寄せた芸術批評家マティアス・モアハルトは、並々ならぬ才能を持った子どもであった彼女がその才能を表していく様子を、次のように生き生きと描き出している。

「彼女は激しい情熱を彫刻にかたむけており、まったく彫刻のとりことといっていいほどで、まるで君主のごとく、家族や近所の人や家の使用人にまで彫刻をおしつけたのだった。彫刻の方法といわれるものや、先人の持つ偏見や、無意味で人工的なテクニックなどを学ばされることによって、あまりに信じやすい心を持った初心者たちは彫刻の分野において不必要に重荷を負わされているのだが、彼女はそうしたこと一切にわずらわされることなく、また、人体模型の玩具から学んだ原理そのままに、彫刻をつくり上げた。彼女の実家にはまもなく作品があふれかえるようになり、すぐに隣にアトリエが建てられたが、そのなかは粘土や石や木でつくられた、数え切れないほどの悲劇の主人公、道化、あらゆる時代や国々の英雄の像が山積みになっていた。文法や算数、歴史の時間の合間にこのアトリエがいろいろな活動の中心地となった。妹や小さい弟のポールに手伝わせて――ポール・クローデルこそその後『黄金の首』や『街』などのみごとな作品をものにする作家となるのだが――この場所でカミーユ・クローデル嬢は専制君主としてふるまった。彼女が熱に浮かされたように粘土の玉を転がしている間に、一人は指示に従って粘土をこね、もう一人は石膏をしめらせ、三番目の人はモデルになるか、大理石の彫像に最後の磨きをかける、といった具合だった。彼女はここではただ一人の『芸術家』なのだった。」

娘のずば抜けた才能を見つつもなすすべがなかった父親は、彫刻家アルフレッド・ブーシェ[2]に連絡をとる。ブーシェは十三歳だったカミーユと彼女の彫刻作品『ダヴィデとゴリアテ』をパリの美術学校（ボザール）の校長に紹介してくれた。校長はカミーユの作品に感銘を受け、彼女は当代の最も有名な彫刻家であるロダン[3]のもとで彫刻を教わったのに違いない、と考えた。この推測は間違いだったものの、その後の彼女の歩みを予言のごとく先取りしている。はじめカミーユはロダンという名前も全然聞いたことがなかった。彼女は自分の世界のなかに生きており、他のお手本やら先生やらに心を動かされることなく、作品を創りつづけていた。彫刻家になりたいという願いは非常に強いものだったので、ついに一八八一年には、カミーユに彫刻の授業を受けさせるため、彼女の母親は夫の希望にしたがって子どもたちとともにパリに移住したのだった。当時美術学校（ボザール）には女性は入学できなかったので、カミーユは私立のアカデミー・コラロッシのコースに通い、そこで知り合った何人かの女友達と一緒にアトリエも借りた。彼女の並み外れた才能を最初に認めた一人であるアルフレッド・ブーシェが週に二回このアトリエを訪れて、カミーユや友人たちの作品を手直しした。ブーシェは一八八二年にある賞を受賞し、そのおかげで長期間イタリアへ留学できることになったのだが、そのとき彼はロダンに、自分に代わって女弟子たちの面倒を見てくれるように頼んだ。

カミーユ・クローデルは当時十八歳で、少女時代の習作とは別に、二つの彫像を仕上げたところだった。一つは弟のポールの胸像であり、もう一つは辛抱強く彼女のモデルになってくれた、母の使用人である老婆の胸像であった。当時四十二歳だったロダンの方は、彼の名声の最初の項点に立っていた。彼の作品『青銅の時代』『歩く男』『つぶれた鼻の男』は世間で大評判となり、彼は多くのファンに囲まれた、人々から認められた芸術家へとのし上がった。彼の『カレー市民』は完成間近だったし、装飾芸術博物館からは名誉ある注文が来ていたが、彼はその注文を受けてその後四十年間も有名な『地獄の門』の製作にたずさわることになるのだった。

カミーユ・クローデルの作品のなかに、ロダンは自分自身の彫刻との内面的な相似性を感じとった。彼はただちにこの若い娘の天才的な才能を感じとり、彼女の仕事の確実さと表現力とに感嘆した。まもなくロダンは、カミーユの作品を評価したり手直ししたりするだけでは飽きたらなくなり、彼女を自分のところの働き手として獲得しようと試みた。長期にわたる交渉ののち、一八八五年の十一月に、カミーユは大学通りにある彼のアトリエに足を踏み入れることになる。「先生」に未完成の作品の塑造をまかされてしまうなど、彼女は最初から助手以上の存在だった。まるでロダンのパートナーとして生まれついたかのように、彼に刺激を与え、まったく新しい塑造の方法へと彼を導いた。彼女は彼の有名な彫刻作品『口づけ』『オーロラ』『思考』などのモデルになっただけではない。彼女自身の作品『シャクンタラ』『ワルツ』『わらたばを持った娘』なども、ロダンの作品と同様、大胆な精神によって生み出されたものだった。ロダンとカミーユ・クローデルが一八八〇年代、九〇年代に作った作品の多くは驚くほどよく似ており、どれがロダンでどれがカミーユの作品か、どちらがどちらにインスピレーションを与えたのか、言い当てることはむずかしい。その際、どちらが従属していたかなどということは問題になりえず、むしろ、ある時期、互いに一体となって創造的な統一をつくり上げていた二人の天才芸術家の同時的な発展こそがここでは重要なのだ。それはカミーユ・クローデルが批評家たちから感激をもって迎えられた時期でもあった。

「この女性芸術家の何を一番ほめたらいいのかわたしにはわからない……。満ち満ちたフォルム、線の引き方、思考の叙情的な大胆さ、自己の創作に対するゆるぎない忠誠などにおいて、彼女は大部分の同僚たちよりもむしろ男性的なのだ……。カミーユ・クローデルはまぎれもなく、額に天才のしるしを持った唯一の女性彫刻家だ。」

大いに注目を集め、ほめそやされた彼女の『ワルツ』について、高名な芸術批評家オクターヴ・ミルボーは「一八九三年五月のサロン」展に際して次のように書いている。

「これは愛か、それとも死なのか？　彼らの肉体は若く、生命がそのなかでいっぱいに脈打っているかのようだ。しかし彼らを囲み、彼らの動きにともなって旋回している襞の衣装は、まるで経帷子のようにはためいている。彼らがどこに向かって踊っているのか、愛かそれとも死のなかへか、わたしにはわからない。ただ一つわたしにわかるのは、彼らの上に悲しみがただよっているということだ。その悲しみはあまりにも人の心をとらえるので、死にまつわる悲しみとしか考えられない。しかし、ひょっとしたらそれは、死よりももっと悲しい愛から生まれたものなのかもしれない。」

ミルボーがカミーユ・クローデルの彫刻に認めたこの憂愁は、カミーユとロダンとの関係に対応するものでもあった。二人は互いに相手に対して情熱を感じ、それゆえにくりかえし相手の腕のなかに飛び込んだのだったが、この関係は長期間にわたって続けることのできるものではなかった。かつて彼の洗濯女であり、最初のモデルでもあって、一八六四年来彼と一緒に暮らしていたローズ・ブーレとロダンとの絆は強いものだった。ローズと彼との間には息子が一人いたが、彼は認知していなかった。数々の愛人関係を持ちはしたものの、彼が彫刻家になったばかりの苦労の多い時期に、献身的に支えてくれた伴侶ローズに対して、ロダンは生涯「誠実」であり続けた。ロダンは自分やローズが死ぬ数カ月前の一九一七年、五十年以上にもわたる共同生活ののちに彼女を法律上の妻としている。

ロダンがローズ・ブーレと別れなかったために、カミーユ・クローデルは愛人の立場にとどまることになったが、そのことは彼女を社会的に孤立させてしまった。ロダンとの関係が明るみに出ると、彼女は両親の家から追い出されてしまう。ロダンを恋敵のように感じた弟ポールは、憎悪と嫉妬に満ちた反応を示した。ロダンとカミーユは短期間あるいは長期間にわたって一緒に暮らしもしたし、ロダンはくりかえしカミーユに対して、彼女だけを愛していること、ローズと別れないのはただ同情と責任感のためなのだということをわからせようとしていたのではあったが、カミーユが「めかけ」にすぎないことには変わりはなかった。

情熱的に愛を求める二人の女性たちを、つかのまの愛撫で何とか満足させては逃げだそうとする、ロダンの優柔不断な態度以上にカミーユ・クローデルを苦しめたのは、どんなに作品がほめられても社会的にはロダンの弟子、悪くすると愛人としてしか見られないということであった。彼女について肯定的に話しているつもりであるにせよ、有名なロダンが彼女の先生であることを指摘しない人はいなかったし、時には、そうこうする間に有名な詩人になっていた弟のポールのことまでもちだす人もいた。

「カミーユ・クローデル嬢はわれわれの時代における最も興味深い女性芸術家の一人です。オーギュスト・ロダンにとっては自慢の弟子、『黄金の首』の著者にとっては自慢の姉というわけです。」

こんなふうに書かれても、カミーユ・クローデルはほめられたようには感じなかった。むしろ芸術家としての独自性をそこなわれたような気がしていた。二人の有名な男性たちの間にはさまれて、彼女は彼らの愛人か姉としてしか認識してもらえなかったのだ。彼女は自分一人で仕事をしているのだ、とロダンがくりかえし語ってカミーユを力強く弁護したとはいえ、世間にとって「男のように」彫刻を仕事にする女性というのは挑発的な存在に違いなかった。世間の人々は、カミーユが自分一人で彫刻作品を製作しているのではなく、「師」であるロダンが彼女のためにのみをふるっているのだと考えることで溜飲を下げようとした。こうした噂のなかに、後年カミーユ・クローデルが病むことになる強迫神経症の根がひそんでいたのかもしれない。ロダンと別れてのち、彼女はロダンとの共通の知人に宛てたある手紙のなかで、もうロダンが自分を訪問しないようにしてくれと頼んでいる。

「拝啓

ロダン氏が火曜日にわたしのところへ来ないように、最善を尽くしていただけないでしょうか。もしもそれと同時に、わたしがもう二度と彼に会いたくないのだということをうまく一度限りでお伝えいただけるのでしたら、わたしとしてはこれにまさる喜びはありません。ロダン氏もよくご存知のことですが、たくさんの悪意ある人々が、ロダン氏がわたしの彫刻をつくったのだというようなことを考えだしては主張しておられるのです。そうだとすれば、こんな中傷が本当らしく思われるようなことをあえてする必要がどこにあるのでしょう？　ロダン氏が本当にわたしを助けたいと思われるのでしたら、わたしが骨折って製作した作品の成功が、ひとえに彼の忠告と彼から受けたインスピレーションのおかげだなどという噂をよそで広めたりしないで、わたしを助けることができになるはずです。」

しかし、のちになると、こうしたまだ理性的にも裏付けることのできた論拠から、もはや理性ではとらえることのできないような狂気が生まれてくる。彼女は、ロダンこそが彼女を精神病院に引き渡した張本人だと言い始めるのである。

「こうしたことすべては基本的にロダンの悪魔のような頭から考え出されたことなのです。彼はたった一つの考えに苦しめられているのです。つまり、彼の死後、わたしの方が芸術家として名声を得るようになり、彼よりも有名になってしまうのではないかと……。だから彼はわたしを自分の手のうちにとどめないではいられなかったのです。」

ロダンが彼女独自のアイデアを盗んだという想像には、混乱した誇張だけではなく、現実的な要素もふくまれていた。共同作業者として、また助手として、カミーユは何年ものあいだロダンの作品にも手を加えてきたからである。彼女がとりわけ彫像の手と足を担当したこと、また、ロダンが製作した原型を直接大理石に彫ったことなどが伝えられている。自分の作品を仕上げるためにも必要だったはずの貴重な時間が、ロダンの作品に熱心に手を加えることで奪われてしまった。ロダンのように大勢の助手を使うこともできなかった彼女は、自分の作品に関してはもっぱら自分の労働力に頼るしかなかった。カミーユ・クローデルの残した作品数がロダンのそれに比べて格段に少ない理由は、こうしたところにもあるのだろう。一八九五年、十三年間にわたる、芸術家として、また恋人としての密度の濃い共同生活にカミーユ・クローデルがはっきりと終止符を打って、ロダンと別れたのは、年上で、彫刻家としてもすでに成功をおさめている男の吸血鬼のような手から逃げ出し、自分と自分の作品とを守ろうとする、一種の自己保存であった。この別離によってカミーユはとりわけ、自分がロダンに依存しているという噂をも打ち砕こうと試みたのだ。

彼女は自分自身のアトリエにこもり、当時の彫刻界でも最も大胆で進歩的な作品といえる数々の彫刻を生み出す。しかし、賛辞に満ちた批評にもかかわらず、自分の作品で暮らしをたてることは彼女にはできなかった。当時のロダンのような名声をかちえるには、彼女には家族のうしろだてが足りなかったし、友人たちによる気持ちのうえでの支えも、影響力のあるパトロンもなく、また何よりも収入源がなかった。作品の多くを彼女は石膏の型としてしか製作できなかった。大理石やブロンズを用意するお金がなかったのである。しかし石膏の型だけでは展覧会に出品することもできなかった。

ここで悪循環の輪が閉じる。ロダンとの別離は彼女に再び自由を与えはしたものの、彼女は同時に、芸術家として成功するために必要なものすべてから切り離されてしまった。自由を手にしたことは一種の自殺行為であったとカミーユは気づかないわけにはいかなかった。女一人ではチャンスはなかった。

自分がおかれている状況に未来への見通しのないことを、彼女は間もなく理解する。一九〇二年、彼女はあきらめたようにこう書いている。

「自分の情熱を評価のはっきりしない芸術作品や、多かれ少なかれわたしの気にさわる人々のために捧げたりするよりは、わたしの生まれつきの長所をより引き立たせてくれる美しいドレスや帽子でも買っておけばよかったのです。」

それでも彼女は一九〇五年に十三の作品を展覧会に出品している。その作品の中には弟ポールの胸像もあった。この展覧会が、彼女の作品が公に展示される最後の機会となる。

一九〇五年以降、カミーユはますます引きこもり、かつての友人や後援者との連絡も途絶えてしまった。やがて精神錯乱が見られるようになり、ついには家族も事態に介入せざるをえなくなる。しかし、その間もカミーユは多作であった。一九〇六年から七年にかけて『ニオベの子』と題された石膏像が製作されたが、この作品はつい最近になって発見され、カミーユが一九〇五年の展覧会以後は形のくずれた石膏像しかつくれなかった、という噂が真実でないことを示す証拠となっている。

しかしこの時期、カミーユがロダンに対する狂おしいまでの憎しみにかられていったことも事実であった。彼に窃盗の罪をきせようとするほどに、その憎しみはつのっていく。

「わたしのアイデアをものにしよう、自分が目にとめたスケッチを手に入れようとあらゆる手段を使って試み、わたしの激しい抵抗にあったあと、彼はわたしに暴力をふるい、わたしを打ちのめすことができるとわかっている悲惨な状況を使って、自分が欲しかったものを差し出させたのでした。これが彼のいつものやり方だったのです。この天才が、自分に欠けているアイデアを手に入れるために、どんなに卑劣な手を使って人を搾取しなければならなかったかが、これでおわかりでしょう。」

カミーユ・クローデルは「いもむしに食い荒らされたキャベツ」のような気持ちだった。

「わたしが葉っぱを一枚つくるたびに、彼らはそれを食べてしまうのです。」

彼女は、女性として、芸術家として、人々の策謀の犠牲になったと感じていた。

「彼らは、自分たちに想像力がないことを知っていたので、自分たちにアイデアを供給するようにわたしをしつけたのです……。これは女性の搾取であり、女性芸術家を破滅させる行為です……。」

ますます強く彼女をとらえるようになった強迫観念は、次第に彼女の特別な天分、豊かなアイデア、想像力、そして造形の才能をも破壊していった。彼女を脅かす「窃盗」から作品を守るために、彼女は塑造することをすっかりやめてしまった。これ以上、他人の名声を支える存在でなどありたくないと考えたのだ。一九一三年、施設に入れられたとき、芸術家としては彼女は破綻した女だった。しかし彼女の生きる意志はまだくじかれてはいなかった。「収監」後の最初の何年間か、彼女はくりかえしいきり立ち、人に攻撃をしかけ、「声高に自由を」求めた。しかし時がたつにつれて彼女がどんどん「落ちつき」、順応していく様子は病院の記録からもわかるとおりである。一九三二年の四月、彼女はもうあきらめたように弟のポールに書いている。

「ヴィルヌーヴの家で炉端に座りたいとは思いますけれど、残念ながら、いまの様子では、再びモンデヴァーギュから出る日が来るとも思えません。状況はあまりよくありません！」

カミーユ・クローデルが彫刻家として再評価を受けるようになるまでには、まだその後、半世紀以上の時が必要だった。一九八四年のパリでの最初の大展覧会とそれに続く数々の出版物によって、カミーユ・クローデルはようやく、姉として、愛人として、そしてついには狂人として入り込んでしまった忘却の陰の世界から、連れ出されることになるのである。

［訳注］

1 ポール・クローデル（Paul Claudel 1868–1955）二十世紀前半におけるフランス文学のもっとも重要な詩人であり劇作家、そして外交官。世紀末パリの精神的風土のなかで、一八八六年ランボーの散文詩『イリュミナシオン』と『地獄の季節』に強い衝撃を受け、カトリックの信仰を取り戻す。翌年からマラルメの〈火曜会〉に出席。詩句の本質などについてマラルメ晩年の思索に強い影響を受け、独自の自由詩型による『黄金の頭』から劇作に入る。一八九〇年には外交官試験に合格し、以来外交官としてニューヨーク、ボストンなど歴任。大使として東京には一九二一年から七年間駐在した。異国体験はまた多様な異文化との遭遇でもあり、そこから優れた造形芸術論または文明論を構築した。一九四三年の『繻子の靴』は彼の集大成をなす全体演劇である。一九四六年アカデミー・フランセーズ会員。一九五五年パリで死去。

2 アルフレッド・ブーシェ(Alfred Boucher 1850–1934)
フランスの彫刻家・画家。一九世紀末より貴族階級などの銅像を制作し名を馳せ、一九〇〇年の万国博覧会では彫刻でグランプリを受賞している。カミーユ・クローデルの師であり、ロダンの友人でもあった。一九〇二年、ギュスターヴ・エッフェルがボルドー・ワイン館として設計したパリ十五区の建物を買い取り、若い芸術家たちのアトリエ兼住居(ラ・リューシュ La Ruche)として提供したことでも知られる。

3 オーギュスト・ロダン(Augquste Rodin 1840–1917)
フランスの彫刻家。人体から直接石膏どりしたのではないかと疑われたという生命力あふれた写実と表現で近代彫刻に新生面をひらき、ブールデル、マイヨールなど、以後の彫刻家に多大の影響を与えた。

Mileva Marić-Einstein

1875–1948

ミレヴァ・マリチ＝アインシュタインの生涯

「わたしは、女でも男のようにキャリアを積むことができると思う……」

ミレヴァ・マリチ＝アインシュタイン（1896年頃）

「愛しい君！　ねぼけまなこのぼくは、またもや怠惰で不毛な幾日かを過ごしてしまった。君にはわかるかい、そんな日には、何をするでもなく、朝寝坊をして、部屋を片づけてもらっている間に外に行き、それから疲れるまで何時間か勉強して過ごすんだ。そのあとはぶらぶら散歩し、楽しみといったらせいぜい食事のことぐらい。食事どきには重要な哲学の問題についてぼんやりと考えをめぐらし、そうして少しばかりパイプをふかす。ぼくはどうして以前には一人で暮らすことができたのだろうね、ぼくの小さな『全て』さん。君なしではぼくには自意識も、勉強の意欲も、生きている喜びもなくなってしまう。要するに、君なしではぼくの人生は人生ではないんだ。」

この愛の告白を、一九〇〇年の夏、当時二十一歳だったアルベルト・アインシュタイン[1]はミレヴァ・マリチに宛てて送っている。彼女はアインシュタインと同じくチューリヒ大学の学生で、一九〇三年には彼の両親の反対を押し切って、彼の最初の妻となるのだった。この手紙は数多くの他の学問的・私的な記録類とともに、一九八七年にプリンストンで出版された全集の第一巻におさめられている。これまでのアインシュタインの伝記作家たちが取るに足らないこと、あるいは否定的なこととしてしか取り上げてこなかったミレヴァ・マリチとの関係がこんなに親密であったということは、アインシュタインの若き日の記録が巻き起こした、文字どおりのセンセーションだった。

数々のアインシュタインの手紙は、二人の恋愛の発展過程をあざやかに示してくれる。彼らの恋愛は世間一般の基準とは大いに異なっていた。第一にミレヴァ・マリチはアインシュタインよりも年上で、第二に、いわゆる美人のタイプではなかった。第三に彼女は、自ら学歴と学問的野心を備えた女性だった。アインシュタインは彼女のこうした特性に反感を覚えるどころか、むしろますます彼女にひきつけられたのだった。一九〇〇年九月、彼は恋人に次のように書き送っている。

「ぼくたちの新しい仕事をとても楽しみにしている。君は君の研究を続けなくてはいけない……。ぼく自身はまだまったく平凡な人間だというのに、小さな博士をぼくの恋人に持てるとしたら、ぼくはどんなに誇らしく思うだろうか！」

一カ月後、彼は彼らの関係における特別な点を次のようにまとめている。

「君のなかにぼくと同等の人間、ぼく自身と同じくらい力があって、自立している人間を見いだしてぼくはどんなに幸せだろう！　君と一緒でなくては、ぼくは誰といても独りぼっちなんだ。」

互いの知性を高く評価しあうことは、優しさと情熱を排除することにはならなかった。当時二人の間にいつも保たれていた情愛のこもった、信頼に満ちた調子を示す、ミレヴァ・マリチの短い手紙が残されている。

「親愛なるあなた！　あなたのことが大好きで、でもあなたが遠くにいてキスをすることもできないから、こうしていまお手紙を書いて、尋ねてみたいのです、わたしがあなたのことを好きなのと同じくらい、あなたもわたしのことを好きかどうか。すぐにお返事くださいね。千回のキスを、あなたの豆狸より」

同じように情愛たっぷりのたわむれはアインシュタインの手紙にも見られる。愛する女性のために、彼はいつも新しい愛称を考えだす。ある時には彼女は恋い焦がれられる「豆狸」であり、ある時には友情に厚い「腕白小僧」、ある時には素直な「小娘」で、またときには「愛する天使」だったり「粗暴な魔女」だったり「すれっからし」だったりというわけだ。しかし彼女は学問に関する議論のなかではつねに真剣さをもって受けとめられるパートナーだった。情愛に満ちた愛の告白に並んで、微分方程式や二重積分、電磁場における光の理論についての省察が見いだされる。学問と恋愛とがアインシュタインにとっては分かちがたく結びついていたのである。彼はつねに恋人を共同研究のパートナーとして見ていた。

「相対運動についてのぼくたちの研究をうまく最後までまとめることができたら、ぼくはどんなに幸せで、誇りに思うことだろう。」

アインシュタインが情熱的な愛をささげ、その知性を高く評価したミレヴァ・マリチとはどんな女性だったのだろう？　この「同等な」二人のパートナーの、ただならぬ関係から何が生まれたのだろう？

この点については、ごく最近出版された二人の書簡よりも、一九八三年にスイスの小さな出版社から出された、デサンカ・トゥルブホヴィチ＝グジュリチの、『アルベルト・アインシュタインの陰で――ミレヴァ・アインシュタイン＝マリチの悲劇的生涯』という本の方がより多くの答えを与えてくれる。この本はミレヴァ・マリチ＝アインシュタインの人生について、あまりプロフエッショナルとはいえないが、それでも読む人の心を動かす方法で語ってくれる。彼女の本に、最近出版された手紙によって、決定的な訂正を迫られる部分があるとしても、忘れられた女性の物語を最初に再構成したという点においては相変わらず高い価値を持つだろう。アインシュタインとミレヴァの交換書簡とともに、この本はミレヴァ・マリチの知られざる生涯に関心を持ち、それを陰のなかから引き出したいと思う人々にとって、避けて通ることのできない基礎資料を提供してくれるのだ。アインシュタインの最初の妻が陰にはいり込んでしまったのは、最初の妻を犠牲にすることによって彼の天才ぶりを描きだそうとした伝記作家たちの過ちによるところが大きい。デサンカ・トゥルブホヴィチ＝グジュリチが記した伝記からは、アインシュタインの伝記作家であるフランクやゼーリヒ、フリュッキガーやその他の人々が描いた、魅力のない、気難しくて少し頭の弱い女性、というミレヴァ像とはあまり共通点を持たない、並み外れた女性の姿が浮かび上がってくるのである。

それでは彼女の生涯の物語をひもといてみよう。

ミレヴァ・マリチは一八七五年十二月十九日に、セルビア人の伍長ミロス・マリチと、その妻マリヤ・ルジチの最初の子どもとして、ティテルという名の小さな村に生まれた。その村はハプスブルク帝国領内にあり、主にセルビア人が住んでいたが、ハンガリー人と、少数派としてドイツ人も暮らしていた。母親の両親はその地方で最も富裕な階層に属していたし、父親の方の両親も裕福であった。そのおかげで父親は比較的よい教育を受けており、ドイツ語も非常によくできた。小さなミレヴァは二人の結婚後七年たって生まれたのだが、その後一八八三年には次女のゾルカが、そして一八八五年にはついに両親にとって待望の息子ミロスが生まれている。彼女の幼少時代についてはわずかな情報しか残されていない。彼女は病弱な子どもだったようで、両親は彼女のことでたえず心配をしていた。ミレヴァの腰に生まれながらの障害があり、なかなか歩くことができないとわかった時、心配は強まった。症状を良くしようと両親があらゆる努力をはらったにもかかわらず、歩行困難が残り、生涯ミレヴァは跛行したのである。

この障害は彼女の人生に大きく影響した。小さなミレヴァはなかなか村の他の子どもたちの遊びに加わることができなかったので、すっかり彼らから離れて自分の世界に閉じこもっていた。妹が生まれるまでの最初の八年間、彼女は両親の心遣いを一身に受け、彼女の頭の回転が速いことに気がついた父親によって熱心に教育された。どうしようもないひとりぼっちの状態や村の子どもたちのいじめに、時には悩んだこともあるだろうが、彼女がとりたてて不幸な子どもであったようには思われない。彼女は空想の世界に生きていた。何時間も家の屋根裏に引っ込んで白昼夢に身をゆだねたり、丈の高い草のなかに身を隠して座り、水辺や牧草地の生き物を見つめていたりした。

すでに幼いうちから彼女は数字に関心を抱き始め、何時間もたった一人で、数を足したり、引いたり、掛けたり、割ったりしながら過ごすことができた。そのほか音楽にも活発な関心を示したので、両親は早いうちから彼女にピアノのレッスンを受けさせた。保存されている彼女の絵は、彼女がスケッチにもきわだった才能を持っていたことを示している。両親にとっては娘の特別な才能がうれしくないわけはなかった。腰の障害があるため、いい結婚ができるかどうかはわからない。おそらくこの理由から、両親は早い時期に、役に立つ教育を娘に受けさせるように路線を定め、よい授業のためには金も努力も惜しまなかった。一八八二年、ミレヴァ・マリチはティテルより大きな隣町ルマの学校に行き始める。彼女は何でもすぐに覚え、父親が話せるドイツ語を、自分もすぐにマスターしてしまった。

国民学校を終えたのち、彼女は一八八六年から八七年にかけてノヴィ・サドにある女学校に通ったが、その後すぐ、実業学校に移った。そこではドイツ語で授業が行われるということを彼女の父親は特に重視したのである。しかし女学校も実業学校もこの才能ある子どもには充分な知的刺激を与えなかったので、父親は別の可能性を捜しもとめるようになった。オーストリア・ハンガリー帝国では当時、女の子はまだギムナジウムに行くことができなかったので、父親は、性別によるそのような制限のないセルビアへ娘を送ることにしたが、それは彼女にとっては心から愛している両親と弟妹からの別離を意味していた。一八九〇年、十五歳で彼女はサバチにある、非常に名声の高かった王立セルビアギムナジウムの生徒となったが、ここでも頭の回転が速いおかげですぐに首席になってしまった。彼女のような才能を持った少女にとって、セルビアで学べることはもう何もないのだということがますますはっきりしてくるにつれて、これからどうするか、という問いは避けがたいものとなった。将来の見通しとして結婚が可能だとは、両親も娘自身も考えていなかった。ミレヴァにとってはただ一つの決断しか存在しなかった。彼女はさらに学ぶことを望んだのである。しかしそれは外国でのみ可能であり、ヨーロッパでは、女性にも大学での勉学を認めているスイスのチューリヒが唯一の候補地だった。

一八九四年の秋――彼女は当時まだ十八歳の若さだった――彼女はひとりぼっちでスイスに到着した。家族の誰かにつき添われることもなく長旅をしたようだが、それは当時の女性にはまだ滅多にみられないことだった。異国でたった一人で情報を集め、下宿を探し、勉学のための最善のコースを捜しもとめたのも、女性には珍しいことであった。

大学入学資格の取得ののち、彼女は一八九六年の夏学期からチューリヒのスイス連邦総合技術学校で数学と物理学を学び始めた。学校創立以来五人目、その学年ではただ一人の女性だった。

彼女の同級生にアルベルト・アインシュタインがおり、すぐに、熱心で才能のあるこの女子学生に関心をいだいたようであった。ミレヴァ・マリチの方でも、すぐれた音楽性と特異な振る舞いで目立っていたこの天才的なアウトサイダーを気に入った。ミレヴァ・マリチはアインシュタインの発想の豊かさに魅了され、アインシュタインが彼女を自分とはまったく別のタイプの人間として賛嘆していたように、彼女の方でも彼を対極として評価していたようである。彼らは一緒にあらゆるコースに参加し、教師から出されたさまざまな課題を二人で一緒に解いていった。しかし一方では自分たちのやりたいことも見つけだし、カリキュラムには含まれていないいろいろなテーマとも取り組んでいった。集中的な共同作業からは、間もなく深い感情に裏打ちされた関係が生まれてきたが、ミレヴァ・マリチはそのことに驚いた。それまで相変わらず、結婚についてのあらゆる考えをきっぱりと自分自身の内から閉め出していたのである。ある会話のなかで彼女はこう言っている。

「わたしがいつか結婚することになるかどうかわからない。わたしは、女でも男のようにキャリアを積むことができると思うの。」

結婚と子どもの誕生が、これまで歩んできた道から彼女をそれさせてしまうことになるかもしれないということを、彼女は鋭く洞察していた。女性としての伝統的な役割を受け入れることは、彼女には想像もつかなかったのである。アインシュタインの求愛を彼女は自意識に満ちた言葉ではねつけようと試みた。

「わたしは、自分が男性の同僚たちと同じくらいすぐれた物理学者だと思っているのです。」

その点ではアインシュタインもまったく同意見だったことは、ミレヴァ・マリチにあてた彼の手紙が示している。手紙のなかで彼は彼女を、当然のごとく同等のパートナーとしてあつかっているのである。より深い関係を結ぶことに抵抗していたミレヴァ・マリチが最終的に折れたのは、彼のこうした理解あふれる態度が原因だったのかもしれない。彼女は女性として、と同時に学者としてもアインシュタインに受け入れられた、と感じたのである。彼らの関係は切っても切れない親密な間柄になり、生涯をともにするという決断をそれ以上延期したり排除することはできなくなってきた。両親に結婚の決意を告げたとき、アインシュタインは激しい反対にあったが、そのことは恋人にあてた一九〇〇年七月の手紙からも見てとれる。

「ママはベッドに身を投げて、枕に顔を埋め、子どもみたいに泣きじゃくった。最初のショックから立ち直ると、彼女はすぐに絶望的な攻勢に出た。『あなたは自分の将来をだめにして、自分の進むべき道もふさいでしまうわよ』『そんな女はきちんとした家庭にはいることはできないわよ』『彼女に子どもができたらおおごとじゃないの』いくつもの感情の爆発に続くこの最後の爆発では、ついにぼくの堪忍袋の緒も切れてしまった。不道徳にもぼくたちが一緒に暮らしていたんじゃないのかという疑いを、ぼくはありったけのエネルギーで否定して、一生懸命に言い返した……。」

母親は、個人的にはまったく知らないミレヴァ・マリチに、とりわけ次の二つの理由から反対したのだった。彼女は年をとりすぎており、知的でありすぎるというのである。母親の目には、それはどちらも女性にとっての決定的な欠陥であった。母親はくりかえし息子を非難する。

「彼女はあなたと同じような本の虫だけど、あなたはちゃんとした女性を妻に持つべきなのよ。」

「あなたが三十歳になったら、彼女はお婆さんだわ。」

あなたはミレヴァと「ふしだらな」暮らしをしている、という母親の非難を一九〇〇年の夏には憤激してしりぞけたアインシュタインだったが、間もなく二人の関係は母親の予想を裏づける形で発展した。いまになって出版された交換書簡によって、これまで守られてきた秘密が明るみに出た。一九〇一年にミレヴァ・マリチは妊娠し、一九〇二年の初めに両親のもとで一人の女の子を産んだのである。アインシュタインの気持ちは喜びと心配のあいだをゆれた。経済的に不安定な状態と、ミレヴァ・マリチとの結びつきに対する相変らずの両親の反対のために、彼はミレヴァのために何もできなかったのである。誠実を誓う、愛に満ちた手紙以外には、何も恋人に与えることができなかった。ミレヴァ・マリチのおかれた立場は破滅的なものだった。彼女の両親はこうした状況のなかで、世間の目を恐れることなく、妊娠した娘を受けいれたのではあったが、ミレヴァはもう完全に、自分が計画した人生のレールからはずれてしまっていた。これほど才能のあるミレヴァ・マリチがなぜアインシュタインのように学位を取得して学業を終わらせることができなかったのか、というこれまでしばしば出されてきた問いには、月並みな答えが与えられることになる。月数の進んだ妊娠をまずは隠すために、彼女には、すでに準備を始めた卒業論文をいったん取り下げ、あれほど期待に満ちて入学した工業専門大学を、一枚の退学証明書を手に去って行くという可能性しか残されていなかったのである。

「リーゼちゃん」——アインシュタインは子どものことを手紙でそう呼んでいる——がその後どうなったのかは明らかでない。一九〇二年にミレヴァ・マリチは、子どもを連れずにチューリヒに戻って来た。子どもを両親にあずけてきたのか、セルビアでよその人に世話を頼んできたのか、それはわからない。可能な状態になったらすぐに子どもを引き取ろうという計画を、子どもの誕生後間もなくアインシュタインの仕事が安定したにもかかわらず、彼らは実行しなかった。一九〇二年六月にアインシュタインはベルンの特許事務所に職を得、一九〇三年一月には互いの両親の反対にもかかわらず二人は結婚した。一応秩序は回復されたかにみえた。しかし、何という犠牲を必要としたことだろうか。ミレヴァ・マリチ＝アインシュタインは我が子と別れなければならなかったばかりか、自分自身の学問的キャリアも断念しなければならなかったのである。友人たちが次第に彼女に見てとるようになっていく陰鬱と憂愁は、この時代に由来するものであった。いつも冗談を言われたりからかわれたりしていた愉快な「腕白小僧」は、二重の喪失を一生涯にわたるタブーで覆い隠そうとする、生真面目で感傷的な女性になってしまった。「リーゼちゃん」についても、キャリアを持つという望みについても、彼女は二度と再び語らなかったのである。それ以後はもう、自分を夫の協力者としてしか考えないようになった。

それでも二人の新生活は最初は好スタートを切った。この時期をざっと振り返ってみれば、二人が生活を始めた時の情熱を感じることができる。アインシュタインは研究し、ミレヴァ・マリチ＝アインシュタインは彼を支えた。

「つい先頃、わたしたちは、非常に重要な研究を完成しました。これによって夫は世界的に有名になると思います」

と、ミレヴァ・マリチ＝アインシュタインは知人に宛てて書いている。

結婚の前には共同研究には「アインシュタイン＝マリチ」とサインされていたが、結婚後は共同のサインの代わりにアインシュタインの名前だけが書かれるようになる。そのことも、「わたしたちは一つの石なんですから」と説明しながら手紙に書いているミレヴァにとっては、それほど気にならなかったようだ。

一九〇一年当時アインシュタインがすでに「リーゼちゃん」の代わりにその誕生を願っていた息子「ハンスちゃん」、ハンス・アルベルトが一九〇四年に誕生してからも、二人の共同研究はほとんど中断されることがなかった。この子の誕生がミレヴァ・マリチ＝アインシュタインにとって何を意味したかは推察することしかできない。ミレヴァにとって息子はもちろん「リーゼちゃん」の代わりにはならなかったが、彼女の喪失感をやわらげ、罪の意識を覆い隠す助けにはなった。他方では子どもの誕生は、それでなくとも限られている彼女の学問研究の可能性をさらに制限することになったが、そのことは最初はそれほど目立たなかった。ハンスは気だてのよい、育てやすい子どもであり、両親にしばらくは共同研究のための時間を与えてくれたからである。一九〇五年、息子はちょうど一歳であったが、アルベルトとミレヴァ・アインシュタインによって五つの論文が発表された。もっともそれらはすべてアインシュタインの名前で書かれていて、彼に世界的名声をもたらし、それに続く何年かの間に世界の大学でキャリアを積む機会を彼に与えることになったのだった。これらの仕事にミレヴァがどれほど貢献したのかは、論文の原稿もそれに属するメモの類もすべて無くなってしまっているので、もはや測り知ることはできない。さまざまな証言によって確かなことは——アインシュタイン自身も述べていることだが——彼の妻が数学的な問題を解くのを手伝ったこと、彼のアイデアを数学的に転換したことである。アインシュタインは数学の分野においては体系づけて仕事のできる人間ではなかったし、その後、妻と一緒に仕事をしなくなってからは、自分の考えに従って計算を行い、それを数式に転換する数学者の助けを常に必要としたのであった。結婚して最初の何年かはアインシュタインにとって一番生産的な時期だった。彼が後に受賞したノーベル賞も、この時期に発表した研究を対象としているのである。

一九一〇年に次男のエドゥアルトが生まれると、夫婦の関係に変化が生じた。エドゥアルトは繊細で病気がちであり、多くの配慮を必要とした。ミレヴァはもう以前のようには夫の研究に関わることはできなくなってしまった。それに加えて、アインシュタインの出世にともない家政の方も相当手間と労力がかかるようになってきた。母親として、主婦としての役割を演じることは次第に負担になりはじめ、彼女は夫の仕事にこれまでのように参加できないということで、非常に辛い思いをすることになる。そのうえ、アインシュタインの出世にともなって家族が各地を転々としなければならなかったことも、彼女を苦しめた。とりわけプラハで過ごした一九一一年の二学期間は彼女の気分を陰鬱にした。彼女の夫の新しい地位にともなって周囲が要求する上品さや立派な身なりなどを彼女はまだ充分身につけていなかったし、客をもてなす世慣れたホステス役を引き受けることも彼女には抵抗があった。おまけに彼女はセルビア人として差別されたのである。夫婦の間には葛藤が生じた。アインシュタイン自身は社交的な男であり、骨が折れる一切の仕事にもかかわらず、自分が新たに手に入れた評判を楽しんでいた。二人がチューリヒに戻ってきた時も、状況は根本的に変わったわけではなかったのだが、チューリヒではミレヴァは学者として彼女のことを見てくれる人々のなかで行動することができ、有名な男のあまり魅力的ではない妻としてのみ見られるということはなかったので、はっきりわかるほどリラックスすることができた。

一九一四年、第一次世界大戦勃発の少し前に、アインシュタインは妻の反対を押し切って、ベルリン大学からの招きに応じる決心をする。住む土地が再び変わるということで不安はあったものの、ミレヴァも子どもたちと一緒に彼についていった。ベルリンはプラハの時よりも大変になりそうだった、というのもベルリンにはミレヴァを受けいれようとしないアインシュタインの親戚たちが住んでいたからだ。アインシュタインの名声が輝かんばかりになってきたこの時になって、彼らはミレヴァをアインシュタインの名声を支える妻としてはふさわしくないとみなしていたのである。親戚たちのその見解はまったく当たっていないというわけでもなかった。ともあれこうしたきびしい状況にもかかわらず、夫婦の間にあからさまに亀裂が生じることはなかった。結婚生活の破綻はむしろ政治的状況によってもたらされ、動かしがたい事実となったのである。一九一四年の夏休み、ミレヴァは二人の子どもとともに友人を訪問するためスイスにいたが、戦争が始まり、彼女は突然、ドイツにいる夫からもセルビアの家族からも引き離されてしまったのである。

きびしい時代が始まった。政治状況に制限されて、夫への連絡はしばらくの間途絶えたままだったし、彼からのお金は非常に不規則にしか届かなかった。両親からの援助も当初は当てにできなかった。ミレヴァは借金をし、ピアノを教えることで自分と子どもたちとを養おうとした。しかしながら決定的なショックを彼女に与えたのは、アインシュタインがもう彼女との共同生活を望んでいないこと、彼女が子どもたちとともにスイスにとどまるのが最善であることをはっきりわからせようとしていることを、それから間もなくして彼女が認めざるを得なかったことだった。そのような解決法が彼にとっては最善だったのだ。そうすれば子どもたちは中立国にいられることになるし、彼自身は家庭のあらゆる束縛からのがれて研究に打ち込むことができる。彼の妻はとりわけ末っ子の世話で非常に手いっぱいだったので、彼の研究のパートナーでいることはいずれにせよもはやできなかったのだった。

アインシュタインも非常に愛していたこの末っ子のエドゥアルトは、最初から並々ならぬ知能の発達ぶりを見せた。疑いもなくエドゥアルトは大変才能にめぐまれた子だった。彼はとても物覚えがよく、驚くほど音楽性にも優れていたが、型にはまろうとしないところもまた天才的であって、親にとっては常に心配の種であり続けるだろうことが早くから予測された。最初は彼はただ繊細で病気がちなために親に心配をかけたのだが、後には、まだ学齢に達する前から見さかいのない知的好奇心を発揮して、彼にブレーキをかけようとしては無駄骨を折る母親に不安を覚えさせるほどだった。読んだことや聞いたことは何でも、些細なことまで彼は記憶していた。彼には並み外れた感受性があったが、それに対して創造力はほとんど育たなかった。それは音楽の分野でも同じだった。七歳の時すでに彼は非常にうまくピアノを弾いたが、父親も気がついて心配したように、彼の演奏にはその曲との内面的な関わりが欠けていた。このように末の息子がいろいろ問題をかかえた子どもであることは父親も知るところであったにもかかわらず、彼はその子に関する心配を妻だけの手にゆだねてしまったのである。彼はくりかえしチューリヒの家族を短期訪問し、休暇を子どもたちと過ごしもしたが、全体的に見れば妻一人に問題を押しつけた形であった。

ミレヴァは再び、決して望まなかった役割を自分が演じていることに気がついた。生産的な活動はもちろんできなかったし、最新の情報にふれることすらもできず、主婦と母親でしかなく、極端にきびしい状況に置かれていた。夫とのはっきりしない関係、戦争による混乱のために引き起こされたきびしい経済状況、そして末の息子に対する心配が、彼女の力を消耗させ、ずっと前から目立っていた彼女の生真面目さときびしさだけを強めることになった。当時の手紙からは、自分の人生の本来的なものをだまし取られたと感じている女性の苦々しい気持ちが伝わってくる。

「夫のアルベルトはそうこうする間に有名な物理学者になり、物理の世界では非常に尊敬もされ賛嘆されてもいます。彼は疲れることなく自分の研究課題と取り組んでおり、ただ研究のために生きていると言ってもよいほどです。」

こうして彼女は夫の学究活動からは二番目の子どもの誕生以後疎外されてしまい、さらには彼の私生活からも閉め出されてしまうことになる。はっきりしない状況がしばらく続いた後で、事態が明るみにでた。アインシュタインは子ども時代から知っていたある近親の女性と再婚するために、ミレヴァとの離婚を望んだのである。その女性は、最初の妻ミレヴァが彼に与えることのできなかった、彼の地位にふさわしい堂々たる社交的な雰囲気を備えていた。「セルビア人の女」を最初からふさわしくないと感じていたアインシュタインの親戚たちの勧めや働きかけも、ミレヴァ・マリチ＝アインシュタインとの結婚を解消するという彼の決心には大いに寄与するところがあっただろう。この娘は身体の障害と生真面目な性格のために夫を見つけることができないであろうという彼女の両親のかつての予言は、こうして遅まきながら実現したのであった。別の魅力的な女性との競争では彼女は劣勢にまわるほかはなく、夫をとどめておくこともできなかった。

ここでは、一九一九年に「性格の不一致」のために成立した離婚の原因についてさらなる憶測をめぐらせたり、道徳的な責任の追及を行うわけにはいかない。わたしたちにとって重要なのは、制限つきではあったにしても結婚の当初には成り立っていた平等な研究と生活の共同体が存続し得なかったこと、そして、離婚のつけを負わなければならなかったのが主として女性の方であったことである。彼女は何も持たないまま放り出されたのだった。学問的に新しいスタートを切るためにはもう遅すぎたし、末の息子の面倒を見るためにすべてのエネルギーを注がなければならなかったので、プライベートに何時間かピアノのレッスンをしたり数学を教えたりするのがやっとだった。彼女の経済状況は一九二二年にアインシュタインがノーベル賞受賞によって得た金を個人的に彼女のもとに届けてからようやく改善された。そうした行為には彼の妻に対する良心の呵責が表されていたのか、それとも彼女が彼の学問的成功に寄与したことをアインシュタインがこうした形で改めて告白したのかどうかは、いまとなっては判断すべくもない。いずれにせよそれはミレヴァにとっては使いでのある金だった。彼女はその金を三軒の家に換え、まずは経済的な苦労から解放された。

しかし彼女の生活はその後も二番目の息子にまつわる苦労に満ちていた。エドゥアルトが一九二九年に大学入学資格を得ることができたのも、息子がひと並みに成長できるように、わが身と自分のやりたいことを後まわしにして尽くしてきた母の苦労の賜物である。しかし彼女の努力も無駄に終わらねばならなかった。大学入学資格試験のすぐ後に、エドゥアルトの健康状態は急激に悪化する。彼は発作を起こしては母親に暴力をふるうようになった。彼は自殺を試み、母親がそれを止めようとすると、彼女の首を絞めた。彼女はぎりぎりのところで息子の攻撃からのがれたのだった。エドゥアルトは一時的に精神病院にいれられることになった。ミレヴァは息子をどうすればいいのかアインシュタインと話し合うために、すぐその足でベルリンへと旅立った。しかしアインシュタインにもどうしていいかわからなかった。この病気が破綻した父子関係の表れであることを、アインシュタイン自身はおそらく感じていたかもしれないが、彼の家族は突然現われた精神分裂症を断固として母方の遺伝と解釈しようとした。

非常に早くから実際的な方面で頭角をあらわし、圧倒的な父親像からは独立した人生を築き上げることのできた長男に比べて――彼は後にカリフォルニア大学バークレー校の水力学教授になった――、下の息子の方は生涯父のことが念頭を離れず、父に競争をいどみ続けた。彼は父に宛てて憎しみに満ちた手紙を書き、自分の運命に責任があるのは父なのだと主張した。しかし、有名な父親の陰から歩みでることは、ついにできなかった。かつて母親ミレヴァに起こったことが、彼にも起こったのである。ただし息子の方はこの葛藤をずっと劇的に処理した。母親がだんだん陰鬱な気分に浸っていっただけだったのに比べ、息子の方はこの葛藤によって自分のアイデンティティまで完全に破壊してしまったのである。はじめの頃は彼はまだ大学の勉強を続けようと試み、自分自身を興味深い医学的ケースと見なそうとした。しかし彼はたえず医師の観察を必要としたし、母親にとってもまったく手にあまる状況であった。エドゥアルトはくりかえし精神病院に戻らなくてはいけなかったし、しまいにはもはや大学での勉学を続けられる状態ではなくなった。無気力と攻撃性との間を行ったり来たりするうちに、たえまのない入院と薬漬けの治療によって彼の知性と人間性はついにぼろぼろになってしまった。

彼は母親と看護人と一緒にチューリヒの自宅に引きこもって暮らすようになった。彼の看護や監視、そしてときどきの入院は多くの費用を必要としたので、母親ミレヴァは合間を見てはくりかえしピアノや数学の個人授業をせざるを得なかった。ノーベル賞の賞金で購入した家のうち二軒を売り払い、三軒目の家にも借家人として住むようになった時、もうこれ以上経済的負担を負いきれないのではないかと彼女は恐れた。彼女はけちで風変わりな人間になっていった。そしてついにこの気の狂った息子と二十年近く同居した後に、彼女は力つきたのである。彼女はもはや興奮に耐えることができなかった。息子がある夜いつもの発作を起こしたのに呼応するかのように彼女も脳の発作を起こし、左半身不随となった。病院に入ってからも彼女の唯一の心配は息子のことだった。彼女はエドゥアルトが入院している病院に自分を移してくれるように頼んでみたが聞き入れられなかった。すべての努力は空しかった。一九四七年八月四日、白髪の老婆となった彼女は、たった一人で誰にも看取られずに亡くなった。アインシュタインはまだこの後七年生きたのである。

病気の息子はその後十七年も精神病院で生きながらえた。母親のことは二度と口にしなかった。彼が一九六五年に亡くなった時、アメリカにいた兄が出した死亡広告には、母のことはひと言もなく、ただエドゥアルトが「故アルベルト・アインシュタイン教授の息子」であるということのみが言及されていた。ミレヴァ・マリチ＝アインシュタインの痕跡は完全に消されてしまった。母親としてすら彼女の名は口にされることがなかったのである。

［訳注］

1 アルベルト・アインシュタイン（Albert Einstein 1879–1955）

理論物理学者。南ドイツのウルムに生まれる。父やおじの影響のもとで自然科学や代数、幾何に関心をもつようになった。スイス連邦工科大学で物理学と数学を学び、一九〇〇年に卒業。無国籍のままだったが翌年にスイスの市民権を得た。しばらくは定職につけず、臨時職員や家庭教師などで生計をたてていたが、一九〇二年にスイス特許局の審査技師となり、七年間勤める。この仕事の合間に理論物理学の研究を行い、一九〇五年に光量子仮説、ブラウン運動の理論、特殊相対性理論という二十世紀物理学の基礎となる革命的な理論を発表した。そして同じ年に分子の大きさの決定法の論文でチューリヒ大学から学位をえる。一九〇八年ベルン大学私講師になったのを皮切りに学者の道を歩み始める。一九一四年にはプロイセンの科学アカデミーの正会員、さらにベルリンのカイザー・ヴィルヘルム研究所の物理学部長として招かれ、翌年に一般相対性理論を完成する。一九二一年には数理物理学への功績、特に光電工科の法則の発見に対して、ノーベル物理学賞を授与された。翌年十一月には日本を訪れ、熱狂的歓迎を受けた。一九三三年ナチス政権成立とともにユダヤ人学者としてドイツを追放され、アメリカのプリンストン高等研究所に迎えられた。戦争中、核分裂が軍事的に利用されてナチスが原爆を開発する可能性を警告する手紙をルーズベルト大統領宛に書き、これがアメリカの原爆開発計画の発端となった。戦後は核兵器廃絶と世界連邦達成のために努力した。

Clara Westhoff-Rilke

1878–1954

クララ・ヴェストホフ＝リルケの生涯と作品

「彼女はまるで男のように大理石をつかむ」

ドイツの画家、パウラ・モーダーゾーン＝ベッカーによる
クララ・ヴェストホフ＝リルケの肖像画（1905年頃）

「わたしを喜びで満たしてくれた出来事についてお話ししようと思います。わたしにはいまこそはっきりと、自分が彫刻家になりたいのだとわかったのです。そのことがわかってとても幸せです。」

クララ・ヴェストホフは自分の二十歳の誕生日である一八九八年十一月二十一日に、父親に宛ててこう書き送った。彼女がドイツ語で「彫刻家」の女性形を用いずに男性形のまま書いたのは、おそらく偶然ではないだろう。彫刻の仕事はもっぱら男性の領域と見なされていたからだ。そもそも女性が美術の仕事にたずさわるとしても、小さな静物画か肖像画、あるいは動物や風景の絵を描く画家というイメージがせいぜいのところだった。当時の批評家が、こうした先入観を次のように皮肉な調子でまとめている。

「花や果実、牧歌的な風景や、青春のバラ色の微笑みをたたえ、優しく描かれた少女の顔などなら、女性たちは趣きと感情たっぷりに描くこともできるだろう。しかし芸術の主たる領域、すなわち歴史や神話や聖書における劇的な事件の場景を描く仕事となると、女性たちには生の全容をその高みと深みにおいてとらえる男性的な特質が欠けているのである。この分野は常に男性の仕事であり続けるだろう。」

彫刻の仕事をするには女性には体力が足りないという、くりかえし述べられてきた意見が口実でしかなかったことは、いわゆる「女の性」についての議論が示している。「女性は形成能力よりも色彩感覚にすぐれている」という世間一般の考えに従えば、重要な女性彫刻家などは輩出し得ないのであり、たとえ女性彫刻家が世に出たとしても、例外的存在として、せいぜい小さい作品を創るにとどまるだろう、というのである。リカルダ・フーフ[1]のような、すでに世に認められた女性作家でさえ、そのような偏見に満ちた能書きの影響を受けないではいられなかった。『女性文芸の評価』という論文のなかで、彼女は芸術における「男性性」と「女性性」について、次のような定義を行っている。

「物を生み出す力、物の形成や物に形を与えることなどは男性的であり、飾ること、絵画に魂を吹き込むことなどは女性的な所業である。男性的なのは建築や造形芸術、女性的なのは絵画芸術や音楽で、これらの芸術のなかでも男性の仕事は構築的、女性のそれは装飾的である。」

一九〇〇年前後に彫刻家になろうとした女性がどんな勇気を必要としたかを正しく知るためには、こうした偏見の構造を知っておかなければならない。

クララ・ヴェストホフはそのような時代の偏見にも惑わされることはなかった。十八歳の時すでに彼女は、両親に宛てた手紙のなかで、自分自身を反抗的かつ自覚的に「文字どおり解放された世紀末の女性」また「女性画家」として表現し、きちんとした芸術教育を受けさせてもらえるように闘った。

「女性芸術家の場合、モノになるのは非常に難しい、男性の場合よりもずっと難しいと思います……。だからこれまでに、本当に有能な女性というのもほんのわずかしかいなかったわけです。わたしが言いたいのは、女として有能という意味ではなくて、芸術家として、あるいは職業人として、という意味。どんな条件のもとでなら女性が本当にいい仕事をすることができるのかわからないけれど、ただわたしにわかるのは、自分はいい仕事をしたい、何かを成し遂げたいということなの。」

十七歳でクララは故郷のブレーメンを離れて、芸術の中心地と見なされていたミュンヘンへ勉強のためにおもむいた。ミュンヘンなら故郷にいるよりもよい条件で教育が受けられると期待したのだが、すぐに、女性として男性よりも不利な扱いを受けるという体験をすることになる。女性が授業を受けることのできた私立の絵画学校では、男性向けの国立アカデミーよりもずっとレベルの低い教育しか与えられなかったのである。おまけに私立学校の方が授業料は高かった。苦りきった彼女は両親に宛てて書いている。

「男性がどんなに安いお金で勉強することができるかを考えると、憤慨せずにはいられません。」

彼女は管轄の官庁に要望書を送り、男子学生のため週に一回行われている解剖学コースに出席させてくれるように頼んでみたが無駄であった。

「なぜ男性だけのためなのか、誰かわたしに説明してくれないかしら。こんなことは変わらなくてはいけないわ……。もし国家が、男性芸術家を大いに援助することを義務として感じているなら、なぜ女性のためにはそれをしてくれないのかしら？」

こうした事柄において何の成果も得られなくても、クララ・ヴェストホフは彫刻家になるという自分の願いを押しとおすことにあくまでこだわった。三年間の勉強の後——そのうちの二年間は有名なフェア・シュミット＝ロイッテ絵画学校で、後の一年間は風景画家ブッターザックのもとで追加の勉強をした――一八九八年に彼女はいったん家に戻ったが、今度はヴォルプスヴェーデの芸術家村[2]に住む画家フリッツ・マッケンゼン[3]のもとで彫刻の勉強を始めた。彼女をマッケンゼンと引き合わせてくれたのは、ミュンヘンで知り合ったハインリヒ・フォーゲラー[4]だったが、彼はマッケンゼンやオットー・モーダーゾーン[5]、ハンス・アム・エンデ[6]、フリッツ・オーバーベック[7]らとともに、当時もっとも著名な芸術家グループの中心人物だった。これらの画家たちが一八九五年に共同で展覧会を開いて作品を世に問うてから、ヴォルプスヴェーデという地名は全国の人々に知られることになる。当時の芸術評論家は、大成功を博した彼らのミュンヘンでの展覧会に際して次のように書いている。

「ヴォルプスヴェーデの芸術家たちがミュンヘンの『ガラス宮』における今年の展覧会でおさめた成功は、最近の芸術史にも類を見ないほどのものである。そこに出品しているのは誰も名前を知らなかった二、三の若者たちで、誰も知らないような場所に住んでいるのだが、彼らには最もよい展示ホールの一つが与えられただけではなく、彼らの一人(マッケンゼン)には金メダル大賞が与えられたし、他の一人(モーダーゾーン)の絵はノイエ・ピナコテークに買い上げられた。一人の芸術家がそうした栄誉に到達するまでには長年にわたる努力と有力なコネがなくてはならないことを熟知するものにとっては、これはあまりにもつくり話のような出来事であって、それらを自ら体験したのではなければ信じられないほどであろう。真実がこれほど現実離れしていたことはかつてなかったのである。」

ヴォルプスヴェーデはこれまでのアカデミックなアトリエ絵画に方向転換を促し、自然解釈の方法に変化をもたらすと同時に、芸術上の同志たちの親密な共同作業という新しい生活様式を象徴する言葉ともなった。ヴォルプスヴェーデでクララ・ヴェストホフは、一八九八年からやはりマッケンゼンの弟子になっていたパウラ・ベッカー[8]と出会う。パウラとクララは時には同じモデルを使って仕事をした。パウラ・ベッカーはある手紙のなかで、クララ・ヴェストホフが彼女にどれほど大きな印象を与えたかを述べている。

「わたしは自然の内面的な模倣を学ばなければいけないのです……。今日、ヴェストホフ嬢を見ていて、はっとしました。彼女は一人の年老いた婦人を彫塑したのですが、それはとても内面的でしかも緻密な作品でした。彼女が自分の作った胸像の横に立ち、修整を加える様子をわたしは賛嘆の思いで見守っていました。彼女と友だちになりたいと思います。彼女は外見が大柄で華麗なだけではなく、人間としても、芸術家としてもそうなのです。」

二人の女性芸術家たちの友情の産物がクララによるパウラ・ベッカーの胸像（一八九九年制作）なのだが、この像はクララ・ヴェストホフがその間にどれほど彫刻の仕事において完成の域に達していたかを示している。師であるマッケンゼンは彼女の才能に非常に高い評価を与えていたので、当時ドイツで最も重要な彫刻家であったマックス・クリンガー[9]に彼女を推薦したほどだった。クリンガーは女性の彫刻家を毛嫌いしていることで有名だったが、マッケンゼンのこの女弟子を教授する用意のあることを表明した。両親への手紙のなかでクララは喜びの声を上げている。

「クリンガーのところに行けるなんて、わたしにとってはまったく途方もない幸せです。クリンガーのような人がどんなことを始めるのかと思うと――すごいこと――クリンガーの仕事を近くで見たり、ひょっとしたら一緒に作業する機会を与えられるかもしれないなんて、本当にだれだって羨ましくなるようなことだと思います。」

彼女はクリンガーの直接の弟子になったわけではなかったが、何週間もの間、毎日彼の指導のもとに仕事をすることができた。彫刻のさまざまなテクニックを学び、多様な素材を使って仕事をした。クリンガーもクララの才能には感銘を受け、彼女を評価しつつ言ったそうである。

「彼女はまるで男のように大理石につかみかかるんだからなあ！」

彼は彼女に、ヴォルプスヴェーデには戻らないように勧めた。画家ばかり住んでいるヴォルプスヴェーデでは、彼女の彫刻の才能は充分に生かされないだろうというのがその理由である。その代わり彼は、パリのロダンのもとに行くことを勧めた。ロダンのアトリエには世界中の彫刻のエリートたちが集合していたのである。彼の手ほどきを受けたり、作品を手直ししてもらうことは、最高の芸術的特典と見なされていた。

一八九九年の終わりにクララ・ヴェストホフはパリにおもむく。彼女のすぐ後にパウラ・ベッカーも続き、女性芸術家たちにとっては集中的な修行の時が始まった。クララ・ヴェストホフにとってパリ滞在のクライマックスとなったのは疑いもなくロダンとの出会いであろう。彼女はちょうど設立されたばかりの「ロダン・インスティトゥート」に受け入れられた。パウラ・ベッカーはそのことを次のように実家に報告している。

「ロダンは彫刻家の学校を創設し、クララ・ヴェストホフはそこに通っています。彼に作品を手直ししてもらえるのは月に一回か二回だけで、後は彼の弟子が教えに来ます。でも彼女は誰からでも学ぶことのできる人ですから。」

パリという芸術の現場が彼女に与えてくれた多くの刺激にもかかわらず、クララは間もなく静かなヴォルプスヴェーデを懐かしむようになった。

「パリの喧噪や活力にもかかわらず、わたしはたえずヴォルプスヴェーデを懐かしむ気持ちを持ち、人々や、パリの春霞や、芸術作品などといったものにもお構いなしに、あの村を目の前に思い浮かべているのです。ヴォルプスヴェーデのような土地を知り、それを心のなかに持っているということは、何ていいことなのでしょう。あの土地を心のなかに持っていなかったら、ここでどうやって生き抜いていったらいいのかわからないでしょう。」

一九〇〇年七月にはクララ・ヴェストホフはもうヴォルプスヴェーデに戻ってきて、隣村ヴェスターヴェーデに自分自身のアトリエを構えた。

ヴォルプスヴェーデはこのころ、ドイツ国内では最も知られた芸術家村となっていた。フォーゲラーの屋敷バルケンホフは、ヴォルプスヴェーデにおける精神的・文化的生活の中心であった。お祭りや朗読会、コンサートや劇の上演などによってそこに暮らす人々の感情が高められていく様子を、フォーゲラーは「コンサート」と題した有名な絵のなかでうまく描き出している。フォーゲラーの客となった著名な人々のなかには、作家のカール・ハウプトマンとゲルハルト・ハウプトマン兄弟[10]、リヒャルト・デーメル、ルネ・シッケレ[11]、オットー・ユリウス・ビアバウムやルドルフ・アレクサンダー・シュレーダーらがいた。何年もたたないうちにクララ・ヴェストホフはハウプトマン、デーメルとシュレーダーの大変印象的な胸像をつくり上げている。

オットー・モーダーゾーンはその当時を回想して次のように述べている。

「一九〇〇年の九月から十二月までの三カ月を思い出すとわたしはすばらしい気持ちになる。あの時以上に刺激的で豊かな時間をわたしは体験したことがないと思うのだ。絵を見ること、芸術、音楽、文学……。そして幸せな創作活動。本当に理想的な時間を生みだそうと、みんなが一体となっていたのだ。」

ユートピア的な新天地が実現されている場所としてのヴォルプスヴェーデの名声にひかれて、一九〇〇年の夏には当時すでに有名な作家であったライナー・マリア・リルケ[12]もヴォルプスヴェーデの偉人たちに合流した。一八九八年にフィレンツェで知り合ったフォーゲラーの招待を受けてバルケンホフにやってきたのだ。リルケはとりわけパウラ・ベッカー、クララ・ヴェストホフと親しくなった。この二人は彼には「自分の魂の姉妹」であるかのように思えたのだった。九月十日の彼の日記には次のように記されている。

「純白の衣装に身を包んで娘たちはハイデ（荒野）の山から戻ってきた。最初にやってきたのは大きな麦わら帽子の下で笑顔を浮かべているブロンドの女画家だった。……それからぼくはみんなに挨拶した。……ぼくたちが薄暗い農家の玄関に立って互いに紹介しあっていると、クララ・ヴェストホフがやってきた。彼女はアンピール様式の、胴衣のない、綿ローンの白いドレスを着ていた。短く軽く紐で結んだバストの下にはまっすぐな長い髪が取ってあった。美しく浅黒い顔の周りには黒く軽い巻き毛が下がって風になびいていた。彼女は自分の衣装に合わせてその巻き毛を両頰の上にふんわりとたらしていたのだ。屋敷中の人々が彼女を褒めそやした。あらゆるものが様式美にあふれ、彼女に合わせるかに見えた。二階での音楽演奏の時、彼女はぼくが座っていた大きな革製の椅子にもたれ掛かっていたが、まさにぼくたちの女主人という風格だった。ぼくはその晩、何度も何度も彼女を見てはきれいだと思った。時には特徴がありすぎるようにも思える顔の表情が未知のものと結びついているのを盗み見ると……。」

リルケのそうした表現には明らかに一種の様式化が見られ、彼はその様式のなかに「ブロンドの娘」と「浅黒い娘」をも入り込ませてしまおうとしている。彼らの関係はゆらゆらした、エロティックな三角関係に発展していくが、本当の気持ちはいつも口に出されないままだった。リルケ自身も自分が本当に誰を好きなのか、はっきりとわかっていなかったように思われる。ブレーメンへ遠出した時のことについて、彼は次のように書いている。

「途中でクララ・ヴェストホフが息を切らしてぼくらに追いついてきた。彼女は自転車に乗っていて、短いけれど人の心を打つ言葉を、黒い瞳と震える口でぼくたちの馬車のなかに投げ込んできた。ぼくの向かいにはブロンドの女画家が座っていた。そういうわけでぼくは差し伸べた手で一人の娘の強さを楽しみ、もう一人の愛らしい顔からは、なにか穏やかな、ぼくの心を謙遜にさせるものが漂ってきていたのだ。」

リルケの描写のなかでは二人の女性は本来的な性格を持たない、ただ雰囲気を醸し出す存在として登場するのみである。一九〇三年に出版されたリルケの『ヴォルプスヴェーデ』のなかにクララ・ヴェストホフとパウラ・ベッカーの姿を求めても見つからないのはおそらく偶然ではないのだろう。その本のなかでは男たち、マッケンゼンやモーダーゾーン、オーバーベック、アム・エンデ、フォーゲラーのためにのみ記念の辞が捧げられている。リルケはクララ・ヴェストホフを少なくとも当時は彫刻家として大変評価していたにもかかわらず、この二人の女性たちははっきり芸術家としてとらえられることはなく、彼にとっての神話的な故郷の一部を体現するものにとどまっていたのである。パウラ・ベッカーは後になって、リルケのこの本に対する大変否定的な意見を述べている。

「この本のなかにはたくさんのフレーズや美しい文章がありますけれど、中身は空っぽなのです。」

風景と二人の女性とは、リルケの思い出のなかで一つの詩的な絵として溶けあっている。彼はクララ・ヴェストホフについて、思わずフォーゲラーの絵を思い出さずにはいられないような書き方をしている。

「そしてある時、クララは葦のように淡い緑色のほっそりした姿で風景のなかに立ち、黄昏の灰色の空気に包まれていた。口では言えないほど清らかに大きく。そこでぼくたちは皆群れ集うことをやめて一人一人感動に打たれ、彼女を眺めることに夢中になっていた。ぼくはもうほかの人たちのところへ戻っていくことはできなかった。この光景の印象はそれほど強く、ぼくの心をそれまでの事柄から切り離して高揚させたのだった。」

重要なのはリルケの内にわき起こってきた感情と気分なのである。リルケが愛するのはそうした感情や気分なのであって、詩的インスピレーションを刺激してくれる具体的な女性たちに愛情が向けられていたのではなかった。

「この二人の娘たち、とりわけ茶色の、何かをじっと見つめるような目をしたブロンドの女画家を眺めることからぼくはどんなに多くを学ぶことだろう！　すべての意識されない事柄やすばらしい事柄をぼくは再びどんなに身近に感じることだろう……。このほっそりした姿にどんなにたくさんの秘密に満ちた事柄を感じとることだろう。彼女が夕暮れの風景の前にたつ時、あるいは彼女がビロード張りのソファにもたれながらあらゆる方向に向かって耳を澄ましている時……ぼくはゆっくりと一つ一つの言葉を彼女の銀の、繊細な秤の上に載せていく。そしてどの言葉からも一つの宝石をつくり出そうと骨を折る。」

パウラ・ベッカーとオットー・モーダーゾーンの婚約は、こうした美しい気分を壊し、感情のバランスを危うくした。さまざまな感情の均衡をはかることでリルケは自らの矛盾に満ちた性向を中立化し、決定を下すのを避けようとしてきたのだったが……。

冬をヴォルプスヴェーデで過ごすという当初の計画とは裏腹に、リルケは一九〇〇年の十月には慌ただしくベルリンへ向けて旅立った。クララ・ヴェストホフは翌年の二月、ベルリンに彼を訪問するが、この時に人生の進路を新しく変えるような出来事があったに違いない。二人は結婚することを決意するが、クララ・ヴェストホフが妊娠したという事実にもおそらくせき立てられていたのだろう。

ヴォルプスヴェーデの友人たちは突然ことが運んだのに驚き、「釣り合いの取れないカップル」を茶化したりもした。オットー・モーダーゾーンがパウラ・ベッカーに宛てた文章には悪意すら見えるのである。

「そして金曜日の午後には、誰が来たと思う？　もうお分かりだろう。クララ・Wがリルケ殿と腕を組んで登場というわけさ。」

一九〇一年の四月には早くも結婚式が行われた。パウラ・ベッカーの母親の言葉に従うならば、クララ・ヴェストホフは矢継ぎ早の出来事に自分自身巻き込まれ、飲み込まれてしまっているように見えた。彼女は言ったそうだ。

「ほんの十四日前だったら、わたしはこれはただの友情ですと誓ったことでしょうに。」

彼女がどんな気持ちだったのかはほとんど知ることができない。このころの彼女の日記と手紙はゲルンスバッハのリルケ記念館に保存されてはいるものの、いまだに閲覧が制限されているのである。閲覧制限の理由については推測することしかできない。それほど取るに足らないものなのか、それともリルケ自身が二人の関係に関して作り出した伝説に傷を付けるものなのか？　いずれにせよ、事実として言えるのは、リルケとの結びつきがクララ・ヴェストホフの人生に決定的な影響を与えたということである。同時代の人々の認識のなかでも、後世の評判においても、芸術家であったクララ・ヴェストホフは「リルケ夫人」に変わってしまうのである。すでにヴォルプスヴェーデの友人たちが、大変敏感に、結婚がクララ・ヴェストホフに与えた変化を記録している。ルドルフ・アレクサンダー・シュレーダーに言わせれば、これは釣り合わない結婚にほかならなかった。

「これほど不似合いなカップルも珍しかった。若い妻の方は誇り高く背丈はすっと伸びて、燃えるような愛らしさに満ちた成熟のただなかにあり、さながら実りに実った桜の木といったところだった。夫の方はすべてにおいてそれとは対照的で、外見もまったく目立たない。妻の横で彼は小さく見えた。」

ハインリヒ・フォーゲラーはそれ以上にきびしい判断を下し、妻の「快活で自由で開放的な性格」を埋もれさせ、人間的にも芸術家としても萎ませてしまった、とリルケを非難している。カール・ハウプトマンもまた、かつては「元気よく駆け回っていた」女友だちの性格がずいぶんと変わってしまったことに対する心配を表明していた。

「そしてあの素敵な、あちこちを軽やかに動き回っていたクララ・ヴェストホフが静かになってしまい、かつての、嵐の風のようなさざめきも彼女からは聞かれなくなってしまった……。こんなことがあっていいはずがない。少なくとも、こんな状態が続いてはいけないんだ。」

一九〇一年に娘のルートが生まれたことは、クララ・ヴェストホフの活動の可能性をさらに縮小することになった。自分自身の妻パウラ・ベッカーに対してもそれほど寛容でなかったオットー・モーダーゾーンでさえ、ぞっとした様子で次のように日記に書き込んでいる。

「彼女は自分のアイデンティティをすべて犠牲にしてしまったのだ。一年前には賑やかに騒ぎ回り、単純で百姓っぽい品物に囲まれ、何物にも縛られることなく、ありのままの姿で座っていたその場所に、いまや翼を切り取られた一羽の鳥のように静かに彼女は座っている、冷たく、とてもこせこせした感じの、片づきすぎた部屋のなかで、ソファに腰掛けて……。」

とりわけパウラ・ベッカーは、友だちがすっかり変わってしまった様子を見て悩み苦しんだ。

「クララ・ヴェストホフには夫がいる。わたしはもう彼女の生活の一部ではなくなってしまったのだ……。彼女がわたしのものであった時がなつかしい。彼女と一緒にいることはとても素敵だったんですもの。」

リルケ夫妻に宛てた手紙のなかでパウラは、二人の関係のこうした問題点を非常に直截に取り上げている。

「あなたの言葉からは、リルケがあまりに強く、光を放って語りかけてくるようです。ほかの人と同じになることを愛が要求するのでしょうか？　いいえ、決してそうではないはずです……。わたしはあなたたち二人のことはよく知らないけれど、あなたは古い自己を捨ててしまって、あなたの王様がその上を歩けるようにマントとしてそれを彼の足下に広げているように思えるのです。あなたのため、世界のため、芸術のため、そしてわたし自身のためにわたしが望むのは、あなたがその黄金のマントを再び身につけて下さることです。
親愛なるライナー・マリア・リルケ、わたしはクララにそうさせて下さるように、あなたをせき立てたいのです。あなたをせき立てることが必要だと信じています。そしてわたしは愛の言葉でもって何千回でも、あなたと、あなたの美しい色鮮やかな印章を非難し続けることでしょう。その印章であなたが封印しているのは、あなたが書かれる素晴らしいお手紙だけではないはずです。」

リルケは当然のことながらクララとの関係の発展の経緯についてまったく違った見方をしていた。彼は、「互いに相手を自分の孤独を見守ってくれる人となす」ことができるような芸術家同志の結婚を目指していた。

「二人の人間がともに生きるということは不可能なのであって、にもかかわらずそうした形態が存在しているかのように見える時は、それは一種の制約、または相互協定にほかならず、どちらか一方、あるいは両方の完全な自由や発展を奪ってしまうものなのである。」

リルケは従属をも適応をも望まず、彼自身を強めてくれるような強い女性、彼を映す「鏡」というよりは、彼の反存在である女性を求めていた。自分の強制した生活様式によってクララ・ヴェストホフを以前と同一人物とは思えぬほど変えてしまった彼の方こそその「反存在」なのだということを彼は理解したがらなかったし、経済的に不安定な結婚生活のなかで、母として主婦として彼女がひとりで負わなければならなかった負担についても、彼はほとんど理解しなかった。娘が生まれてわずか半年後に二人の共同生活は破綻してしまう。

経済的困窮も二人の生活の破綻にはひと役かっていたに違いない。二人とも自分の芸術作品だけでは食べていくことができず、両親の援助に頼っていた。決定的だったのはしかし、妻と幼い娘とを「聖家族」のように様式化しようとしたリルケの「神秘的な厳粛さ」が、日常生活のなかではとうてい維持され得ないものだったことではないだろうか。

一九〇二年八月にリルケはパリへ発ったが、それはいうなれば逃亡であり、家族なしの再スタートのようなものだった。彼をパリに向かわせたのは、皮肉なことにクララだった。彼女が彼とロダンとの関係をお膳立てしたのである。二人でロダンについての本を書こうという本来のプランはしかし、忘れ去られてしまった。リルケは一年後、ロダンを神話化するような本を、一人で書くことになる。ともあれその本は妻に捧げられた。クララ・ヴェストホフには、ヴェスターヴェーデで家計をやりくりするという困難な課題が残された。祖父母のもとに預けられた小さな娘との別離は、さらに辛く彼女にのしかかってくる。

ある時にはリルケと、ある時には一人で旅をし、ヴォルプスヴェーデとパリ、ローマ、コペンハーゲンとベルリンの間を行き来する不安定な日々が始まった。その日々のなかでクララ・ヴェストホフは、芸術家としての自己のあり方を確立しようと試みる。リルケは妻の努力を共感を持って見守り、できるかぎり、離れたところからではあるが彼女を援助しようとする。

「彼女がまた仕事に打ち込んでいるのを見てぼくは嬉しい。彼女の人生は彼女が形づくる木や石のなかにあるべきなのだから。彼女の芸術からは、かなり偉大なものを期待することができるとぼくは思うのだ。」

リルケとの関係に悩み、とりわけ娘との別離を強いられていることに彼女が苦しんでいる様子には、彼は目を向けなかったようである。数多い妻への手紙のなかで、娘のことはまったくと言っていいほど触れられていない。手紙の内容はたいていリルケが現在書いている作品のことや、彼の気持ち、考えなどであった。妻の仕事のことも彼の心に留められていたし、いくつかの作品は大変肯定的に評価されてもいたが、妻が抱える日常的な問題まで思いやるゆとりは彼にはなかった。

クララ・ヴェストホフにとって、精神の平衡を取り戻すまでにはまだ何年もの時が必要だった。一九〇五年に描かれた彼女の自画像は、一九〇六年に友人のパウラが描いた肖像画にもまして、生きる意欲や創造力を破壊され、落ち込み、心をかたくなにしている女性の姿を示している。それでも一九一一年には最終的に娘をミュンヘンの自宅に引き取れるまでに精神も安定した。一九一一年の初頭から一九一二年の夏まで、彼女は人生を「本当に自分の手に取り戻すために」精神分析の治療を受けていた。やがて芸術に関しても自信を持つようになり、一連の、たとえばリカルダ・フーフのものなどを含む印象深い胸像群を完成させる。リルケに対しても彼女は自信を持つようになった。彼女は彼に、正式な離婚を要求した。実生活はとっくに離婚状態になっていたのだ。役所での面倒な手続きのために結局離婚は実現しなかったものの、一九二六年のリルケの死まで、彼らは別れ別れの人生を送った。

一九一四年に大戦が勃発したことで、クララ・ヴェストホフの生活状況はさらに悪化した。作品の注文もほとんどこなくなり、リルケの出版社であるキッペンベルクが送ってくれる手当に頼らざるを得なかった。大戦の終結後、彼女は北ドイツに戻り、一九一九年にヴォルプスヴェーデに近い小村フィッシャーフーデに定住する。そして、一九五四年に死ぬまでそこで暮らした。

フィッシャーフーデでの日々についてはあまり知られていない。かつてのヴォルプスヴェーデの仲間たちがバラバラになってしまい、一九二六年にリルケが死んでからは、彼女の生の証しとなる資料は、ますます乏しくなってしまった。ここで特に痛みを覚えつつ記したいことは、クララ・ヴェストホフ＝リルケの遺品が相変わらず公開されていないということである。頼りない年代記者でもリルケの死までは何とか彼女の足跡を辿ることはできるのであるが、最後の三十年間に相応する資料はほとんど手に入らない状態なのだ。

それでも大まかに彼女の生涯を追ってみることはできる。フィッシャーフーデでの歳月は、表面的には出来事は少なかったが、芸術活動に関しては、緊張感に満ち、変化の多い時であった。一九二五年以降クララは絵画に向かうようになるが、このことは彼女にとって次第に大きな意味を持つようになり、一時期は彫刻もそっちのけになってしまうほどであった。

「わたしはだんだんまた自由で陽気になってきました。彫塑している時でも、自分には時間があるのだ、しばらくそれから離れて、待っていることもできる、別のやり方を試すこともできる、と自分に言い聞かせることができるようになったからです。どうして絵を描くことはこんなにわたしを幸せにするのでしょう？　どうして何時間も小さなつまらない物の前に座っていられるのでしょう、しかも、ずっと広がる未来を前にしているような気持ちで？　わたしの絵はほんとに下手だけれど、一つ一つの筆のタッチが進歩を意味しているのです――そのタッチがたとえ間違っているとしても。」

自分の絵画技術を完成させるために、彼女は一九二七年から二九年にかけて弟のヘルムート・ヴェストホフと一緒にベルリンの私立絵画学校を訪れている。ここで彼女は非常に多くの刺激を受け、彼女の創作活動のなかで絵画はますます大きな場所を占めるようになった。油彩画のほかに、サイズの小さいテンペラ画も何百と描かれている。彼女が好んで描いたモチーフの一つは、窓から見える広々としたヴュメ河畔の風景で、どの季節にもそれを描いている。絵を描くことは、二〇年代に彼女が彫刻家として他の同僚たちとの交流や接触がないままに陥ってしまった危機を克服する助けとなった。三〇年代の半ばから彼女は再び彫塑を始める。一九三六年、リルケの死後になって彼の胸像が完成するが、この作品は感情や、素材の処理に関して彼女の内面に芽生えた新たな確かさをうかがわせてくれる。一九〇一年と五年に作られた以前のリルケ像と結びつくこの胸像の完成によって、彼女は明らかに、リルケにまつわる心の傷を乗り越えることができたのである。

ミュンヘンにある「ドイツ芸術の家」で開催された「大ドイツ芸術展」にクララはリルケ像を出品した。ここで彼女には公式な評価と栄誉が与えられるが、それはいささかいかがわしい栄誉でもあった。帝国首相府が彼女のリルケ像を買い上げたのである。このことはクララ・ヴェストホフの芸術家としての業績を評価するものではなくて、権力者たちの政治的計算によるものであった。リルケをファシズムのなかに取り込むことによって、彼らはズデーテンランドの占領をイデオロギー的に準備しようとしたのである。

政治的宿命以外にもこの成功にはさらに問題となる部分があった。自伝的にも芸術家としてもリルケからの解放過程として理解されるべき事柄が、権力者たちの思惑によって再びつなぎ合わされてしまい、しかもその際、かつての古い図式、つまり芸術家であるクララが、夫を通じてしか評価を獲得できないという図式がまた復活してしまったのである。死後に至ってさえもリルケは注目を自分の方に集め、妻の仕事は陰に隠されてしまった。

クララ・ヴェストホフはしかし、首相府御用達作家であることを利用しようとはしなかった。彼女は国家社会主義者たち(ナチス)の文化政策に巻き込まれることはなく、自らの芸術活動に浸りきった「内なる亡命生活」を送った。あらゆる流行や芸術の発展などとは無関係に創作の営みを続けたが、そこには外部からの刺激が欠けていたことも明らかに見てとれる。だがこのころの写真には、かつての精神的動揺の痕跡をとどめはしているものの、独特の静けさ、確信と美しさをにじませた力強い彼女の表情が示されている。あたかも人々から離れてフィッシャーフーデで画家として彫刻家としての仕事を続けるなかで、世紀末にヴォルプスヴェーデの友人たちが夢見た「生きられた生」の持つ調和を見つけだしたかのように。

矛盾はあるにせよこうして生きられた彼女の生涯について、第三者である伝記作者がさらにスポットを当て、クララの日記や手紙に残された言葉によって彼女に自分自身を語らせ、埋もれている彼女の作品を見つけだして、彫刻家としてだけではなく画家としても正当な評価を与えるべき時がいまこそ来ているのではないだろうか。

[訳注]

1 リカルダ・フーフ (Ricarda Huch 1864–1947)
ドイツの女性作家。ブラウンシュヴァイクの商家に生まれ、チューリヒ大学で哲学と歴史を修める。長編小説『ルードルフ・ウルスロイ二世の回想』、結婚後住んだトリエステを舞台にした『凱旋横町から』などを著した。そのほかロマン派の再評価も行い、動乱期の歴史を扱った歴史小説もある。一九三八年にはプロイセン芸術アカデミーを脱退し、ナチス政権への批判の姿勢を表した。

2 ヴォルプスヴェーデの芸術家村 (Worpsweder Künstlerkolonie)
フリッツ・マッケンゼン、オットー・モーダーゾーンというデュッセルドルフの美術学校に籍をおいていた二人の若い画家が、美術学校の教育方針に飽きたらず、風景の美しいヴォルプスヴェーデで活動を始めたのがきっかけとなり、ハンス・アム・エンデ、ハインリヒ・フォーゲラーら、新進の画家たちがヴォルプスヴェーデに集まって、一種の芸術家コロニーが誕生した。彼らの作品は一八九五年頃からミュンヘンの展覧会でも注目を集めるようになり、ヴォルプスヴェーデ派の画家たちは世紀末の画壇において一世を風靡する存在となった。

3 フリッツ・マッケンゼン (Fritz Mackensen 1866–1953)
画家。一八八九年にオットー・モーダーゾーンとともに、ヴォルプスヴェーデに芸術家コロニーを開き、ワイマールの芸術学校の校長職（一九一〇〜一八）を退いたのち、再びヴォルプスヴェーデに戻った。主に北ドイツの風景や農民の姿を描いた。

4 ハインリヒ・フォーゲラー (Heinrich Vogeler 1872–1942)
画家、版画家、インテリアデザイナー、詩人。一八九四年以降ヴォルプスヴェーデで活動を展開し、重々しい湿地の風景を描く。ユーゲントシュティールに影響を受けて、本の装丁や童話のさし絵、織物のデザインなどを手がける。ブレーメンの旧市庁舎のギュルデン・カマーと呼ばれる部屋の内装（一九〇五）は、保存されているユーゲントシュティールのうちでももっとも重要な作品の一つ。ロシア革命に影響を受け、第一次世界大戦後はブレーメンのレーテ共和国に参加。一九二五年にロシアへ移住し、「社会主義リアリズム」の手法で絵を描いた。独ソ開戦後は不遇な晩年を送った。

5 オットー・モーダーゾーン(Otto Modersohn 1865–1943)
建築家の息子として生まれ、幼いころから花や虫に関心を示す。十九歳でデュッセルドルフの美術学校に入学し、同じ学校の学生だったマッケンゼンと知り合う。一八八九年にモーダーゾーンは初めてヴォルプスヴェーデを訪れ、その風景に強い印象を受け、その後、マッケンゼンやハンス・アム・エンデらとヴォルプスヴェーデでの生活を始める。最初の妻の死後、一九〇一年にパウラ・ベッカーと再婚。パウラの死後一九〇八年にヴォルプスヴェーデを離れ、フィッシャーフーデに移る。繊細な色彩感覚の感じられるモーダーゾーンの風景画は高く評価された。

6 ハンス・アム・エンデ(Hans am Ende 1864–1918)
牧師の息子として生まれ、ミュンヘンで美術学校に通う。一八八九年にヴォルプスヴェーデに定住。明るい色彩の風景画を描き、エッチングでも評判になった。第一次世界大戦の勃発後、志願して戦場に赴き、負傷がもとで死亡。

7 フリッツ・オーバーベック(Fritz Overbeck 1869–1909)
ブレーメンで、ロイド社の技術部長だった父親のもとに生まれる。一八八九年からデュッセルドルフの美術学校で学び、マッケンゼンやモーダーゾーンと同じ教師につく。学校卒業後、九四年にヴォルプスヴェーデに定住。九七年にミュンヘンの国際美術展で大金メダルを獲得した。一九〇五年、子どもの教育のためもあってヴォルプスヴェーデを離れる。一九〇九年、将来を嘱望されながら心臓発作のために急死。

8 パウラ・ベッカー＝モーダーゾーン(Paula Becker＝Modersohn 1876–1907)
ドレスデン生まれ。父は鉄道技師、母はテューリンゲンの貴族の家庭の出身だった。一八九六年にベルリンの絵画学校に入学。一九〇〇年のはじめにパリへ行き、美術学校(ボザール)のコースに通った。その年の夏、ヴォルプスヴェーデに移り、リルケやクララ・ヴェストホフとの親交を深める。妻を亡くしたモーダーゾーンと翌年結婚、産褥のために亡くなる一九〇七年までのあいだに精力的に作品を描いた。人物画に優れ、ヨーロッパ近代美術のなかでも傑出した作品を残している。

9 マックス・クリンガー(Max Klinger 1857–1920)
ドイツの画家、版画家、彫刻家。一八七八年『手袋』連作がその怪異性ゆえに物議をかもした。彫刻の大作『ベートーベン座像』(一九〇二)が有名。著書『彩画と素描』(一八九一)。

10 ハウプトマン兄弟
カール・ハウプトマン(Carl Hauptmann 1858–1921)ドイツの小説家、劇作家。小説『マチルデ』(一九〇二)、『ほほえむアインハルト』(一九〇七)など。

ゲルハルト・ヨハン・ローベルト・ハウプトマン（Gerhart Johann Robert Hauptmann 1862–1946）ドイツの劇作家、小説家、詩人。一八八九年デビュー作『日の出前』により自然主義文学の旗手となった。

11 ルネ・シッケレ（René Schickele 1883–1940）
ドイツの作家・平和主義者。主著に『ラインの遺産』。

12 ライナー・マリア・リルケ（Rainer Maria Rilke 1875–1926）
プラハ生まれのドイツの詩人。プラハの大学生のころから詩や評論を書いていたが、のちミュンヘンに出て、ルー・アンドレアス＝サロメと親交を結び、多大の影響を受ける。彼女との二回にわたるロシア旅行が一九〇五年『時禱詩集』に、またイタリア旅行の体験が短編集『神様の話』に結実し、これらが初期の代表作である。その後のヴォルプスヴェーデの芸術家村の滞在は彼に同時代の美術の認識を深めさせた。一九〇二年から八年間は主としてパリに住み、ロダンやセザンヌに傾倒する。その成果が『新詩集』であり、小説『マルテの手記』もこの時期の詩人としての自己検証をつづったものである。後期の代表作は『ドィイノ悲歌』、また『オルフォイスに寄せるソネット集』など。ドイツでは一般に『旗手クリストフ・リルケの愛と詩の歌』の作者として知られているが、この書はナチス時代もよく読まれたところから、戦後は反発も受けた。それでも彼が現代詩に与えた影響は大きい。

Charlotte Berend-Corinth

1880–1967

シャルロッテ・ベーレント＝コリントの生涯と作品

「自分が一番力にあふれていた時代を
わたしはロヴィスのために捧げました……」

ロヴィス・コリントによるシャルロッテ・ベーレント＝コリントの全身画（1902年頃）

「絵を描くのは人生で一番素晴らしいことです。」

これは画家シャルロッテ・ベーレントが、夫コリント[1]の死後、彼らの結婚生活を振り返った回想録『ロヴィスとの生活』(一九四七年出版)のなかに出てくる言葉である。この言葉は夫の作品に対する賛辞だけではなく、一人の女性——その女性は一生の間芸術家としての自覚を持ち続け、芸術を自分の願望の中心に置き続けたのだが——の人生のプログラムを言い表している。コリントの死後三十年以上たってから書かれた第二の回想録『ロヴィス』(一九五七年)のなかに書かれている「わたしは描くこと以外にはもう何もしたくありません」という言葉も、老いていく未亡人の、あきらめに満ちた遁世の表現ではなく、幼いころから老齢にいたるまでずっと彼女が口にしてきた願いに、しっかりつながっているのである。

幼いころからシャルロッテ・ベーレントは画家になりたいと思っていた。「わたしは大人になったら絵を描くの。結婚もしないし子どももいらない」と、きっぱりと語って学校の友だちをあ然とさせたこともある。できればブルジョア社会の慣例にしたがって娘を結婚させたいと思っていた両親の反対もものともせず、画家になるための教育を受けさせてもらえるようにがんばった。当時にしては非常に大胆な行動だった。彼女の恵まれた才能を高く評価してかわいがっていた絵の先生がほかならぬロヴィス・コリントだったのだが、彼が多少の下心も持ちながら彼女の将来の計画について尋ねた時、二十一歳だったシャルロッテは、自分は小さい子どもには我慢がならないので生涯結婚しないつもりだ、と答えている。コリントがおもしろがって、なぜ子どもが嫌いなのかを尋ねたところ、彼女はこう答えた。

「だって子どもはきいきい騒いで、わたしが絵を描く邪魔をするからです。」

結婚と子どもについての態度は結局一貫したものではなかったが、絵を描くことだけは一生涯やめなかった。しかしながら彼女は、画家としては比較的無名である。夫であった画家ロヴィス・コリントについて知りたいと思えば、膨大な出版物や代表的な作品のカタログ、包括的な記録、そしてとりわけ彼女が彼とともに過ごした日々のことをまとめた回想録などに行き当たる。しかし、画家シャルロッテ・ベーレントのことを知りたいと思って調べたとしても、得られる収穫はほんのわずかでしかない。小規模の展覧会のカタログがいくつか残っているが、たいてい白黒の印刷で、絵の質を確かめるには充分ではない。シャルロッテ・ベーレントという画家がいたことだけは確認できるにしても、彼女の作品の全体像は不明だし、どんな人生だったのかを詳しく知るためには、苦労して資料を集めるしかないのである。

コリントの「守護神」、「彼の芸術的遺産の保存者」としてなら、彼女の名は世に知られている。彼女が十年がかりでまとめた作品目録（一九五八年）は、コリントの絵画をまじめに研究しようとするものにとっては欠かせない基礎文献である。この方面における彼女の業績がくりかえし讃えられるのも不思議ではない。しかし画家としてのシャルロッテの方はどうなってしまったのだろう？　この点に関しては批評家たちも非常に控えめな判断しか下していない。彼女の絵がコリントとの関連で語られる場合には、ただついでに言及するという形で恩着せがましく触れられるだけであり、さらに、彼女は絵を描く時にはまったく夫に依存していた、と指摘されることもたびたびである。シャルロッテ・ベーレントは世間のそうした見方に抵抗しようと空しい努力を払ったものだった。

「わたしが夫のように描きたがっているのだと考える人がたくさんいます。そういう人はなんてわたしを見くびっていることでしょう！」

批評家たちがコリントの作品に固執しているために、自分は芸術家として充分な注目を集めることができないのだ、というのが彼女の意見であった。

「他の人が常にわたしをコリントとの結びつきにおいてしか見てくれないし判断してくれないので、わたしはどんなに苦労したことでしょう。」

彼女が芸術家として充分に評価されていないことの一因がこうした状況にあるのは確かである。しかし筆者の考えでは、画家であるシャルロッテ・ベーレントが世間の認識において画家の妻シャルロッテ・コリントの背後に隠れてしまっていること、彼女が独立した人間として目にはいってこないことについては別の理由もあるように思われる。批評家たちは、シャルロッテ自身が用意した事実を広めているにすぎないのではないだろうか？

この謎を解く鍵は、彼女と同世代の才能ある女性たちの場合もしばしばそうであったように、幼年期の体験のなかにひそんでいる。幼年期の体験が彼女を一人の男性との結びつきのなかに追い込んでいるのだ。その男性は彼女の才能を認め、最初はそれを伸ばそうとしていたのであったが、結局は結婚生活のなかで、その才能が自分自身の仕事の役に立つようにしむけていったのである。インスピレーションの源として、モデルとして、シャルロッテは彼にとっていいようもなく貴重な存在であった。よく知られた巨匠コリントの「巨人的な力」は彼自身だけではなく、妻の才能によっても養われていたともいえるのである。

シャルロッテ・ベーレントは一八八〇年、ベルリンのある裕福なユダヤ人商人の次女として生まれている。五歳年長の姉アリスとともに、リベラルなブルジョア的環境のなかで育ったが、彼らの家庭は見た目の華やかさが予想させるほど調和のとれた家庭でもなかった。両親は不幸な結婚生活を送っていた。不幸な結婚の原因は父親を家庭にとどめておくことができなかった母親にあるのだ、と二人の娘たちは考えている。忙しい父親は娘たちと過ごす時間がほとんどなかったにもかかわらず、彼女たちの人生の輝ける中心であった。父親の寛大さや、パーティーなどで彼が見せる優雅な身のこなしは、娘たちに深い印象を与えていた。二人の娘にとって父親は、彼女らの空想を刺激する広い世界を体現する存在であった。「お父さまはわたしにとって世界中で一番素敵な人でした」とシャルロッテは、七十歳になったときの回想に書いている。それに対して、家庭という限られた狭い範囲での母親の生活には、娘たちはほとんど魅力を感じなかった。母親の生活を彼女たちは、退屈、不機嫌、倹約、不完全さなどと結びつけている。母親のようになるということは、空想力と才能を備えた二人の小さな娘たちにとっては悪夢でしかなかった。それでも小さなシャルロッテは、母親をも愛し、両親との調和に満ちた生活を夢見ていた。思い出の記『わたしが子どもだったころ』には、彼女と姉との会話が記されている、示唆に富む一節がある。二人の子どもがなすすべもなく放ったらかしにされてしまう、両親のいつもの喧嘩のすぐあとのことだった。

「夜、ベッドのなかで。『アリス？　あの二人が喧嘩するとき、どっちが正しいの？　パパ、それともママ？』『いつだってパパよ、パパはすごい人なんだから。』『でもママだって！』答えはなかった。わたしは暗闇のなかで泣いた。『ママだって』とわたしはすすり泣きながら言った。」

姉がしっかりと父親の同盟者になってしまった一方で、小さいシャルロッテの方はまだ、父に対する愛と母に対する愛の間で引き裂かれているように感じていた。しかし、時がたつにつれ、「すごいパパ」に対して母親には勝ち目はなかった。下の娘もしまいには父親の陣営にくら替えし、のちには母殺しの願望を抱くまでに激しい攻撃性を母親に対して向けるようになる。父親の方は生涯彼女のアイドルであり続けた。男心をくすぐるちょっとした遊びによって、彼女は幼い時から父親の注意を引こうとしている。回想のなかで、彼女は父親と庭で散歩した時のことを次のように記しているのである。

「手に手をとってわたしたちは黄色っぽい砂利道を歩いていきました。わたしはお父さまを幸せな気分にしたいと思ったのです。離れたところで庭師が、芝生の上を歩き回って、あちこちできれいに刈り取られた芝生の残りを注意深く拾い上げているのがちょうど目につきました。彼はとても気のきいたしゃがみ方をしている、そうわたしには思えたのでした。年老いたその男はしゃがむときに片足を高く空中にあげていたのです。

『パパ、あれ見た？』

『何をだい？』

『庭師のおじさんがしゃがんでいる様子。待って、パパ、あたしがして見せてあげるわ。ほら見て。』

そしてわたしは足をとても高くあげたので、糊のきいたスカートが頭の上にかぶさり、美しいスイス刺繍の縁取りのある白いズボン下が見えるほどでした。

『おやめ』とお父さまは言ってわたしの手を揺さぶりました。『おまえは小さな女の子で、年老いた庭師ではないのだからね。』」

この場面をことさらに拡大解釈しなくとも、その後成長したシャルロッテの、男性に対する態度を理解するヒントを引き出すのは簡単だろう。シャルロッテ自身が幼年期の回想のなかで書いている。

「一人の男を愛する能力が、お父さまへの愛のなかで育っていったのです。」

父親の前でのシャルロッテのふるまい方は、その後、彼女のなかで、作法にかなったポーズの取り方となって完成されていく。コリントのモデルとして彼女は、画家としての彼に刺激を与えるために、くりかえし新しいポーズを試みている。父親の前での小さな女の子の自己演出には、その後、芸術の女神として、モデルとして、男性のオブジェとなる彼女の立場がすでに先取りされていたのである。彼女がまだ幼い時、年老いた一人の叔母が、この子はきっと「男心をそそる美人」になるよ、と予言したことがあった。小さいシャルロッテはこの言葉を聞いても何もわからなかったし、父親も、それがどういう意味なのかわからない、と彼女に言ったようだ。しかし、このことは、幼い女の子がすでに、周囲の目に男性社会での成功を予感させる「何か」を持っていたことを示している。

もちろんシャルロッテは、父親の注意を引こうとし、母親を押しのけようとするコケットな女の子というだけの存在ではなかった。姉の場合と同じく小さなシャルロッテも、母親を拒み、母親が果たしている従属的な役割を否定することによって、まだとても幼いうちから、自分が何かを成し遂げ、父親と同等な地位に立つことができるような分野を探し求めるようになった。彼女たちは二人とも非常に早い時期に自分の進むべき分野を見いだしている。姉のアリスは文学、妹は絵の道を選んだ。アリス・ベーレントは当時にしては非常に多産な大衆文学作家となり、その作品は一九五〇年代ごろまでくりかえし増刷されていた。姉と同じようにはっきりとした目的意識を持って、シャルロッテも芸術家としての生活を築き上げようと、自分の計画の実行に励んだ。

彼女の少女時代の日記には、芸術から受けた印象についての記述や、デッサンしたり絵を描いたりしたいという欲求が彼女のなかで次第に高まってくる様子を示す書き込みなどがたくさん見られる。画家になりたいという願いがその後まもなく生まれてくるのである。回想のなかでシャルロッテは、自分が画家になりたいと打ち明けた時に父親がどのような反応を示したか、目に浮かぶように生き生きと描写している。

「パパはテーブルに向かって座り、トランプの一人占いをしていました。わたしはパパに向かい合って座っていました。『何かわたしに言いたいことがあるのかね？　他の人たちはみんなもう寝に行ったのに』わたしはパパのそばにぴったり並んで座りました。『ねえパパ、わたし学校を卒業してからも勉強したいの』『そんなに自分を大人物だと思ってはいけないよ。勉強するってどういう意味だい？　婦人運動のリーダーになるの？　絶対に結婚しないつもりかい？』パパの声はまるでわたしを脅すようでした。でもわたしはくじけませんでした。『求婚者が現れるまでおとなしく座って待っていないからといって、婦人運動のリーダーだとはかぎらないわ。わたしはへたくそなピアノを弾いたり、テーブルかけに刺繍したり、フランス語のお勉強なんてしていたくはないの。』『つまり解放された女になりたいと言うわけだね？』『パパ、わたしは画家になりたいのよ』『芸術家に？　あのだらしない連中の一人になりたいのかい？』『パパったら！』『芸術家のなかにはきちんとした、品のいい人たちもいるかもしれない。実のところわたしは芸術家のことはよく知らないんだ。でも自分の娘がそうなると思うと……そんなことを想像するのはむずかしいよ』『わたしがしたいのは画家の修行よ、学校よりもきびしいのよ。試験に受からなくちゃいけないの。合格できるだけでも嬉しいことなのよ』『その修行は何年続くんだね？』『何年もよ』『何年も？　何年もだって？　そんなことをしたらおまえの青春は終わってしまうじゃないか。そうなったらやっぱり婦人運動のリーダーかね？　オールドミスか！』『芸術家よ、パパ。画家になるのよ』パパはとっくにトランプを脇に片づけてしまっていました。そして手で顔をおおいました。まるで暗闇のなかに自分を閉じこめたいと思っているようでした。パパが顔を上げた時、目が赤くなっているのをわたしは見ました。彼はむき出しの深い愛のこもった表情でわたしを見つめたので、その時のことを思い出すといまでも感動します。低い声で、とてもゆっくりとパパは言いました。『おまえはそんなに画家になりたいんだね。お父さんにはとても辛いことだ。おまえには想像できないほど辛いんだよ。可愛いおまえ！　お父さんはおまえの幸福の邪魔はしたくない。自分の理想を追い求めなさい。認めてあげるよ。お父さんのことを忘れないでおくれ』そう言ってパパはわたしの額にキスしました。」

父親の同意によって――母親がなんと言ったかは知られていない――シャルロッテにとってはわくわくするような時代が始まった。一九一四年まで、ドイツのアカデミー（美術学校）では、少数の例外をのぞいて女性は入学を認められていなかった。「これまでの経験からみて、女性は高尚なる芸術の偉大な要求に応えられるだけの素質に恵まれていない」というのが入学拒否の理由だった。そのためたいていは私立の学校で教育を受けざるを得なかったが、そうした学校のレベルは概して非常に低かった。十九世紀末の当時、ベルリンとミュンヘンとカールスルーエだけに、女性のための国立の美術学校があり、そのためそれらの学校にはかなりの数の受験生たちが殺到していた。一八九八年、ベルリンの国立美術学校の入試に受かったのは、八十五人の受験生のうちたった二人だけで、シャルロッテはその一人となったのである。彼女はこのおかげで、かなりプロフェッショナルな教育を受けることのできた、少数の特権的女性に属することとなった。それにもかかわらず、教育条件は明らかに男性向けのアカデミーよりも悪かった。アカデミーに比べると、ベルリン国立美術学校のカリキュラムは、授業時間数のうえでも、提供されている科目数のうえでも、根本的に限られたものでしかなかった。それなのに授業料の方はずっと高かったのである。教育条件の悪さに加えてやっかいだったのは、いわゆる「絵描き女たち」に対する偏見だった。女性に対する評価は、妻として、母親としての役割をどうこなすかにかかっており、この役割をそこなわない範囲においてのみ、芸術活動を行うべきだというのが世間一般の考え方であった。その時代の人が、絵を描く女性の理想像を次のように表現しているのを読めば、当時一般に流布していた考え方を知ることができる。

「筆やパレットを持っていても、絵の具入れを持っていても、ぴんと張った画布の前にいても、彼女たちは夫や子ども、料理の鍋、道具箱の世話を焼くことを忘れているわけではない……彼女たちがラファエロやミケランジェロのようでなくても、立派な娘であり、妻であり母親である限りにおいて、わたしたちは、その存在を認めることができるのだと思う。」

そのように役割を限定されてしまっては、絵を描く女性たちもせいぜい芸術愛好家になることぐらいしかできなかった。学校の体制からしてそもそも彼女たちはそうなるように仕向けられていたのである。女性を抑圧するイデオロギーと、教育の機会の乏しさとがぴったりとかみ合っていた。もちろん男性のイデオローグたちは女性のために慰めを用意してもいた。自らの創造力を愛する夫の芸術のために捧げるならば、女性たちは真の存在意義を勝ち取ることができるというのである。

「自分よりも偉大な男性の陰に満足して寄り添い、つつましく第二の地位につくことのできる女性は、夫の創作意欲から望むとおりのものを引き出してやることができ、多くのためらいを取り除いてやることができる。彼女は夫の目で見ることを学び、彼の想像力が呼び起こすイメージを自分自身の内に呼び覚ますことになる。」

シャルロッテ・ベーレントの国立美術学校での修行時代については、ほとんど知られていない。勉強を始めた一八九八年と、ロヴィス・コリントの主催する私立絵画学校に入学した一九〇一年との間の日々は、一九〇〇年にベーレント家をおそった不幸の影におおわれている。その事件はあまりにもひどい心の傷を残すものであって、シャルロッテは、それから二十五年以上の月日がたってからもまだその事件のことをはっきり口にすることができなかったほどだった。一九〇〇年、彼女たちの父親が自殺したのである。自分たちの腕のなかで父親の死を看とった娘たちにとって、これがどんな意味を持つ事件であったかは計り知れない。亡くなった夫コリントのことを回想する際にも、まず亡くなった父親の思い出が浮かんできてしまうほどだった。死の天使を空想することによって、二人の死んだ男性たちは秘かに結びつけられたのである。事実、父親の死後まもなくシャルロッテは初めてロヴィス・コリントの絵をある展覧会で見ている。その後何カ月もたたないうちに彼女は彼の弟子となり、一九〇三年のはじめには二人は結婚した。自分よりも二十二歳年長の夫のなかに彼女は父親像を探し求め、そしてそれを見いだしたようであった。

亡くなった父親の面影を抱きつつ始まったコリントとの関係は、パートナー同志が平等ではなく、むしろ全然立場が違うことを前提とした構造に基づいて発展していった。もっともこの構造が明らかになるのは何年もたってからである。はじめのうちは、二人の関係は生産的な芸術家同志の結びつきとして、将来有望であるかに思われた。成功をおさめた画家であるコリントが妻シャルロッテに与えることのできた経済的な保証は、余裕のある生活スタイルを可能にし、彼女もほとんどの家事から解放された生活を送ることができた。彼女は自分自身のアトリエを持ち、作品の制作に打ち込むようにとコリントから励ましも受けていた。彼はそれどころか彼女のために絵のモチーフを整えたり、描くことへの刺激を与え、一緒に旅行し、建設的な助言を与えて彼女を支えた。彼はさらに彼女の油絵のモデルになることまで申し出たのだが、シャルロッテは彼の時間がそのためにあまりにも犠牲になることを恐れて、たった一度しかこの申し出を受けなかった。

ところが一九〇四年と九年に子どもが生まれると、状況はまったく変わってしまった。彼女は母親になってからも絵を描き続け、公的な展覧会にも参加して成功をおさめたのだが、彼女に対するコリントの関心のあり方はどんどん変わっていってしまう。その教育のために彼が父親のような責任を感じていたかつての生徒シャルロッテは、いまやエロティックで魅力的なモデルとなり、愛人として、妻として、母親として、彼の芸術的空想力に訴えかけるのだった。九十点以上の大判の油絵や数限りないデッサンのなかで、彼は自分の妻をいつも新しいポーズで描いている。彼らの関係の変化をもっとも雄弁に表しているのは、一九〇九年、娘の誕生後にコリントが自分と家族を描いている絵であろう。彼自身は筆とパレットを持った制作中の姿で描かれており、妻の方は前景で乳飲み子を膝にのせ、献身的な母親として演出されている。彼女のそばには、五歳になった長男が立っている。姿勢や服装、色調や描き方などから父親と息子は一つのまとまりをなしていることがわかる。彼らはきびしく、まじめな感じで、軽やかなレースの服を着て娘とともに前面に座っている母親とは好対照をなしている。ここでは男女の領域がめずらしいほどはっきりと分けられ、絵の制作者である男性についての画家の主張がうち出されている。コリントは、芸術家としてこの絵を生み出す存在として、自らをこの場景のなかにおいたのである。シャルロッテを画家として描いていた彼の以前の絵とはなんという違いだろう！　シャルロッテが画家として自分自身を描いた絵とも、これはまったく違っている！

モデルの仕事にはたくさんの時間が要求された。シャルロッテ自身が画家として仕事をする時間は失われていったし、モデルをすると体力も消耗した。仕事のおかげでひどい風邪を引いてしまうこともしばしばだったし、ふらふらになりながらモデルをつとめることもあった。

「わたしはお産の二日前までモデルとして立っていました。全身像です。足が少しがくがくしました。」

それに加えて、コリントのために絵のモチーフを整えてやったり、変わった衣装を着て彼の想像力を刺激したり、彼の絵について彼と話すことによって彼の鬱病を回復に向かわせてやるようにつとめたりする時間などが必要だった。シャルロッテとコリントが交わした手紙を読むと、妻が描く絵に対するコリントの関心が時間とともに薄れていくのがよくわかる。結婚した当初、彼はまだシャルロッテに作品のことを尋ね、技術的な進歩にも関心を向けていたが、のちにはもう自分の計画のことしか話していない。シャルロッテにとって、夫のこの変化を黙って受け入れることはむずかしかったようだ。自分の仕事ができないというシャルロッテの不満が原因で、夫婦の感情が大いにもつれてしまった時もあった。妻の要求にコリントも舌鋒するどく応酬している。「君には温かい感情もあるけれど、非常にエゴイスティックなところもある。君がいま思いたがっているように、自分がノラのように誤解され、まったく裏切られている、というのは当たっていないよ。」

コリントはますますあからさまに、自分の要求を第一に通していこうとするようになる。シャルロッテは回想のなかで、夫婦間の力関係をめぐる争いを鮮やかに浮かび上がらせる一つの場景を語っている。注文を受けた大切な仕事を仕上げるために、彼女は夫のアトリエに行き、絵の具を一つもらおうとする。

「彼の邪魔をしないように、わたしは彼の後ろを忍び足で絵の具箱の方に歩いていきました。『何をしているんだ？』わたしが箱のなかをかき回していると、彼が尋ねました。『白の絵の具を一ついただいていくわ』『ほう、いただいていくだと？ さっさとその絵の具をもとに戻しなさい！』わたしは根っこが生えたようにそこに立ちつくしていました。『そんなのひどいわ！』わたしは答えました。『あなたはわたしのところから、絵の具でも筆でも画布でも持っていくじゃないの……それもしょっちゅう、いつも自分の都合のいい時に、わたしに尋ねもしないで！』コリントはとび上がりました。わたしたちは火花を散らしながら互いににらみ合いました。『なんてことだ！ この、わたしのアトリエで！』と彼は叫びました。『わたしのアトリエでそんな口のきき方をするとはな！』『で、出ていけ！』彼はどもりながら、ドアを指し示しました。それ以上は言うことができなかったのです。わたしは自分のアトリエへよろよろと歩いていきました。ドアを閉め、ぐったりと床にくず折れてしまいました。卒倒から回復するまでには数分間かかりました。でも、白の絵の具のチューブをわたしは勇敢にもしっかり手に持っていたのです！　わたしはパレットの上に少し絵の具を押し出すと、チューブを戻しに行きました。わたしが彼の部屋に入っていくとコリントは窓辺にたって銅板を眺めていました。これみよがしにわたしに背を向けたままでした。」

妻が折れて出ることによって、この喧嘩は解消される。

「食事のあとすぐにわたしはベッドにはいりました。眠ることはできませんでした。わたしはコリントが自分の寝室へ行き、いつもなら開けっ放しの、わたしの部屋との間にあるドアに鍵をかけるのを聞きました。時間はのろのろと過ぎていき、わたしは自分で自分を恐ろしいほど苦しめ続けました。なんてみじめだったことでしょう！　どちらが正しかったのか、ということなど、とっくにわからなくなっていました。しまいにはそんなことどうでもよくなっていたのです。わたしはこの恐ろしい状況にもはや耐えられなくなって、暗闇のなかを手探りでドアまで行きました。もしロヴィスが眠っていたら、そっと隣にもぐり込もう、とわたしは思ったのです。わたしは彼の部屋にはいり、一歩歩き出しました。すると彼の腕がわたしを包み、胸に抱きしめたのです。」

一九一一年にコリントが卒中の発作を起こしたことで、シャルロッテの生活環境はますます悪くなった。友人から、これはシャルロッテにとって耐えられない状況ではないのか、と言われたコリントは、次のように語っている。

「絵を描けないということが彼女にとって辛いのはわかっている。それはわたしも申し訳ないと思っている。でもわたしは妻がいなければやってこれなかっただろう。いまだって彼女がいなくては切り抜けられない。彼女はまだ若いんだ。いまできないことも将来やれるだろう。でもわたしのことに関しては、そうはいかないからね。」

しかし芸術の世界ではやり直しはきかないのだ。シャルロッテはそのことを自分自身で体験し、のちに絵を教えた女性たちにもそれをまざまざと見ることになる。

「多くの才能ある女性たちが、結婚のもたらす負担に耐えきれずに破綻してしまいます。わたしの絵の授業に申し込んでくる年輩の女性たちの多くは、結婚してから自らの芸術的野心をきびしく引っ込めなければならなかった、とわたしに打ち明けました。『いまは夫も死に、子どもたちも結婚し、ようやく時間もたくさんできたので、以前できなかったことをやり直したいんです』と彼女たちは言います。でも、絵に関してはやり直しはきかないとわたしは思うのです。」

芸術家としてのシャルロッテにとって救いとなったのは、常に強いて自分を仕事に向かわせるという、自己鍛錬の姿勢だった。

「主婦としての義務に日中追いまくられていたころにも、自分を常に訓練するため、夜になるとデッサンをしていました。何百もの自画像もそうしてできたのです。それらの自画像は、気に入らなくなったので、あとで燃やしてしまいました。ほんとに大した作品ではなかったのです。でも、目的は達せられました。わたしは絵を描く技術を忘れなかったからです。」

家庭の事情で大きな油絵を描くことができないときには、彼女は一生懸命イラストレーションをしたり、小型のファイルに入る絵を描いた。コリントの容体がよくなり、子どもたちも大きくなってくると、彼女はまた油絵を始め、公の展覧会にも出品するようになった。一九二五年、四十五歳のときに彼女は初めて一人で、絵の研究のために大きい旅行をし、パリとスペインに出かけてきた。山ほど絵を描いて戻ってきて、それらの絵で経済的にも大きな成功をおさめることができた。

一九二五年のコリントの死は、自立するためのこうした過程をいきなり打ち切りにしてしまった。父親の死以来ずっと彼女が求めて生きてきた男性との同一化のシステムも、こわされてしまう。残された彼女はまず自己発見から始めなくてはならなかった。ロヴィス・コリントに関する二冊の回想録は、シャルロッテにとってこの自己発見の過程がどんなに苦渋に満ちたものであったかを示している。しかし、最終的には死者への執着よりも、絵に対する愛の方がまさっていた。コリントの死後に企てられた、トルコやエジプトにまでおよぶ彼女の数多くの旅行で、彼女は自分の仕事にとって刺激となる題材をたくさん集めてきた。世界が広がったことは、彼女の絵にとっても好都合なことであった。彼女の絵は色彩が豊かになり、表現力が強まり、筆のタッチも変わり、描く上でもさまざまな実験が試みられるようになった。一九三九年に彼女はアメリカに移住する決心をする。政治的な状況と、ユダヤ人として彼女がドイツ国内では危険な立場に立たされていたことがこの決心を導いたことは間違いないが、この移住をきっかけに、彼女の芸術家としての新しい発展が始まる。一九六七年に八十七歳で死ぬまで、彼女はずっとアメリカにとどまり、最初はカリフォルニア、その後はニューヨークで暮らした。彼女の絵画にとってこの移住は大変いい意味を持った。彼女の作品は合衆国では「偏見なく受け入れられた」し、彼女自身がほっとして確認しているところによれば、「あなたはコリントの絵を継承していくおつもりですか、それとも独自の道を行くおつもりですか」というような、おきまりの質問で苦しめられることもなかったからである。しかし、アメリカへの移住は、ヨーロッパで彼女が画家として受け入れられるためにはマイナスであった。戦後何度も帰郷したにもかかわらず、ドイツの美術市場においては彼女は無名の人のままであった。戦後細々と展覧会をやったからといって、その状況は変わらなかった。彼女がアメリカで描いた作品は、ヨーロッパではいまだに評価されていない状態である。

シャルロッテ・ベーレントはしかし、芸術家としての女性の立場についてじっくり考え、晩年重要な洞察に達した女性として、再発見されるべきである。彼女が夫婦の調和に心を砕き、コリントを理想化してしまっているために、彼女の回想録が読みにくいのは確かであるが、しかしそのなかにはいくつかの重要な箇所もある。たとえば次に引用する、ベーレントとコリントの関係についてのコメントのように思われる一節などが。

「一人の男性の偉大な業績というのは、一人の女性が彼の傍らにいて、一歩も彼の前に出ることなく、むしろ彼の背後に控えている時にのみ達成されうるのだと思います。もし男性が彼女の傍らに控えているなら、女性だってもっと価値ある業績を生み出せると思うのですが……。でも、世の中の男性方には申し訳ないけど、いまの男性はそこまで成熟していません！　本当に必要なのは女性の解放ではなくて、男性が成長してくれることを望むしかないのです。」

［訳注］

1　ロヴィス・コリント(Louis Corinth 1858–1925)
ドイツの画家。東プロイセン、タピアウの出身でケーニヒスベルクおよびミュンヘンの美術学校に学ぶ。写実主義の影響を受けたのち、一九〇〇年ベルリンに移り、ベルリン分離派に加わった。以後分離派を中心とするドイツ印象派の重鎮として活躍。幅広い画題で、写実主義から晩年は表現主義的な画風に。版画も多い。

Hedwig Guggenheimer-Hintze

1884-1942

「彼女は夫の仕事を支える代わりに、
むしろ自分の論文を書いていたのです……」

ヘートヴィヒ・グッゲンハイマー＝ヒンツェの生涯と仕事

一九二八年に、ドイツの大学では女性として初めての教授資格を取ったヘートヴィヒ・ヒンツェの人となりを描こうとすると、個人的な記録書類がまったく消失しているという状況のために大変な苦労を味わうことになる。彼女の生涯を再構成するのに役立ちそうな手紙や、個人的なメモなどもまったく残っていない。伝記を書く者にとっては何とも残念な、みじめなまでに資料が少ないという状況は、結局のところ非常に極端な形で、われわれがすでによく知っている問題を表しているといえる。つまりそれは、歴史的な意識のなかで、女性たちが完全に脇役にされてしまう、ということなのだ。ヘートヴィヒ・ヒンツェの場合に示されるように、個人的な生の記録が完全に破壊されてしまうという事態は、女性たちへの抑圧が徹底的になされた一例だが、こうしたプロセスは芸術や政治の領域よりもむしろ学問の領域において、より多く認められるのである。

しかし、このような状況にもかかわらず、数奇な運命を辿ったある女性の、消されてしまった生の足跡を追い求めようとする企てを試みることが可能だとすれば、それはひとえに、ヘートヴィヒ・ヒンツェが学問的な仕事を後世に残してくれたおかげだろう。彼女の仕事は人々に忘れられはしたけれども、著者であるヘートヴィヒ自身のように消されてしまうことはなかったし、今日では以前にもまして、人々の注目を集めていい立派な業績なのである。

ヘートヴィヒ・ヒンツェは、ワイマール共和国時代にもっとも目立った活躍をした歴史家の一人であった。彼女の場合、「ヒストリカー（ドイツ語で男性の歴史家の意）」という男性形の語を用いることは、意味があるだけではなく、必要なことでもある。というのもヘートヴィヒ・ヒンツェは、エルメントルーデ・フォン・ランケと並んで、当時まったく男性のみによって行われていた歴史学の議論において、自らの業績を提示することで活発に参加していた唯一の女性だったし、その研究のオリジナリティーや方法の率直さ、政治的危険もあえて顧みない大胆さや思索性において、多くの男性の同僚たちよりはるかにまさっていたからである。彼女は「陰の女」などとはまったく違った存在だった。しかし、のちには無理矢理「陰の女」にされてしまったのである。

その生涯と学問的業績について四十年以上もの沈黙が続いたあと、一九七五年にようやく彼女は、左翼リベラル歴史学の分野で大いに論議を呼んだ代表的な存在として、専門的な学術論文の出版によって世に紹介された。彼女の研究が旧東独で出版されたのは偶然ではないだろう。そして、ヘートヴィヒ・ヒンツェとその業績がドイツ連邦共和国(西ドイツ)でもようやく注目を集めるようになるまでにその後まだ十年かかったというのも、おそらく偶然ではないだろう。一九二八年に出された彼女の教授資格論文が再版されたことは、彼女の人と業績に関する決定的な沈黙が、いまになってようやく破られたしるしでもある。

ヒンツェにまつわるこの沈黙にはいくつもの根拠があり、それらは多かれ少なかれ学問の世界における女性のおかれている困難な状況を指し示している。状況は今日でも変わっていない。個々の分野での進歩はあるにせよ、楽観的な解放論者たちがわれわれに示そうとするような女性の地位の改善は、一般的に見てそれほど根本的には達成されていない。統計をちょっと見てみるだけで充分だろう。中学や高校の歴史の教師の四十パーセントは女性であるにもかかわらず、大学の歴史学教室はいまだに男性たちの占有地帯なのである。ハンス・ユルゲン・プーレが一九八一年にまとめた、「歴史学における女性の状況」に関する調査には、「なぜ女性の歴史家はこんなに少ないのか？」という挑発的なタイトルがつけられている。この調査でまとめられた数字は次のようなものだ。

「一九七七年の統計によれば、西ドイツの大学の歴史学科で、教授として保証された地位についている女性はわずか十六人（全体の数は三百六十四人）である。これは全体の四・四パーセントにすぎない。このことはアカデミックな職業において周知の、世界規模で見られる一般的な女性差別を表すだけではなく、ドイツにおける極端な状況をも示している。一九七七年に報告された、西ドイツの歴史の教員数に占める女性の割合は、これと比較可能な他の人文系・社会系の科目の約半数にしかならない。また、他の西ヨーロッパ諸国や北アメリカの歴史学に占める女性の割合と比較しても、西ドイツの数字は明らかに低い。」

歴史学におけるこの極端なまでの女性排除は、初めての女性として歴史学で教授資格をとり、大学の教師として働いた二人のパイオニア、エルメントルーデ・フォン・ランケとヘートヴィヒ・ヒンツェにまでさかのぼって確認することができる。彼女たちは、十九世紀末以来ゆっくりと時間的に段階を踏みながら、持続的にドイツ帝国全土において貫徹された、女性への大学の門戸開放の恩恵をこうむった最初の世代に属する。女性の大学入学に先立って、女性が研究することの可否についての激しい論争が巷にわき起こったが、これに対しては一八九七年に出された「著名な大学教授による、女性の学問研究能力についての鑑定」によって一時的に結論が出されていた。諸研究機関のなかで、学問する女性に対する敵意がどれほど深く根を下ろしていたかは、いくつかの所見のうちの一つの、次のような好戦的な記述にも示されている。

「現代は真剣な時代である。女性の大学入学などのむこうみずな試み以外に、ドイツ国民にはまだまだすることがあるのである。とりわけ、男が男らしくあり続けるように気を配らなくてはならない！　男から男らしさが失われ、女に逃げ道を求めるようになれば、それはいつでも堕落のしるしなのだ。」

しかし、女性に対する大学の門戸開放を求める動きはもはやとどめようがなかった。一八九六年に、ベルリンで初めて女性にアビトゥア（大学入学資格）が与えられた。同じ年にハイデルベルクでは、女性による最初の歴史学の博士論文が提出された。一九〇〇年にはバーデンで女性が初めて大学への入学を認められ、一九〇八年にはベルリンがこれに続いた。初めての「正規の」哲学博士号の女性への授与は一九〇〇年だったが、歴史の皮肉とでもいうべきか、これはちょうどパウル・J・メービウスが、疑わしい脳の測定をもとに女性の知的無能力を証明しようとした論争的な書物『女性の生理学的な精神薄弱について』を出版した年でもあった。実は十八世紀と十九世紀にも、例外的な許可を得て教授資格を授与された女性たちがいたことはいた。しかしもちろん、教授資格を取ったからといって、さらに学問的なキャリアを望むことはできなかった。女性が教授資格をとり、それを正式な学問研究活動の前提と見なすことができるようになったのはようやく一九一八年のことだった。

一九二〇年、プロイセン州の教育芸術大臣は、女性哲学者エディット・シュタイン[1]の問い合わせに答えて、「女性であることが教授資格取得の妨げとみなされることは許されない」と述べている。エディット・シュタインの教授資格取得がうまくいかなかったのはあくまでも彼女の「性」のためではなく、ユダヤ人だったからであった。ユダヤ人であることはシュタインとヒンツェの共通点でもある。哲学の分野でエディット・シュタインが多くの努力を払ってめざした教授資格は、フライブルクでも、ゲッティンゲンでも、ブレスラウでも与えられなかった。一九三四年、シュタインは大学教師の職を追われ、亡命先のオランダでナチの追跡者にとらえられ、アウシュヴィッツに移送されて一九四二年に毒ガスで殺された。一九三三年以降の彼女の生涯は、ヘートヴィヒ・ヒンツェのそれと多くの点で相似している。ヘートヴィヒ・ヒンツェがエディット・シュタインとは対照的に、ユダヤの出自にもかかわらずワイマール共和国で教授資格を取得し得たのには、彼女の特殊な個人的状況が関係していた。著名な歴史家オットー・ヒンツェ[2]の妻として、彼女は「アーリア人の保護」を享受していたのである。そうした特権も、一九三三年以降の追放と迫害、そして亡命中のオランダでの悲劇的な死から彼女を守ることはできなかった。

ヘートヴィヒ・ヒンツェは一八八四年、キリスト教に改宗した裕福なユダヤ人グッゲンハイマー家の娘として生まれた。一家はずっと以前からミュンヘンに定住していた。幼い娘はプロテスタントの洗礼を受け、それ以後もユダヤ教との関わりは持たなかったらしい。大学でのキャリアを積む間に直面させられた反ユダヤ的な偏見や、一九三三年以降の迫害と亡命をとおして初めて、彼女は自分がユダヤ人であるという事実にぶち当たったのであろう。彼女の父モーリッツ・グッゲンハイマーは銀行家で、バイエルン王国首都の商業界・政治界において際だって重要な役割を果たしていた。彼は娘が申し分のない教育を受けられるように配慮していた。若いころのヘートヴィヒが受けた教育については、博士論文や教授資格論文に添付資料としてつけられた、彼女自身の手になるかなり詳しい二通の履歴書のおかげで、比較的正確に知ることができる。まずヘートヴィヒは家庭教師につき、一八九五年にミュンヘンの女子校に入り、ニースやブリュッセルに長期滞在することによって外国語の知識を完全なものにした。彼女が一九〇一年にミュンヘンで合格したフランス語教師のためのバイエルンの国家試験は、大学に入る資格を与えてくれるものではなかった。ギムナジウムでアビトゥアの準備をする代わりに、一九〇四年、彼女はミュンヘン大学の授業の聴講を申し込む。聴講生となる道を開いてくれたのは、以前彼女の家庭教師でもあったミュンヘン大学の正教授フランツ・ムンカーで、彼は大部のレッシング作品集を編集するにあたり、彼女を助手として使うことを考えていたのだった。しかしどうやらヘートヴィヒは、索引をつくる作業が特別気に入ったわけではなかったらしい。特に古典語を中心にみっちりと個人的に受験の準備をした彼女は、一九一〇年にアビトゥアを取得し、その年の秋にはベルリン大学に籍を置くこととなった。すでに一九〇三年に、ミュンヘン・アルゲマイネ新聞に載った彼女の投稿記事「教育問題に寄せて」のなかで夢見た場所に、ようやくたどり着いたのだった。

「近代的な女性はなんと多くのものを勝ち取ったことでしょう！　大学への門戸が開かれたいまとなっては、鉄の意志と大胆な熱心さによって、人間の知識の高みへと登っていくだけです。」

彼女はドイツ文献学、歴史、および経済学の講義とゼミナールをとった。一九〇二年以来、憲法・行政・経済史および政治学の講座をベルリンで担当していた有名なオットー・ヒンツェの授業に出たことはまさに運命的だったといわねばならない。『アクタ・ボルッシカ』の改訂者であり、『ブランデンブルクとプロイセンの歴史研究』の共同編集者でもあったヒンツェは、当時もっとも影響力を持っていた歴史家の一人であった。一九八三年に出された代表的な記念論集が示すように、彼は今日でもまだドイツ連邦共和国の歴史研究において高い評価を得続けている。彼は基本的には保守的な歴史家であったが、偏狭ではなかった。多岐におよぶ彼の関心と、社会科学的な問題提起に対する開放的な態度は、ローカルな関心ばかり抱いている他の多くの同僚に差をつけ、女子学生であったヘートヴィヒ・グッゲンハイマーに抗しがたい魅力を感じさせたに違いない。オットー・ヒンツェもこの才能ある女子学生に強い印象を受け、まもなくアシスタントとして彼女を自分の研究プロジェクトに参加させることにした。こうした仕事上の関係から、すぐに二人の間には個人的な好意が芽生えてきた。オットー・ヒンツェは当時五十一歳、ヘートヴィヒ・グッゲンハイマーは二十八歳。オットー・ヒンツェの言葉によればそれは「双方が抱いた深い情熱」だった。一九一二年十一月、出会ってから二年足らずのうちに二人は結婚することになったが、この結婚が学部の同僚たちの間で大変不快だと受けとめられたのは、二人の年齢差と、ヘートヴィヒがユダヤ人であるという理由からだけではないようである。同僚たちの憤激がとりわけ大きくなったのは、ヘートヴィヒが決して夫の看護師兼研究助手の立場で満足しようとはしていない、ということがわかったためであった。彼女は結局、生涯夫のために心を砕き、彼の看護のために自分の仕事はしょっちゅう後回しにしていたのではあったが……。オットー・ヒンツェの友人たちは、ちょうどそのころ夫を助けるために大学講師のポストをなげうったユーリエ・ブラウン＝フォーゲルシュタインのような女性を引き合いに出して、「自分自身の仕事やキャリアのことを考えるよりも、苦しんでいる夫の重要な仕事を助けるように」してはどうかとヘートヴィヒに勧めたが、それは無駄であった。ヒンツェと特に親しい友人たちは、二人の共同生活が病気がちのオットーによい影響を与えたこと、そして、弟子のフリードリヒ・マイネッケ[3]が言っているように、「彼の命を救ったかもしれない」ことを、認めないわけにはいかなかった。それにもかかわらず、伝統的な夫婦像にぴったり合わない彼らの関係に対する非難の声は圧倒的だったのである。一九四〇年になってもまだ、弟子の一人は次のように不満を訴えている。

「ヒンツェ先生の友人や弟子たちは、彼女を決して許しはしないでしょう。彼女は夫の仕事を支える代わりに、自分の論文を書いていたのです……。でもヒンツェ先生自身はそのことについてひと言も口にしたことはありませんでした。」

一九四一年に二人のことを回想したフリードリヒ・マイネッケの発言にも、ヘートヴィヒとオットー・ヒンツェの因襲にこだわらない結婚生活に対する驚きが見てとれる。

「現代の学者同志だからこそ可能な独特の結婚生活で、ヒンツェ先生はそれを騎士的な威厳をもって実行されていたのでした。二人には子どもはなく、クアヒュルステンダムの瀟洒な住宅には二つの書斎があって、二人はそこで仲良く研究を続けていたのでした。」

大学でのキャリアを熱望する若くて力強い妻のそばでなすすべもなく暮らしていたかのように言われるこのオットー・ヒンツェの「騎士的」なイメージが強まったのは、ヘートヴィヒの生き方のせいでもあった。彼女は病身の夫の傍らでの困難な研究条件にもめげず、大学のポストに就くという彼女の「切なる願望」を、徹底的に追求していた。オットー・ヒンツェは公の席で妻を批判したことは一度もなかったが、私生活では、自分の苦々しい気持ちをいつも隠すというわけにはいかなかった。

「わたしは自分が支えてもらえることを当てにしていたのだが、彼女は自分の店を開いてしまったようだ。」

しかしのちになると彼は妻の自立をよしとするようになり、それどころか研究に注ぐ彼女のエネルギーを賛嘆するようにさえなった。一九二九年に書かれたソネットには次のような賛辞が述べられている。

「君は我が家にあって生きる、
生きたいままに、仕事への欲求のなかに
そんな君を見るのが好きだ！

君はわたしにとっては宇宙の啓示なのだ！」

一九二三年、ヘートヴィヒ・ヒンツェは『フランス革命初期における連邦制度の問題点』と題した博士論文を提出した。論文を審査した二人の教授は非常に高い得点を彼女に与えている。審査に際して「尊敬する同僚」オットー・ヒンツェに対する配慮がどれくらい働いていたのか、うかがい知ることはむずかしい。有名なレオポルト・フォン・ランケの子孫であるエルメントルーデ・フォン・ランケの生涯も、ヘートヴィヒ・ヒンツェと同様、学問の世界における門戸開放を最初に味わった女性たちが、所期の目的を達するためには、男性たちからの多大な個人的援助を必要としただけではなく、男性たちの階級のなかに直接組み込まれていなくてはならなかった、ということを表す一例となっている。前述のエディット・シュタインが教授資格取得に失敗したのは、まさにこうした家族的な結びつきが欠けていたからに違いない。

「フランス革命」という研究領域については、ヘートヴィヒはまさに世評の確立した同僚たちの保護を仰がなければならなかったわけだが、このテーマは政治的な面でもワイマール共和国時代、それほど好まれたテーマではなかった。彼女は当時の、もっぱら国民主義的な方向に向かっていた歴史研究の世界にあって、伝統に助けを求めるということもできなかった。たとえ尊敬を集めるオットー・ヒンツェの「令夫人」という立場にあっても、フランス革命に関心を持つことで仲間内のタブーに抵触してしまったことを、彼女はすぐに感じてしまう。オラールによって民主的・共和的に方向づけられた『フランス革命史』(一九二四年)のドイツ語訳につけた序文で、彼女はフランス革命の

「遺産」に攻撃を加えている。一九二六年のある新聞記事で、彼女はオラールの編集者としての自分の役割を次のように規定している。

「生まれたばかりのドイツ共和国がまだ形式や安定性を求めて闘っている今日、国民のみなさんに共和的・民主的な闘いとその成功を示す有名なお手本であるフランス革命をよりよく知っていただくことは、優れて国家的な課題であるとわたしには思われるのです。」

しかしながら、保守的な歴史家たちからは毛嫌いされている「一七八九年の理念」に対する感激や、ワイマール共和国民主憲法への支持表明だけではなく、政治に対する意見表明も辞さない彼女の学問のあり方は、非常な挑発として人々に受けとめられた。公的な反応もこれに対応して激しかった。リベラルな評者たちが一貫して肯定的な評価を与える一方で、保守的な論者たちの評はきわめて否定的なものだった。自らもメッテルニヒの王政復古時代の研究で名を馳せたハインリヒ・リッター・フォン・スルビクは、ヘートヴィヒ・ヒンツェが無条件にオラールのジャコバン派崇拝を受け入れていることを特に非難して次のように語っている。

「結局のところ、われわれドイツ人は、無条件にオラールの見方に同調してフランス革命を『政治的にも社会的にも、理性的に見ても理想の出来事』とみなすほどまだ堕落してはいないのである。」

これに対してヘートヴィヒ・ヒンツェが公にした返答「リッター・フォン・スルビクの闘い方」は、リッター・フォン・スルビクの、中傷によって人を陥れようとする戦略を大胆に暴くものであったが、同時に、彼女の政治的孤立がすでにどれほど深まっていたかを示すものでもあった。しかし当時の彼女はまだそのことをさして気にしていなかったように見える。ワイマール憲法の「生みの親」の一人であり、リベラルな憲法学者であるフーゴー・プロイスとドイツ史における民主的伝統についての決定的な論文集(『ドイツ統一国家と歴史』、一九二八年)のなかで、ヘートヴィヒ・ヒンツェは左翼リベラル的思考をますます強め、ワイマール共和国へのあからさまな支持を表明しているが、これに対して既成の研究家たちは当惑の沈黙によって応えたのみであった。

一九二八年の彼女の教授資格審査申し込みは、このような状況の下では大変大胆な企てであり、彼女にチャンスが与えられたのは、審査を担当した教授たちが、左翼への転向など考えられない同僚のオットー・ヒンツェを見捨てることができなかったからにほかならなかった。たとえば、こうした後ろ盾のなかったユダヤ人の左翼リベラル歴史家グスタフ・マイヤーには、教授資格は与えられていない。

しかしヘートヴィヒ・ヒンツェの場合にも、教授資格の承認はかなりきわどい問題であった。学問的に見れば彼女の論文『古代フランスと革命期における統一国家と連邦制』にはけちのつけようがなかったけれども、彼女の左翼リベラル的発想が審査官たちを大いにためらわせることになる。審査官の一人は、オットー・ヒンツェの弟子でもあり彼を尊敬していた人物だったが、次のように書き記している。

「もし教授資格論文を審査するだけでいいというのであれば、わたしは迷うことなく教授資格を認め、彼女が大学でさらに研鑽を積むことに賛成するだろう。しかし他の多くの論文、とりわけオラールの革命史のドイツ語訳序文やフーゴー・プロイスの憲法政治学的発展についての論文などでは、ヒンツェ夫人は彼女の学問的課題を半ば個人的、半ば政治的な雰囲気作りのために誤用しているようにわたしには感じられる。これらの論文のなかで彼女は、批判精神には欠ける一方的な態度でオラールとプロイス、および自分自身の仕事を擁護しており、それらを学問の歴史との関連のなかにおいてみようとする試みも行っていないし、彼女の反対者同様オラールやプロイスも持っていた歴史的限界を描写しようとはしていない。政治的共感が批判精神を抑圧してしまったものと思われる。教授資格申請者の将来の学術的影響について、危惧なしとはしないのである……。」

こうした疑念にもかかわらず、ヘートヴィヒ・ヒンツェは一九二八年中に、「ルネッサンス時代における国家主義的・人文主義的思考」と題した試験講演と、「フランス革命史記述の時代（テーヌ、オラール、ジョレ、マティース）」についての就任講演によって、教授資格を取得した。こんなに早く肯定的な審査結果が出たのは、オットー・ヒンツェに対する配慮というだけではなく、提出された教授資格論文が並み外れてレベルの高いものだったことにもよる。審査員の一人によれば、彼女の論文は通常の資格論文のレベルをはるかに上回るものであった。

オットー・ヒンツェ自身は、ヘートヴィヒが個々に提出する政治的な問いにおいても、全体の方向からいっても、彼女とは意見を異にしていたものの、弟子たちや友人たちが願っていたように公の席で彼女と距離をおくことは、決してしなかった。彼と妻との間にくさびを打ち込もうとする度々の試みは挫折に終わった。オットー・ヒンツェが死んでしまい、もはやなんの抵抗もできなくなったとき、弟子たちや友人たちは遅まきながら夫婦の間の深い政治的・人間的対立を再構成してみせることによって、かつての恩師を政治的苦境から救い出そうとした。

「彼女がオラールの崇拝者だとわかっていたら彼は決して結婚などしなかったでしょう。しかし彼女は当初、ユダヤ人特有の順応力で、献身的な弟子のふりをして、彼の理念を受け入れていたのです。彼が彼女と結婚したというよりは、彼女が望んで彼と結婚したというべきでしょう。結婚した時の彼女のねらいは、ヒンツェの学問的なサロンで何らかの役割を果たすことでした。確かに彼女は午後の集まりの時など、大がかりに、そしてエレガントにホステス役をやってのけました。ヒンツェが病気になると、彼女は自分自身の道を歩み始めました。オラール、アンリ・セーを研究し、政治的にはまったくの民主主義者・平和主義者になりました。ヒンツェは一九二二年以降また少しずつ健康を取り戻し、いろいろ考えた末、彼女とは同じ道を歩まず、時には彼女がいるところで彼女の考えをきっぱり拒否する態度をとることもありました。」

こうした主張には人種的・性差別的な攻撃が見られるが、そうした攻撃にひとまず目をつむって考えるなら、彼らの言っていることのうちで正しいのは、ヒンツェが妻とは異なり決して左翼リベラリストにはならなかった、という点である。しかし、一九二〇年代の夫妻の研究の歩みには、それにもかかわらず多くの接触点が見いだされる。オットー・ヒンツェはそのことにいつも気づいていたわけではないし、最後まで妻よりも自分の方が学問的には優れていると感じていたのであるが、教師と弟子という彼らのもともとの関係は次第に逆転してくる。オットー・ヒンツェの方が彼の妻によって利益を得るようになるのである。もちろん常に懐疑的な態度はとっていたものの、歴史的唯物論に対する彼の関心、彼のヨーロッパ的視点、そして、歴史における経済的要素の重要性をますます強調するようになった点などは、ヘートヴィヒの影響なしには考えられない。

二十年代末の政治的状況の変化――次第にその度を増す反ユダヤ主義と、マルクス主義的なものすべてに対する見境のない憎悪――は、ヘートヴィヒ・ヒンツェが十七歳のころ素朴に夢見ていた学問の「高み」へ登ることを妨げた。彼女は公務員ではない無給の私講師として仕事をし、授業を行っていたのだが、政治的状況があまりにも急速に悪化したので、どこかの大学から正教授として招かれる可能性はまったくゼロであった。

一九三三年にファシズム政権が誕生したことで、大学での彼女のキャリアにも正式に終止符が打たれた。一九三三年九月に彼女は、「公職の再構成に関する法律」の第三条を根拠に解雇された。解雇されたのは彼女一人ではない。一九三五年四月一日付けのベルリン大学の通達は、一九三三年以降「二百三十四人の非アーリア人、あるいはユダヤ人と婚姻関係にある教授や講師たちが、解雇または除籍または授業資格剥奪の処分を受けた」と誇らしげに報告している。これは定員内の教員の六・二五パーセント、定員外の教員の十パーセントにおよぶ数であった。

大学からの解雇以前に彼女はすでに『史学雑誌』の書評部門をお払い箱になっていた。オットー・ヒンツェはそれに応じてただちにその雑誌の編集委員のポストを辞任した。しかしながら、彼の影響力がその間にいかにわずかになってしまったか、ということも明らかにならずにはいなかった。

彼は妻と離婚することをきっぱりと拒み、「ユダヤ人との婚姻」のために生ずる個人的中傷や迫害をも甘受したが、妻を助けることはもうできなかった。

ヘートヴィヒ・ヒンツェは事態の深刻さを夫以上によく理解しており、「アーリア人との婚姻」によって迫害を免れることをあてにしたりなどはしなかったようである。すでに一九三三年末にはパリに赴き、国際現代史記録センターの調査員としてしばらく働いていた。オットー・ヒンツェの同僚の一人は、「ヒンツェ夫人はパリで政治的殉教者の役を演ずるよりは夫の世話でもしていればよいのに」と、悪意に満ちたコメントを残している。ドイツで彼女をとりまく状況はますます耐えがたいものになり、ドイツとフランスの間を行ったり来たりしようとする彼女の試みはますます危険なものになっていく。一九三九年、まさに最後の瞬間にようやく、彼女はオランダへの亡命に成功した。彼女が住み慣れたフランスではなくオランダを選んだのは、オランダの方が、さらに北アメリカか南アメリカへの亡命を試みる場合の出発点としてはいい、と考えたかららしい。その後の経緯が彼女の予想の正しさを裏付けたわけだが、彼女は明らかに、ヨーロッパでは自分の命は危ないと考えていた。オットー・ヒンツェの方は、ヨーロッパ以外の国へ亡命するにはすでに年をとりすぎていたし、もはやそれほど柔軟な思考もできなかった。ヘートヴィヒが最終的に亡命する直前に夫のためにみつけてきた家政婦とともに、彼は最晩年の日々を、深まりゆく政治的孤立のなかで送った。事態がどんなに深刻なもので、彼女がどんなに生命の危機にさらされているか、ということを彼が最後まではっきりと理解していなかったことは、一九三九年の八月から四〇年の四月までに彼がほとんど毎日妻に宛てて送り続けていた葉書の文面からもわかる。これらの葉書は、次第に老いていく夫が妻を頼りにしている様子を伝える感動的な記録である一方、ファシズムとの闘いがどんなに無力なものだったかを示してわたしたちを落ち込ませる記録でもある。遺言書のなかで「わたしが残していく貴重なもの」としてこの葉書のことをあげているヘートヴィヒは、葉書をすべて大切にしまっておいた。葉書は残ったけれども、ヘートヴィヒがベルリンの夫に出した手紙は残らなかった。一九四〇年四月にオットー・ヒンツェが亡くなると、親戚たちは、歴史家アーダルベルト・ヴァールの言葉を借りれば「嫌らしいユダヤ女」であったヘートヴィヒの思い出を完全に消し去るために、個人的な書類などはすべて破棄してしまった。おまけに親戚たちは、夫の草稿を彼女が編集出版することも認めようとしなかった。しかしこうした忌まわしい行いをしたという点では、ヘートヴィヒ自身の家族もひけを取らない。彼女の妹はやはりアーリア人と結婚していたが、最後までヘートヴィヒがなぜ亡命したのかを理解しようとせず、自分の手元に届いた彼女の日記を憎悪や妬み、不安や無理解のために破棄してしまった。

ヘートヴィヒ・ヒンツェの最期を語るのにこみいった話は必要ではない。オランダでの彼女の亡命生活は悲惨なものだった。彼女は引き続きアカデミックな仕事をしようとしたのだが、経済的困窮があまりにひどかったために、しばらくは家政婦をやって日々のパンを稼がなければならないほどだった。いずれにせよそのとき彼女はすでに五十代であり、それに先立つ年月、ずっと緊張し続けていたために、神経も肉体も疲弊しきっていた。一九四一年にニューヨークの研究機関から歴史学の助教授として招きがあったという説があるが、真偽のほどは確かではない。もしそうなら、なぜ彼女はその申し出を受けなかったのだろうか。タイミングよくオランダから脱出することがすでに不可能になっていたのか、それともオランダを離れる気力も体力もないほど精神的に参っていたのか、それは謎のままである。五十八歳の彼女が一九四二年七月十九日にユトレヒトの病院で自ら命を絶ったということだけははっきりとわかっている。死亡診断書には「内因的抑鬱症」との所見が書かれていた。

【訳注】

1 エディット・シュタイン（Edith Stein 1891–1942）
ユダヤ人でドイツの哲学者。アウシュビッツの強制収容所で死亡。フッサールの現象学的方法を適用してトマス・アクィナスを研究した。主著『有限なるものと永遠の存在』（一九五〇）など。

2 オットー・ヒンツェ（Otto Hintze 1861–1940）
ドイツの歴史家。ベルリン大学教授（一八九九～一九二〇）。プロイセン史およびヨーロッパ中・近世比較国制史の分野で画期的な業績をあげた。

3 フリードリヒ・マイネッケ（Friedrich Meinecke 1862–1954）
ドイツの歴史学者。『ドイツの悲劇』（四六）を発表。四八年以降ベルリン自由大学総長。

Charlotte von Kirschbaum
1899-1975

「女性が自立していない、
価値の低い地位におかれているなどと、
いったい誰が言うのでしょう……」

カール・バルトの傍らにいた
シャルロッテ・フォン・キルシュバウムの生涯

ラインハルト・ブレネケ『シャルロッテ・フォン・キルシェバウムとカール・バルト 神学研究伝』
（Reinhard Brenneke: Charlotte Von Kirschbaum Und Karl Barth: Eine Biografisch-Theologiegeschichtliche Studie, Tvz - Theologischer Verlag Zurich, 2002）

「七巻にもおよぶこの本の読者のみなさんに、一度はっきりと次のことをお伝えしないまま序文を終えるつもりはありません。すなわち、わたし自身も、読者のみなさんも、シャルロッテ・フォン・キルシュバウムがわたしのそばで静かに二十年の間なし続けてくれた仕事に多くを負っているということです。彼女はこの著作が生まれつつあったとき、わたしに劣らず自分の生活と力をこの本のための仕事に注ぎ込んでいたのです。彼女の協力がなければ日々の仕事の進捗もあり得ませんし、まだ残されている未来も彼女なしではどういうことになるのか想像もできません。助けを得るのがどれほどありがたいことか、わたしにはよくわかっているのです。」

神学者カール・バルト[1]は一九五〇年に出版された『教会教義学』の序文において、このような言葉で彼の協力者シャルロッテ・フォン・キルシュバウムの助力に対する謝意を表した。こうした謝辞を述べた点では、シャルロッテ・フォン・キルシュバウムにほんのわずかしか言及しなかったり、まったく無視してしまったりした後年のほとんどの伝記作家たちよりも、バルトの方が公正であったといえる。

われわれがこれまで芸術や学問、政治の分野においてみてきた女性抑圧のメカニズムは、神学の分野でも明らかに力をふるっているようだ。女性たちの仕事は脇にとりのけられ、忘れられ、男性たちの業績をより輝かしく見せるために、女性の仕事の持つ意味は変えられてしまったりした。自分の力だけで素晴らしいライフワークを生み出す男性の天才を待望する人々のイメージには、他の女が実はそのライフワークに参加していた、などという言及はよほどの例外でなければ受け入れられないのである。その際、人々の評価は、著者の性別によって色分けされている。女性よりも男性の仕事の方が引き合いに出されることが多く、才能ある仕事として賞賛されるのである。これに対してたとえばブレヒトとアイスラー[2]、ホルクハイマーとアドルノ[3]、ネクトとクルーゲ[4]のような男性同志のコンビがある。彼らは一般的法則から見ればむしろ例外であり、人々によく知られているシラーの言葉、「強い男は自分一人のときが一番強い」という言葉がこれで否定されるわけではない。強さとか力に対するこうしたとらえ方は、天才の個人的偉業という概念に当てはまらない部分を排除する傾向にある。男性の仕事に女性が関わった部分というのは、それが「天才の個人的偉業」に疑義を生じさせない範囲でのみ、肯定的に受けとめられるものなのだ。男性の天才がその能力をいかんなく発揮できるために必要な日常生活の枠組みを、事務的な面でも感情的な面でも作り出す妻として、男性の天才に知的な、あるいはエロティックなインスピレーションを与える芸術の女神として、この世のことは捨て去って次々と新たなライフワークに取り組ませてくれる完璧な秘書として、そして、偉大な作品の成功のために尽力する名もない協力者集団として、女性は何世紀にもわたって男性の創作活動の場にお定まりの席を持っていた。「彼女がいなければこの作品は完成され得なかっただろう」といった言葉で、「愛する妻」やその他の女性協力者たちに向けられた義務的な謝辞に、われわれは本の序文や後書きなどでしょっちゅうお目にかかるが、これは裏切りに満ちた言葉なのである。というのも、これらの謝辞はほんの短い間、協力してくれた女性たちにスポットを当てはするものの、それはすぐにまた女性が関与した部分を消し去ってしまうためにすぎないのだから。しかし女性の関与した部分があまりにも大きくて、慣習的な決まり文句の背後に隠しきれないほどになると、男性たちの戦略は変わる。気前のいい謝辞の代わりに抑圧と沈黙、隠匿が行われるのだ。

シャルロッテ・フォン・キルシュバウムの場合には、こうした男性側の戦略は、キリスト教の教理のなかで伝統的に女性は男性よりも下位の存在だと考えられてきたことにより支えられた。まさにこのキリスト教そのものが大変父権的なイデオロギーで、「父なる神と息子」の間の男の同盟関係というコンセンサスに基づいているのである。たとえばメアリー・ダリーによって代表されるような過激なフェミニストたちのキリスト教批判は、父と息子と聖霊との三位一体にも男性の世界支配を表す壮大なシンボルを読みとっている。確かにキリスト教の根底には女性を排除する思想が流れている。マリア崇拝などは、キリスト教徒の日常において見られる女性の無力を、危うい形で補うものでしかない。

初期の父権制社会の成り立ちを知るうえで鍵となるテキストである旧約聖書からは、父権制以前の母権制の階層については、苦労して解読することしかできない。古代の母神は唯一神である父なる神にとって代わられてしまった。アダムの肋骨から創り出されたエヴァは二重の意味で支配される存在である。彼女は自分を創った神に従属し、神によって彼女の主人と定められた夫アダムに従属している。創世記の三章十六節では神が女に次のように語っている。

「それでもなお、あなたは夫を慕い、彼はあなたを治めるであろう。」

新約聖書でもこれと同じく女性の男性への従属が一貫して行われている。パウロによって書かれたコリント人への第一の手紙を見てみよう。

「すべての男のかしらはキリストであり、女のかしらは男であり、キリストのかしらは神である。」

女性が男性に従属すべき理由を、パウロはすでにキリスト教のイデオロギーの一部でもあった創造の物語に見いだしていた。

「なぜなら、男が女から出たのではなく、女が男から出たのだからである。また、男は女のために造られたのではなく、女が男のために造られたのである。」

パウロのコリント人への手紙には、女性が「聖職」に就けない根拠としてくりかえし引き合いに出されるあの有名な文章もある。

「聖徒たちのすべての教会で行われているように、婦人たちは教会では黙っていなければならない。彼女たちは語ることが許されていない。だから、律法も命じているように、服従すべきである。もし何か学びたいことがあれば、家で自分の夫に尋ねるがよい。教会で語るのは、婦人にとっては恥ずべきことである。」

男女の関係についてのこのような理解が、神学研究における女性の活発な参加を大いに妨げていたことは、シャルロッテ・フォン・キルシュバウムの生涯が、強いインパクトとともにわれわれに示してくれる。

シャルロッテ・フォン・キルシュバウムは一八九九年、陸軍少将のマクシミリアン・フォン・キルシュバウムとその妻ヘンリエッタ(旧姓フライーン・フォン・ブリュック)の一人娘としてインゴールシュタットに生まれた。二歳年長の兄と三歳年下の弟とともに、彼女は何不自由のない暮らしを送ったが、父親の数多い転勤のために引っ越しを重ねる落ちつかない生活でもあった。軍事的にも政治的にも第一次世界大戦が刻々と近づいていた時代の将校として、職業的には非常に緊張の続く毎日であったにもかかわらず、父親は娘のために多くの時間をさき、彼女が特別な才能を持った子どもであることを早くから見抜いていた。父親が目立って娘をかわいがるのに対して、二人の息子との強い結びつきを感じていた母親は嫉妬を示すようになり、母との関係は一生にわたってシャルロッテの心の負担となった。

一九一四年に戦争が始まり、父親がバイエルン第六歩兵師団の指揮官として一九一六年にフランスで戦死したことは、当時十五歳から十七歳という年齢だったシャルロッテに激しい衝撃を与えた。彼女は一九一五年、戦時の混乱にもかかわらず無事に女学校を卒業することはできたものの、父親から受けていた知的な面、感情的な面での支えは、戦争が始まった時からほとんどなくなってしまっていたに違いない。父親の死は、長い、苦痛に満ちた親離れのプロセスが行きつく先を示す出来事でもあった。父親の保護と支えなしでは、娘は将来の見通しもはっきりしない孤児のようなものだった。女学校を終えただけでは大学に行く資格もなかった。さらに上級の学校に行って教育を受けるなどということは問題にならなかったし、かといって「家柄にふさわしい縁組み」というようなものも、まったく話がなかったか、あるいは、もっとありそうなことだが、シャルロッテ自身がそれを望まなかった。

ドイツ赤十字で看護師としての訓練を受けようという彼女の決断は、説得力のあるものだった。これは戦時中および戦後の状況を充分考慮したうえでの決断だったし、自立へ向けて用心深く切られたスタートでもあった。いずれにせよ、看護師となる訓練のため、彼女は実家を離れることができる。それと同時に彼女は、奉仕、手助け、看護といった分野での女性の特別な能力を強調する保守的な見解に順応していく。クリミア戦争でフローレンス・ナイチンゲールが劇的な看護活動を展開してからは、女性たちにとって、たとえ貴族の娘であっても、看護師となることは粋なことだったのである。

神学的な問題に対する関心が芽生えたのは、まだ彼女が看護学校の生徒の時だった。一人の女友だちを通じて、また後には友人でルター派の牧師であったゲオルク・メルツを通じて、彼女は当時もっとも前衛的だったカール・バルトの「弁証神学」に触れる。メルツはバルトの『ローマ人への手紙』に好意的な書評を書いて彼の支持者となり、その後のファシズム時代の政治的立場の相違にもかかわらず、バルトの生涯の友人ともなった。最新の神学に関する投稿誌でもあった『時の間』という雑誌の編集者として、メルツはその当時の神学論争にも非常によく通じていた。シャルロッテ・フォン・キルシュバウムとカール・バルトとの個人的な出会いはゲオルク・メルツの仲介によるものらしい。一九二四年に初めて彼女は、メルツとともに、バルトの友人のペスタロッツィ夫妻がチューリヒの北方に建てた夏の別荘「ベルグリ」に赴いた。バルトは毎夏定期的に、仕事と休養とを兼ねてその別荘に引きこもっていたのだ。

二十五歳のシャルロッテ・フォン・キルシュバウムと三十八歳のカール・バルトがその別荘で初めて出会った時、バルトはゲッティンゲン大学のカルヴァン派神学の教授だった。その後まもなく彼はミュンスター大学に栄転することになる。シャルロッテ・フォン・キルシュバウムは魅力的な若い女性だっただけではなく、看護師だけでは知的欲求が満たされないと感じ、刺激に飢えていた。神学の分野ではずぶの素人にすぎなかったが、いくらかは予備知識もあり、神学的な問題に対して非常に強い好奇心を抱いてもいた。知的な面で仕事に不満を持っていた彼女は、別の仕事を探し求めていた。秘書としての再教育を受けることは、とりわけ彼女の友人であった男性たちにも、大変魅惑的な計画であると受けとめられた。バルトとメルツの共通の友人であり、やはり「ベルグリ」を度々訪れていた神学者のトゥルナイゼンは、その計画をきいてまっさきに、メルツと共同編集している『時の間』のことを考えた。ゲオルク・メルツはこの雑誌の執筆者としても活躍していたのである。一九二五年の夏、トゥルナイゼンはバルトに次のように書いている。

「金曜日にわたしたちはまだベルグリで、メルツ一家やフォン・キルシュバウム嬢とともに、楽しい一日を過ごしました。彼女は日曜日の朝までまだベルグリにいました。ゲオルクは用意周到なわたしたちの指揮官として、まさに欠かせない存在です。もう少し仕事もしてくれたらと思うのですが、彼は荷物をいっぱい積んだ車を引っ張っているようなものですから。本当はレンプ（『時の間』

の出版社）が彼にフォン・キルシュバウム嬢を秘書としてつけてやってくれるといいのですが。彼女ならたくさんの手紙のやりとりとか、執筆者たちとの交渉とかいったことを引き受けてくれるでしょうし、看護師と同じくらい秘書の仕事もよくできるに違いありません。」

実際シャルロッテは、バルトの友人ペスタロッツィから経済的援助を受けて、一九二五年末からミュンヘンの公立女学校に通い始め、秘書としてのあらゆる仕事の処理の仕方をたたき込まれた。素晴らしい成績でコースを終了した後、彼女はしかしながらメルツのもとではなく、ニュルンベルクのシーメンスの工場で企業福祉員として働き始めた。奉仕と手助けという活動を新しい枠組みのなかで続ける道を選んだのである。メルツのもとで秘書として『時の間』のために働くというプランが実現しなかったのは、ひょっとしたらシャルロッテがその間に次第に強くカール・バルトにひかれていくようになったせいかもしれない。一九二五年末に彼のミュンスター大学教授としての生活がスタートしているが、まだ妻のネリーや五人の子どもたちが到着していない新しい仕事場に、シャルロッテは彼を訪ねているのである。

これが、二人にとっては、さまざまな危機や人々の敵視にもかかわらずその後四十年近くも続くことになる関係の始まりだった。その際、バルトの家族に対する責任ある立場や職業からも充分理解できることだが、この関係が彼の結婚生活を危うくすることは許されない、ということははじめから明らかだった。シャルロッテがどうやって心の折り合いをつけたのか、われわれにはわからない。いずれにせよ彼女はこの時点から、バルトのもとで秘書として、まず工場の休暇を利用して働き始めた。一九二九年に家族の一員としてバルト家に迎え入れられてからは、彼女は徹底してバルトのための仕事に集中する。それ以前に彼女はベルリンでさらに公立女学校に通い、新たな資格を身につけていた。彼女はまたアビトゥア（大学受験資格）も手に入れる。しかしそれは自分の仕事上の出世のためなどではなくて、バルトとの関係における精神的な「資産」として取得したものであった。

バルトは新しい秘書にすっかり感心してしまった。彼女は完璧にタイプライターを使いこなせるだけではなく、カードボックスの整理をし、手紙のやりとりもまかせることができた。さらに彼女は神学書を読んでは抜き書きし、教父たちの書いたものをオリジナルで読めるようにラテン語を習い、バルトのテキストに対しては、倦むことなく専門的知識に基づいた批判と同意を与えて彼を励ました。一九二九年五月、バルトは次のように書いている。

「ロロ（訳注　シャルロッテの愛称）がルターを読むのにすっかり熱中し、ルターの多くの説教のなかに隠されている主張を明らかにするための重要なメモを毎日わたしの納屋に持ってきてくれるということは、特筆すべきことです。」

バルトがここで用いている「納屋」のイメージは、二人の仕事上の特殊な関係に、独特の光を当ててみせている。二人の共同作業は、一家の友人たちやシャルロッテ自身からも、労働の搾取とはみなされず、二人の才能ある者同志が一体となった感動的な例としてとらえられていた。

「彼らは大きな窓辺のデスクに座っていました。ロロはタイプライターの前に座って、ちょうど自分が書き終わった何枚かの原稿をバルトが確かめられるようにと差し出していました。彼女が彼と気持ちを一つにして仕事をしている様子は、忘れがたく、他に例を見ないものでした。そしてわたしはたとえば、カールがいつも自分の著作のなかでも最も重要な本だとみなしていたアンセルム本を上梓した晩、二人がどんなに幸せそうに、庭の小さなあずまやで、モーツァルトを聴き、上等のワインを飲みながら、ヒエンソウやキョウチクトウの香りに包まれて座っていたか、を思い出します。精神的な交歓において彼らがまったく一つになっている、忘れがたい光景でした。」

　シャルロッテにとって、自分が賛嘆もし愛しているこの男性との「一体化」は、おそらくある部分においては父親のいない心の穴を埋めるものでもあったのだろうが、大きな問題と結びついていた。彼女の家族はバルト家のこの三角関係にぎょっとして、彼女とのコンタクトを断ってしまったのである。また、バルトの母や、多くの友人・知人たちも、生涯二人の女性を守り続けるという彼の決断を受け入れることはできなかった。俗物たちのうわさ話がもちろんそれに加わった。外部の人々のそうした敵視とはまた別に、この三角関係は内部でも極端な負担をもたらしていた。この取り決めのためにバルトの妻は多くのものを失った。主婦として、五人の子どもの母親として、彼女は家族のために、心身をすり減らす日々の労働に疲れ切っており、夫の知的な生活からはすっかり切り離されていた。シャルロッテの方も、「ロロおばさん」としてバルト家での地位は保証されていたものの、バルトとは知的な冒険をともにするだけで、家族の内密な日常生活からはたいがい閉め出されていた。二人の知的冒険も、むしろ実際には禁欲的な努力の連続だったのかもしれない。

経済的な面では彼女はまったく不安定な状態におかれていた。バルト家に住んでいたから生活費は必要なかったものの、仕事に対する報酬はもらっていなかったし、印税も分けてもらえなかった。一カ月に百マルクの小遣いだけでは決して自立した生活を送ることはできなかった。しかし彼女自身自立した生活は望んでいなかったように思われる。

ナチズムの支配が始まると、「告白教会」の支持者たちを脅かす大規模な迫害のために、個人的な問題は色あせてしまうような時代がやってきた。バルトがナチズムに対する教会闘争の指導者になっていったこの時代、彼とシャルロッテとは「福音の自由のために」ともに働くうえで、これまで以上に結びつきを強めていくことになる。一九三〇年以来教えていたボン大学の教壇を三五年に追われることになり、彼に救いの手をさしのべたバーゼル大学の招きに応じることになったとき、彼の妻と子どもたちだけではなくシャルロッテも彼についていくのは、自明のことだった。スイスではなによりもまず十三巻におよぶ『教会教義学』が執筆され、さらに、バルトとシャルロッテが抵抗運動に参加するうえで書かれたたくさんの政治的・神学的テキストも生まれた。彼らは後にスイスの「自由ドイツ[5]」国民委員会にも参加した。

「自由ドイツ」のための仕事に関連して、シャルロッテは初めて世間から脚光を浴びることになる。彼女は「自由ドイツ」のスイスにおける幹事の一人に選ばれ、一九四五年には、民主的なドイツの新生のために教会が積極的に参加することを呼びかけ、このためには共産主義者とも協力する準備がある、という大胆な演説を行った。

「クリスチャンの人たちから、共産主義者とまで一緒に働いたりして、責任はとれるのか、ということをよく尋ねられます。これに対してわたしは、共産主義者の人たちもこの運動においては、わたしたちと同様ドイツの未来を非常に気にかけており、自らの責任をよく自覚している人たちだ、ということを申し上げることができるだけです。」

彼女には、真の意味での方向転換をすることがとりわけ重要だと思われたのだった。

「勘違いしてはいけません。もしヒットラーが再びやってきてまた新たに勝利の進軍を始め、肉やパンの配給を平和な時代にふさわしい標準にまでもっていったら、貧しく愚かな国民であるわたしたちはまたもや彼に歓呼の声を上げるでしょう。ヒットラーの思惑どおりになっていた時代、だいたいスターリングラードの戦いのころまでは、国民は彼の手中にあり、彼と一緒になって未来の素晴らしい国家や世界権力の夢を見ていたのですから。事態が一変し、もはや他の国民の資産や労働力によって生きることはできず、自分たちに必要なものは多かれ少なかれ自分の力で手に入れなくてはならなくなった時、士気の喪失が始まりました。今日では人々はヒットラーや彼の共犯者に対して嫌悪感を持つまでになっています。しかしこの嫌悪感には、わたしたちが起こしたこと、これから償わなければいけないことに対するショックが欠けています。ヒットラーの計画がうまくいかなかったことに対する不快感だけでは充分ではないのです。そうではなくて、もうわたしたちドイツ国民の特徴になってしまった、野蛮さとか、暴力とか、無法状態とか、命の軽視や人間の自由の軽視といったやり方などから、内面的にも離れなくてはいけないのです。」

「告白教会」と「自由ドイツ」国民委員会との協力の必要性は、シャルロッテにとっては、ドイツ国民が再び自分の行動に責任を持つことができるようになるための、民主主義的な再スタートに対する共同責任から来るものだった。

「ドイツ国民に対する援助は、自発的な親切によって盲目的に何かよいことをしてあげる、ということを意味するのではありません。そうではなくて、この国民を、再び自分の生活に責任が持てるようにしてやること、盲目の指導者たちによって導き出された恐ろしい禁治産の状態や政治的盲目から彼らをゆっくりと解放してやることが大切なのです。『自由ドイツ』運動がこうした奉仕を引き受けるでしょう。わたしたちクリスチャンはこの仕事から身を引いて、『わたしたちには関係ないよ』などと言っていていいのでしょうか？　もしこんなことを言うのなら、わたしたちはまだ福音を充分理解しておらず、わたしたちの信仰告白も間の悪いものになってしまうのではないかと恐れます。」

バルトのライフワークのために神経をすり減らす仕事をしていたにもかかわらず、シャルロッテは年をとるにつれて、献身的に補助の仕事をするだけではもはや満足できなくなっていったように思われる。ファシストの政権が瓦解し、第二次世界大戦が終わって外部からの政治的抑圧がひとまずなくなると、彼女は「自由ドイツ」での公的な仕事に励みを得て、組織的に自分自身の活動分野をつくりあげ、バルトとは関わりのないところでも経歴を積んでいく。興味深いことに、彼女が取り組んだのは、人類創造と教会における女性の地位の問題であった。このテーマと関わることによって、彼女は自分自身の人生の問題とも取り組んだのだった。

一九四九年に出版された『真の女性』という本で、彼女は自分自身が男性の下位におかれていた体験を扱っている。この本のなかでシャルロッテはシモーヌ・ド・ボーヴォワール[6]の「自由な女」のテーゼや、カトリック教会やゲルトルート・フォン・ルフォール[7]によって代表される「マリア的女性」像との対決を試みている。ゲルトルート・フォン・ルフォールは著書『永遠の女性』のなかでこのマリア的女性について書いているが、シャルロッテの本のタイトルもフォン・ルフォールのタイトルを意識してつけられたものと思われる。女性の立場を規定しようとするシャルロッテの試みのなかで、多くの段落にわたって、女性は男性の「下位に位置する」存在であり男性の「助け手」であると書いてある部分は大変保守的であるが、男女の平等を求め、女性を男性と向き合う「対等なパートナー」として理解する点は進歩的でもある。もちろん現代の、キリスト教や教会生活における女性の地位に対するラディカルなフェミニズム批判と比べると、シャルロッテの主張は大変おとなしい印象を与えるが、それでもこの主張は、遠慮がちではありいくらか矛盾も抱えているとはいえ、古い男女のあり方からの解放に向けた第一歩なのである。一九五一年に出版された研究書『宣教における女性の奉仕』では、『真の女性』よりもずっと具体的に教会における女性の地位が問題にされている。女性は教会では沈黙すべきだ、とのパウロの言葉について、彼女は次のような問いを発している。

「第一の問。新約聖書には、女性の協力を排除するような、権威をともなう聖職の概念が出てくるか？

第二の問。女性は男性の下位におかれているというパウロの言葉は、宣教の奉仕における女性の協力を拒むものであるか？」

非常に明敏に、また多くの出典を引きながら、彼女は一方でパウロのこの言葉を、権威主義というものは相対的なものであり、この言葉の解釈はまず第一に解釈者たちに委ねられているのだ、と理解しようとする。他方で彼女は、そうした相対化なしにパウロの考えが現代でも拘束力を持ちうるのか、という疑問を提示している。

「時代が異なり状況が異なれば、女性の服従のあり方やキリストを証しする方法も変わってきます。そのためわたしたちは、当時のコリントでパウロによって求められた証しの方法が今日でもまだ拘束力を持つのか、今日でも礼拝において女性は沈黙するように命じられているのか、尋ねることが許されるだけではなく、尋ねなければいけないのです。」

シャルロッテにとっては、女性たちが教会で沈黙しなければならない時代が過ぎ去ったことは疑問の余地がなかった。男も女も含めた教会全体が現代の典礼において果たしている消極的役割にかわって、彼女はすべての信仰者たちの、初代教会的な、新教・旧教の区別のない共同体を夢想する。

「こうした状況に直面して、今日の教会礼拝で女性に求められている証しというのは、コリント教会における沈黙の証しとは異なり、雄弁という証しでなくてはならないのではないか、という疑問が浮かんできます。しかしそれは同時に、女性が宣教奉仕にたずさわる者として召命を受けることもあり得るのではないのか、という疑問ともなるでしょう。今日広く存在している牧師や神学者によって導かれる教会と並んで、新約聖書的理解に基づいた、教会における奉仕職が新たに熟考され、必要とされていることには疑う余地がありません。こうした奉仕の仕事において、女性は男性にはできないような貢献をすることもできるのではないでしょうか。」

「宣教の奉仕」における女性たちの特別な才能は、女性たちが「ごく自然に」持っている特殊な性質からくるものだとシャルロッテは考えている。

「幾人かの女性教会員によって牧師の足らないところを補おうというのではなく、女性が聖書の言葉に奉仕するなかで、必要に応じて『聖職』のあり方をも変化させることができるかもしれない、ということを問題にしたいのです。女性は生まれつき与えられている立場のおかげで、権威を求めることはあまりありません。また、男性ほど、自分の仕事を権威あるものにしたいという誘惑にかられることもありません。つまり、自分に権威を与えることによって聖書の言葉の権威を曇らせてしまうというような誘惑に陥ることも、男性よりは少ないのです。教会での女性の地位は自然界での女性の地位に対応している、と聞かされてきました。これからもそのようであり続け、聖書の言葉に聞き従いつつ奉仕をするのだとすれば、教会の上に立つのではなく、教会のなかにあって言葉の奉仕者となるべきです。そうすれば彼女は人々に対して距離をおくのではなく、仕事と教会を結びつけつつ働くことができますし、自分に委ねられた仕事の権威をそれによって少しでもないがしろにすることにはならないのです。」

もちろん、女性たちが権威主義的にならずに仕事ができるだろう、というのは彼女の幻想にすぎないし、いわゆる女性の「生まれつきの性質」を引き合いに出すのもずいぶん単純である。しかしだからといって、階級差別のない、両性の自由な生活についてのユートピア的な考えがここで影をひそめてしまうわけではない。まさにこの点においてシャルロッテ・フォン・キルシュバウムは、現代のラディカルフェミニズムの同志たちだけではなく、解放神学の代表者たちによっても主張されている考え方を先取りしているのである。

しかしながら彼女自身はこうした考えを徹底的に発展させ、自分自身の人生に役立てることはもはやできなかった。六十年代の初め、あらゆる知的労働を不可能にしてしまう、重い脳障害の最初の兆候が現れる。一九六四年には彼女の精神状態は非常に悪くなっており、バーゼルの近くの介護施設への入院を余儀なくされた。その施設で彼女は、七五年に七十六歳で亡くなるまで十年間、ぼんやりと生きていくことしかできなかった。医師による記録が残っていない状態では、なぜ病気が起こり、どんな症状だったのか、ということを推測してもあまり意味はないだろう。病院でシャルロッテが好んでやっていたのはお人形遊びだった、ということを聞くと、それでもつい考え込まずにはいられない。彼女はそうやって父親に守られていた子ども時代に戻っていたのだろうか、それとも、バルトとの関係では抑圧せざるを得なかった子どものころの願望をそうやって表現していたのだろうか？　たとえ答えはどうあろうと、精神の混濁は恵み深い側面を持っていた。自分の代わりをつとめる若くて有能な助手が現れたことも、一九六八年のバルトの死も、彼女は認識することがなかったのである。

[訳注]

1 カール・バルト(Karl Barth 1886–1968)

スイスのプロテスタント神学者。神学者フリッツ・バルトの息子。バーゼルに生まれる。ベルリン大学などの神学部で学び、一九〇九年ジュネーブの教会の副牧師となる。〈宗教社会主義〉の全盛期で、その指導者クッターの影響を受けたバルトはその時期牧師をしていたザーフェンウィル村の工場の労働闘争に積極的に関与したりして、一九一五年には社会民主党に入党した。しかし第一次世界大戦後は宗教社会主義から次第に離れ、聖書の世界に深く沈潜。そして一九一九年パウロの「ローマ人への手紙」の講解を発表、神学界に強烈な影響を与える。これがやがて〈弁証法神学〉と呼ばれる新しい神学運動の出発点となった。一九二一年にはゲッティンゲン大学に招かれ、翌年から雑誌『時の間』を共同編集で発行。次々に論文を発表して自らの思想を展開していった。ナチス政権の宗教に対する干渉に危険を感じたバルトは〈告白教会〉を中心とする〈ドイツ教会闘争〉に参加し、三三年、小冊子「今日の神学的実存」を発表。闘争の理論的指導者となる。一九三五年にはボン大学を罷免され、スイスのバーゼル大学に移る。その後は終生の大著『教会教義学』の執筆にとりかかるが、未完に終わった。バルトはルター、カルバン以来最大のプロテスタント神学者と言われ、世界の教会に多大の影響を与えている。

2 ブレヒトとアイスラー

ベルトルト・ブレヒト(Bertolt Brecht 1898–1956)ドイツの劇作家、詩人。『夜打つ太鼓』(一九二二)、『バール』(一九二三)、『三文オペラ』(一九二八)、『肝っ玉おっ母とその子どもたち』(一九三九)、『ガリレオ・ガリレイの生涯』(一九四三)、『プンティラ旦那と下男のマッティ』(一九四八)などの作品がある。一九三三年にドイツから亡命、アメリカで終戦を迎える。戦後は東ドイツで活動する。

ハンス・アイスラー(Hanns Eisler 1898–1962)ドイツの作曲家。シェーンベルクに師事し、ナチ時代は亡命生活を送る。戦後は東ドイツで活躍。旧東ドイツの国歌は彼が作曲した。

3 ホルクハイマーとアドルノ

マックス・ホルクハイマー(Max Horkheimer 1895–1973)ドイツの社会学者、哲学者。フランクフルト学派の総帥として活躍。主著はアドルノとの共著『啓蒙の弁証法』（一九四七）。

テオドール・ヴィーゼングルント＝アドルノ（Theodor Wiesengqrund Adorno 1903–69）ドイツの哲学者、美学者、社会学者。ナチスに追われ、アメリカに亡命。ファシズム研究を主題とした『権威主義的人間』（一九五〇）を著し、四九年帰国。ホルクハイマーとともに社会調査研究所を開設。フランクフルト大学教授として研究に携わった。

4 ネクトとクルーゲ

アレクサンダー・クルーゲ（Alexander Kluge 1932–）ドイツの小説家・脚本家・映画監督。小説『経歴』（一九六二）、映画「きのうからの別れ」（一九六六）などがある。

オスカー・ネクト（Oskar Negt 1934–）ハノーファー大学の、社会学の教授。アレクサンダー・クルーゲと共に、『歴史と強情』という本を書いた。

5 「自由ドイツ」国民委員会

一九四三年七月十三日、モスクワ近郊のクラスノゴルスクで、ソ連の指導のもと、亡命したドイツ文学者や捕虜となったドイツ兵たちによって設立された、ドイツ解放のための組織。「自由ドイツ」新聞の発行やビラの配布によって、前線の兵士たちに戦線離脱を呼びかけた。戦後一九四五年十一月二日に解散。

6 シモーヌ・ド・ボーヴォワール（Simone de Beauvoir 1908–1986）

フランスの女性作家・思想家。哲学者ジャン・ポール・サルトルとの自由恋愛で有名。代表作に『第二の性』。

7 ゲルトルート・フォン・ルフォール（Gertrud von le Fort 1876–1971）

ユグノー派のフランスからの亡命貴族出身の女性作家。ハイデルベルクやベルリンで神学、哲学、歴史学を学ぶ。詩集『教会への賛歌』、宗教的体験を書いた自伝的小説『ベロニカの聖棉』など、カトリックへの信仰と愛の世界を描いた作品が多い。

Zelda Sayre-Fitzgerald

1900–1948

ゼルダ・セイヤー＝フィッツジェラルドの生涯と著作

「わたしの考えは、ネズミを追う猫のよう……。」

F・スコット・フィッツジェラルド（左）とゼルダ・セイヤー＝フィッツジェラルド（右）（1921年頃）

「わたしは疲れるということを知らない、活発な子どもでした。オーバーコートや帽子もなしで、いつも外を走り回り、黒人のスラム街にまで行っていたのです。できかけの家が大好きで、よく棟木の上によじ登っていました。高いところから飛び降りるのも大好きでした。しょっちゅう街の外に散歩に出かけ、街はずれのお墓に行ったこともあります。たった一人で。少女のころのわたしはとても自分に自信があって、なんでも他の人がやるのとは違うやり方をしようとしていました。不安や恥じらいはわたしには無縁のものでしたし、道徳的原則も持っていませんでした。」

「すべてのものが日ごとにすさんでいき、空しく、望みもなくなっていくように思えます。自分が病気だということに気づく前までは、パリでは何もかもが新しい意味を持っていました。駅や通り、建物の正面（ファサード）……。それらを彩る色彩には限りがなく、まるで空気の一部のように輪郭がなくなっていました。輪郭は、自らがかたどる物体から離れてしまっていたのです。そこには、額の後ろでリズムを感じとることができるような音楽がありました。それに、果てしのない空間からわたしのなかに降りかかってくるような別の音楽も。シューマンの、どことなく穏やかで優しい音楽もあり、悲しいショパンのマズルカもあり……。ショパンのマズルカのうちのいくつかは、まるでショパン自身が、もうこれは作曲不可能だと思っていたような響きです……。正確なリズムでくるくると回り続ける狂気のようなリストの音楽も聞こえてきました。アフリカに行った時、世界はもっとずっと未発達で、他人の了解などはもう必要ではありませんでした。アラブ人たち。果てしのない広がりのなかで流れ去っていくものたちの輪郭。彼らの目の奇妙な表情、蟻のにおい。黒いレースのカーテンの向こう側に立っているような、切り離された感覚。不毛な息吹、過ぎ去ってしまった復活祭。でもそんな体験だって、いまのわたしのように、子どもじみた、よろよろした廃人でいるよりはましです。あなたがここに来て、混乱して空っぽなわたしを見たら、パニックに陥るんじゃないかと、とても不安です。」

右の文章はどちらもまったく同じ女性、ゼルダ・セイヤー＝フィッツジェラルドによって書かれたものである。彼女は一九二〇年代のいわゆる「ジャズ・エイジ」[1]にとっては「あのゼルダ」として伝説的な人物だったし、ニューヨークやパリやニースやローマなどの大都市での、彼女の贅沢きわまりない暮らしぶりは、二つの世界大戦にはさまれた時期、新しい、熱に浮かされたような生活感覚を持っていた「ロスト・ジェネレーション」[2]のなかで、彼女をアイドルにのしあげたのだった。

ここにあげた二つの、まったく異なった内容の回想は、彼女の身に起こった驚くべき変化についてわたしたちの目を開かせる。自分の周りにある物を動じることもなく次々に征服していき、何も恐れなかった活発でわがままな小さな女の子は、混乱し、不安でいっぱいになって、もう何ひとつ周りの物には目をとめようとせず、自分のことも「無」や「真空」としてしか考えられない女性になってしまった。少女時代の力や、こわい物知らずや、生きる喜びなどはどこにいってしまったのだろう？　この謎を解く鍵は、前章までとまったく同様に、彼女の生涯の歩みと、そのなかに刻まれた人生の構図とに隠されている。

ゼルダ・セイヤーは一九〇〇年、合衆国アラバマ州のモントゴメリーで、評判の良い、古くから南部に住んでいた白人家庭の第六子として生まれた。父親は下院議員で、後にはアラバマ州の上院議員にもなった。ゼルダは末っ子として家族のみんなからちやほやされて育ったが、そのゼルダが生まれる少し前に父親はモントゴメリーの判事に選ばれており、家族は子だくさんにもかかわらず経済的にはなんの心配もなく育った。兄弟たちのなかでただ一人ブロンドの青い目で、母方の親戚に似ていたゼルダは、そのおかげで生まれた時からはっきりと、母親のお気に入りだった。母親はゼルダが四歳になるまで母乳をやっていたし、困難な状況の時でも愛情たっぷりに彼女に接していた。ゼルダの側でも母親とはいい関係を保っていたらしい。母と娘は、わがままな点でも、芸術に関心がある点でも、実によく似ていた。母娘の関係が良好だったにもかかわらず、ゼルダが子ども時代に熱愛したのはやはり父親の方だったようだ。なかなか打ち解けず、まじめな性格の父親は、ゼルダにとっては常に挑戦の相手であり、ゼルダは自分の魅力を精いっぱい引き出すことによって父親の関心を引こうとした。父の死後、彼女は次のように書いている。

「パパがいなくてほんとに寂しいわ。男性がいないと、わたしはアイデンティティをなくしてしまうの。」

後年、精神病院に入ってからの回想では、父親は母親を抑圧していた人物として浮かび上がってくるものの、『ワルツはわたしと』という彼女の小説のなかでは、父親はベッグズ判事という名の登場人物となって、いささか美化された記念碑的役割を果たしている。「彼は生きた砦だった」という言葉が小説のはじめの部分にもでてくる。ベッグズ判事の姿はくりかえし、見張りの塔や、外壁、城門の跳ね橋、綿花工場などとの連想で表されているのである。判事の子どもたちについては簡潔に、次のような描写がある。

「発育不全のまま、子どもたちは長い間父親の封建的な見張り塔にしがみついていた。」

幼いゼルダが父親に執着していたことは、少女の目から見てもほとんど魅力的には思えなかった女性の役割に対する彼女の不満を表している。「砦」としての父親は公的な評価や権力、成功といったものを約束してくれたが、母親の私的な領域については、ゼルダは退屈とか、狭さとか制限といったイメージしか持つことができなかった。女性の役割を退屈ととらえる点においては、実は母親も同意見だった。彼女は一生の間、モントゴメリーという小都市での俗物的な暮らしに飽き飽きしていたのである。

すでに子どものころから目立っていたゼルダの派手な行動は、家庭のなかの問題に無意識に反応した結果でもあった。後年彼女も理解するようになるのだが、南部の厳格な環境のなかで強化された父権主義が、彼女の家庭にも浸透していたのである。幼いゼルダは父親という名の「砦」に駆け寄ってそれを征服しようとしたものの、それが失敗に終わると今度は父親の代わりに、自分の周りにいる男性たちを彼らの「砦」からおびき出そうと試みる。そのためにはどんな手段も使った。数限りない彼女の恋愛沙汰やスキャンダルは、結局ただ一つのこと、つまり、女性に割り当てられた死ぬほど退屈な役割から逃げ出す、ということだけを目的にしていたのだ。事実、この目的は、一時的にではあるが達成されたように見える。彼女は「まったく女性的ではない」振る舞いによって人の気を引き、人々の「悪評」を楽しんだ。地方新聞のゴシップ記事は、彼女の悪ふざけに関する報告でいっぱいだった。社会面に載っている地元の「人物」欄には、十六歳のゼルダについて次のような記事がでている。

「一年後、この古典的な横顔の持ち主がどうなっているか、調べてみるだけの価値はあるでしょう。彼女もそのころには、可愛いおてんば娘というよりは、もう少し大人っぽくなっていることでしょうが。彼女の名前はいまでも毎週土曜日と、平日にも一日おきに、『カントリー・クラブ』のダンスのリストに載っています。彼女の鼻筋は非常に整っていて、エネルギッシュな小さな顎と、モントゴメリー中で一番青い目をしています。彼女の機敏な足が数多い崇拝者たちとのステップで乱されるようなことさえなければ、彼女は第二のパヴロヴァになれるかもしれません。」

彼女に敬意を表してクラブまで設立され、そのメンバーたちは、ゼルダの住まいへ巡礼しようとした。空軍の将校たちが彼女の家の上で危険な曲芸飛行をやってみせ、それは二機の飛行機が墜落して指揮官から禁止命令が出るまで続いた、という。実際にそんなことが起こったのか、それともこれも初期の「ゼルダ伝説」の一エピソードなのか、さだかではない。ゼルダは男性の要塞を攻めとったわけではなかったものの、数々の突飛な行動によって、少なくとも一つのものは手に入れた。故郷の街で、たくさんのファンにとりまかれたスキャンダラスな人物になったのである。

本能的にゼルダは自分を「ファム・ファタール（運命の女）」のイメージに合わせていこうとするが、

それにそぐわない要素が二つあった。文学に対する彼女のきわめて強い関心と、素晴らしいダンスの才能である。芸術家として、誰にもまねのできない独自の境地を開きたいという願いは、自分を抑えることのできない軽率で男好きの女というイメージとは相反するものだった。彼女自身が自分のこの葛藤をはっきりと見通している。

「同時に二つのものであろうとするのはとてもむずかしいことです。第一に、自分の掟に従って生きようとする人物。そして第二に、古いなつかしいものを大切にして、愛され、守られ、保護されていたい人物。」

「ファム・ファタール」としての役割から発する誘惑はこのころ、書くことや踊ることを通じて本当の表現力を身につけたいという願いよりも強かった。書くことにも踊ることにも努力が必要だったが、当時の彼女にはそうした努力をする心の準備はなかったし、自立的な芸術活動は、これまでちやほやしてきてくれた人々のなかで自分を孤立させる、と彼女は確信していた。人々の評価や愛情を失うかもしれない、という思いは彼女をぞっとさせた。もっともてっとりばやいのは、ふさわしいパートナーを見つけ、彼を通じて自分の芸術的野心の実現をめざすことではないだろうか？

この「ふさわしいパートナー」を、ゼルダはスコット・フィッツジェラルド[3]のなかに見いだすことになる。彼女より四歳年上だったスコットは、一九一八年に「ご当地の有名人」だった十八歳のゼルダと出会ったとき、雷に撃たれたような気がしたという。彼女は、彼がそれまで自分のテキストのなかで描いてきた「ファム・ファタール」のタイプにぴたりと当てはまる女だった。二人とも、まったく自然に、相手がなくてはならない存在であることを理解するようになる。「ゼルダ」と「スコット」、伝説的な夢のカップルとして同時代人の回想のなかに生き続ける彼らは、こうして結ばれたのだった。

しかし、二人がお互いに抱いていた関心は、実は大変に異なるものだった。スコットはゼルダのなかに、書くために必要な刺激を与えてくれる詩神を見いだしていた。結局そのことは、スコットがゼルダに「ファム・ファタール」の役割を押しつけて、彼女自身の発展からは切り離してしまう、という結果になった。当時はまだどちらかといえば堅気だった自らの生活同様、ゼルダの激しく、世間に逆らった生き方も小説の素材とならなければならない、と彼は考えたのだった。一方ゼルダの方では、スコットとの関係において、自分を小説の素材として提供することによって、間接的に芸術作品の創作に立ち会うという可能性が生じるのだ、と考えていた。彼女がそのために自分をある決まった役割、決まった生活のなかにはめ込んでしまったことは、はじめのうちはまだそれほど問題とはならなかったように思われる。いや、むしろ逆に、彼女はスコットを偉大な芸術家にまつりあげ、自分を「まったくの無」にすることを楽しんでさえいた。しかしまた同時に彼女は、スコットもよく承知していたように、「強い個性の持ち主」でもあり、自己表現を求め、大きな才能を持っていた。当時書かれた手紙からは、雰囲気や光景に対する、彼女のずば抜けて鋭い勘がうかがえる。

「わたしは、美しい絵やためになる本よりも、蛾がいっぱいいる夜明けの庭の香りの方が好きなんだと思います。それは、五感がとらえる感覚のなかでも一番官能的なものなのです。明け方のほのかな、夢見るような香りは、わたしのなかの何かを揺さぶります。消えていく月や星の香り。きょう、わたしは一日中墓地にいました。そんなにちゃんとした墓地ではありませんでしたが、わたしは、丘の中腹につくられた、古くて錆びついた墓所をこじ開けようとしてみました。墓所はもうすっかり朽ちていて、死体の目から生え出たのかもしれない青い花でおおわれており、べとべとしていて、変なにおいがしました。男の子たちが、わたしの肝試しをしようと、そこに入りたがったのです。わたしはといえば、「一八六四年没」と書かれているウィリアム・リフォードとはどんな人だったのか、探ってみたかったのでした。どうしてお墓はわたしたちに、何もかも無駄だという気持ちを抱かせるのでしょうか？　わたしは人が何度もそういうのを耳にしましたし、お墓についてのトーマス・グレイの頌詩は、そのことを充分に納得させてくれました。でも、かつて生きていたということが、望みのないことだとは思いたくないのです。わたしたちが墓地で目にするくずれた柱や、組み合わされた両手、鳩や天使などはとてもロマンティックです。そしてわたしは、百年後に、若い人たちが、わたしの目が茶色だったか青だったかと考えるようになればすてきだと思うのです。もちろんわたしの目の色はそのどちらでもないのですが……。わたしのお墓が、過ぎ去った日々の雰囲気を残していればいいと思います。たくさんのお墓のうち二つか三つの連合軍の兵士の墓が、黄色い苔におおわれていて、他のお墓となんの違いもないのに、亡くなった恋人に対する思いをわたしたちの内に呼びさますなんて、不思議だと思いませんか？　過ぎてしまった死というのはこんなにすてきなのです。わたしたちは一緒に死ぬことになるでしょう。わたしにはわかっているのです。あなたの恋人より」

彼女の手紙のこうした独特な美しさはスコットに強い印象を与えた。また、ゼルダの日記も彼に感銘を与え、彼は晩年の作品で彼女の日記の文章をそのまま使っている。ゼルダ自身や彼女の派手な生活だけではなく、彼女の書いたテキストまでがスコットの創作にとっては使いでのある素材となったのだった。そのことがパートナーの生活や才能をむさぼる吸血鬼のようなやり方だという自覚はスコットにはなく、自分の創作活動に必要なものならなんでも利用するのが芸術家の当然の権利だ、と彼は考えていた。

彼らが後に味わうことになる悲劇は、二人の恋愛関係のはじめからもう顔をのぞかせていた。ただ、二人は最初のうち底知れぬ喜びに浸りきっていたために、しばらくはそのことにも気づかずに過ごしたのだった。一九二〇年に結婚式を挙げた後、二人は「ジャズ・エイジ」の雰囲気あふれる大都会で放埒な生活を始めた。二一年に娘のスコッティーが生まれても生活があらたまることはなかった。陽気なパーティーやスキャンダルのあるところには、彼らの姿も必ずあった。二人は悪魔的なカップルとして、不思議な力で人々を魅きつけたのだった。

「彼らはまるで、たったいま太陽のなかから出てきたようでした。二人の若さは見る人に強烈な印象を与えました。」

興奮に満ちた証言はこのほかにもある。

「まるで夢のなかのように、この二人が突然わたしのほうにやってきた。わたしがこれまでに見たなかで一番美しい二人が、ほほえみながら近づいてきたのだ。まるで天使が二人現れたように思えた。彼らがずっと美しいままでいるために何かわたしにできることがあったら、必ずそれをしようと思った。」

美しい調和のイメージはしかし、偽物だった。うわべは壮麗でも、その背後では、当事者にしかわからない形で、殺人的な闘いが始まっていた。その闘いが結局はゼルダを精神病院へと追いやり、スコットも狂気の淵にまで追いつめられていくのである。ゼルダがスコットの小説『美しく呪われた人たち』について書いた書評には、二人の結婚生活を最後には破壊してしまうことになる葛藤が、いささか冗談っぽく語られている。

「あるページにわたしは、なぜだかわからないけれど結婚してすぐのころになくなってしまった、自分の古い日記の一節を見つけました。いくつかの手紙の文章も、ずいぶん変えてはあるけれど、見覚えのあるものでした。フィッツジェラルド氏は(確かこういうお名前だったと思いますが)まずご家庭で盗作をお始めになるおつもりのようですね。」

冗談ぽい調子を除けば、これはとりもなおさず盗作に対する非難なのだが、これはスコットのもっとも感じやすい部分である作家としての虚栄心を、手痛く傷つけることになった。事実、多くの友人や知人は、彼よりもゼルダの方が才能がある、と噂していたのだ。

「彼女はオリジナルな人物です。スコットよりずっと気がきいていておもしろい。彼女の言うことはとても皮肉っぽくて、聞く人を卒倒させせます。彼女はホテルのボーイやウェイターにあざけりの言葉を投げかけますが、それはただ、彼らがどう対応するか見るためなのです。作品を書いたのは彼女ではなくスコットですが、アイデアはゼルダから出ているのです。」

しかし、時がたつにつれ、ゼルダはスコットにヒントを与えたり、彼が彼女自身や彼らの生活を小説に書いて成功をおさめるのをただ見ているだけでは満足できなくなってきた。結婚後わずか二年しかたっていない一九二二年に、彼女は自分でも小説を書こうと試みるが、スコットはこれを牽制しようとしている。彼女の筆からたくさんの短編小説が生まれ、一部はスコットの名前で、一部は二人の名前で発表された。スコットの名前を著者あるいは共著者として公に使ったのは、おもに経済的な理由によるものだったのかどうか、判断するのはむずかしい。おそらくその背景にはゼルダの無意識の不安と、スコットの、無言のうちに表明された要求があったのだろう。問題は、二人が当時認めあっていた以上に大きかった。ゼルダの方はスコットが彼女の作品を横取りしてしまうことに苦しんでいたし、スコットの方はゼルダの執筆活動に困惑させられていた。ゼルダは明らかに、スコットとの関係において自分の個性がどんどん消されてしまうことにも悩んでいた。小説『ワルツはわたしと』のなかで、彼女は当時自分が抱いていた自己消滅の感覚を、次のようなイメージによって印象深く描き出している。

「彼女はその男を愛すれば愛するほど、ついには彼のイメージが彼女のなかでゆがんでしまうまでに身近に感じるようになった。まるで彼女が鼻を鏡に押しつけて、自分の目のなかをのぞき込んでいるようなものだった。彼女は自分というものが、紡いだ糸がほつれるように、少しずつ少しずつはがされていくのを感じた。それはどんどん伸び広がって、最後にはきらきら光る幻想だけが残っているのだった。」

多くの点で戯曲『ヴァージニア・ウルフなんてこわくない』[4]を先取りするような、結婚生活におけるさまざまな危機を体験したあとで、ゼルダは一九二八年からダンスのレッスンを受け始めた。かつてふるさとのモントゴメリーで、バレエ学校の生徒として輝かしい成功をおさめた思い出が、彼女をふたたびダンスに結びつけたのだろう。ソロのダンサーになるにはすでに年をとりすぎていることが誰の目にも明らかだったにもかかわらず、ゼルダは歯を食いしばってレッスンに打ち込んだ。ある友人に向かって彼女は、「自分だけのものが欲しいの、そして自立したいの」と語っている。小説のなかでは、ヒロインがものに憑かれたようにダンスに没頭することを、彼女は次のように理由づけている。

「アラバマは、もし目的をとげることができたら、自分をここまで駆り立ててきた悪魔を追い払うことができると信じたのだった。自分の才能を示すことができれば、自己発見した時の確信のなかでのみ見いだすことのできる平和に、自分も到達できるだろうと思った。ダンスという手段を通じて、自分の感情を支配することができるだろう。そして、自分の好きな時に、愛情や、同情や、満足などを示すことができるだろう。ダンスによって、自分の感情が流れていくことのできる運河をつくりだしたのだから。だからこそ彼女は容赦なく自分を前へ前へと追い立てたのだった。」

ダンスをしながら、ゼルダは小説を書くことにも精力を傾けた。しかし、女性の生活をテーマに書かれた六つの小品のうち五つはスコットの名前で発表されることになった。スコットの告白によれば、彼はテーマに関して多少の提案をし、ゲラを読み、自分の名前を貸す以外にはほとんど手伝いもしなかったのだが……。スコットは小説で多くの成功をおさめ、その時代のアイドル作家となったが、その彼の小説に対するゼルダの貢献が、彼が彼女に与えていたものとは逆に非常に大きいことを考えると——なんといっても彼は著作権など気にすることもなく、彼女のテキストから段落全体を抜き取って自分の小説に使ったりしたのだから——ゼルダのなかで、自分は搾取されているという気持ちが強まっていったことも理解できる。ダンスの分野でも「独自のもの」を築き上げるのは不可能だということがはっきりしてくると、彼女は倒れ、そして一九三〇年に自殺未遂事件を起こしたあと、病院に入れられることになった。その後十八年間もヨーロッパやアメリカのさまざまな精神病院を転々とすることになる生活は、こうして始まったのだった。そしてそれは、ゼルダとスコットのあいだに繰り広げられた、情け容赦のない闘いの始まりでもあった。二人は、それぞれが「正当な素材」とみなすものをめぐって争った。「素材」とは結局ゼルダの人生のことであり、本当はそれはゼルダ一人のものであるはずなのだが。

スコットが医師たちの前で自分を正当化しようとして語った事柄は、いささか不気味な内容だった。彼はくりかえし、自分自身の名声がどれほど重要なものであるかを強調し、それにひきかえ妻の運命は大したものではない、と主張したのだ。

「二人の人間のうちどちらに救われるだけの価値があるか、という昔からの問いが再び問題となるのなら、ぼくは、米文学史に残る仕事をしたい、という自分の野心が半ば実現しかかっていることを考えても、子どものためにも、またゼルダの生活費を捻出するためにも、どうしてもまずぼく自身を救うことを考えるのです。」

これに対してゼルダの方は異常なほど控えめで、こうなったのもすべて自分に罪がある、と言うのだった。

「今度の事件で、悪いのはわたし以外の誰でもありません。わたしはサラマンダー（火の精）のようなつもりでいましたが、実は邪魔者に過ぎなかったのです。」

サラマンダーのごとく状況にうまく適応しようと、ゼルダはスコットとの関係において努力し、そして、自分のアイデンティティを失っていった。しかし、「無名のもの」「無」となってしまっては、自分はもはやスコットの作品にとっても望ましいモデルではなくなることを、彼女は非常によく理解していた。

それでもゼルダは彼にとってその後も欠かせない存在だった。精神病院からの彼女の手紙は、彼にとって新たなインスピレーションの源となった。彼女の手紙の大部分を彼は後年の小説『夜はやさし』でほとんどそのまま使っている。スコットが自分の精神病院での体験まで題材にするだろうとゼルダが予想していたことは、彼女が書いた次のような文章からもうかがえる。

「ここがどんなにひどい様子だかあなたも見に来たら、きっとたくさんのおもしろい、人を笑わせるようなお話を書くことができるのに、と思います。どうしてよりによってわたしがこんなことを何もかも体験しなくてはいけないのかわかりません。いったい何のために？　ここでは読むことも眠ることもできません。希望も若さもお金もなくなってわたしはここに座り、いつもいつも、死んでしまいたいと思っているのです。ママは、わたしがどうなったのか、知っています。知っている、と手紙に書いてきたのです。そのこともあなたは自分の書く物語に取り入れたらいいのに。物語が感動的になるように。またひどいこと言ってしまったわね。」

医師たちは、ゼルダが強い「コンプレックス（とりわけ夫に対して）」を抱いていると診断し、彼女がいつかまた病院の外で暮らせるようになるかどうかは疑問だと言った。それでもゼルダは何度も短期間の退院をし、娘と一緒に何年かモントゴメリーの母のところで暮らしさえした。こうした短い「正常状態」は、しかしまた病気の著しい悪化によって中断され、入院を余儀なくされることになった。

一九三二年に『ワルツはわたしと』が彼女の名前で出版され、医師たちはこれで病状回復の糸口がつかめるだろうと請け合っていたのだが、このことは逆に、彼女の症状を決定的に悪くしてしまった。スコットがこの本のことで逆上したのだ。彼は、ゼルダがこの本を前もって彼に見せて意見を尋ねなかったことで裏をかかれたと感じ、原稿を根本的に書きなおすよう要求し、妻に盗作されたとさえ考えた。

「彼女の小説の一節は、文のリズムも、題材も、まるでぼくの小説のコピーです。」

ゼルダは譲歩する姿勢を見せたが、結局は自分のテキストに固執した。

「もちろんわたしはこの本のことや、ほかのすべてのことでも、あなたの希望に添いたいと考えています。わたしがあなたから盗作したことになっているパーシングの部分は、たったの一行ではありませんか。それは消しても結構です。でも、原稿の手直しはあくまで芸術的な判断基準に基づいてするのだ、ということをあなたにもはっきりわかっていて欲しいのです。そして、わたしがこれから使うことになる題材は、なんと言われてもこちらに使う権利のあるものなのだ、ということも承知していて下さい。わたしはその題材のために、ずいぶん高い精神的代価を払いました。わたしは、自分と闘いつつ自分の物語を書くために、気持ちが落ちついたらこの題材を使いたいと思っています。わたしは本当に、その本を書きたいと思っているのです。」

自分ではいつも平気で彼女のテキストを小説のなかで使っておきながら、スコットはゼルダが書いた小説を許すことができなかった。医師に宛てた手紙のなかで、彼はこれまで自分に向けられていた攻撃の矛先をゼルダに向けなおしている。自分ではなく、ゼルダこそが吸血鬼だ、というのである。「ゼルダはぼくの脳や胃や、神経や腰からちぎり取った体の一部で少しずついかがわしいキャリアを作り上げていったのです」と彼は苦々しく嘆いてみせるのだった。

小説『ワルツはわたしと』は、ゼルダ自身の体験をもとに書かれており、ヒロインのアラバマは、ゼルダと多くの共通点を持っている。アラバマもダンサーなのだが、きちんとしたレッスンを受け始めるのはゼルダ同様、遅すぎた。しかし小説のなかのアラバマはゼルダと違って、それにもかかわらず成功をおさめるのである。敗血症のため手術が必要になったときに、アラバマのキャリアには終止符が打たれる。作者ゼルダの満たされなかったキャリア志向がこの小説にどれほど強く投影されているか、そして、彼女が自分の破綻した原因を正直に分析することをどれほど避けているかは、この小説のなかの他の多くの箇所同様、この場面からも明らかである。小説の中心テーマはアラバマとその夫デーヴィッドの関係なのだが、デーヴィッドの方は成功した画家であり、自分自身の生活を築きたい、と努力する妻に対して、同情のほほえみを浮かべるだけであった。

「『君はこんなにやつれてしまったじゃないか』と、デーヴィッドはわざとらしく心配そうな調子で言った。『君が自分を殺してしまったところで意味はないんだよ。芸術の世界では、プロとアマチュアの間には天地ほどの差があるってことをわかってくれればいいんだがね。』『あなたが言っているのは、あなたとわたしのこと？』と彼女は考え込みながら尋ねた。」

ゼルダが自分自身のものの見方で彼らの関係を公表したこと、そしてそのことによって書かれる者の立場から書く者の立場へと乗り換えたことが、どんなにスコットを当惑させたかは、彼がくりかえし、ゼルダと自分との衝撃的なライバル関係を作品のなかで描こうとしたことからもわかる。ある小品のなかで彼は、ゼルダとの関係を、ダンスを志す二人の姉妹の関係におき換えている。スコットは、医師たちに対しては、「二人に共通の体験を題材にしてぼくが何か非常にいい作品を書いてしまうこと、それによって、彼女がまず最初にいい作品を書く機会を奪ってしまうこと、に対してゼルダは死ぬほどの不安を抱いている」と説明した。彼の抱く妄想はますます飛躍的になり、ゼルダに対する非難の方はますます度を越えてきびしくなっていったので、医師たちはついに、スコットの方もただちに治療する必要がある、と考えるようになった。スコットはそれに対して、自分自身をゼルダの被害者とみなすような新しい妄想を抱くことになる。

「おそらくぼくはそのうちに四人の頑丈な男たちに抱えられて連れて行かれることになるだろう。ぼくは喉をふりしぼって叫ぶだろう、何がどうあろうと正しいのはぼくで、悪いのは彼女の方だ、と。でもゼルダの方は花で飾られた車に乗って、大勢の賛嘆する群衆に囲まれて家に戻り、劇場からも契約の話を持ち込まれるだろう。」

しかし、スコットが思いやり深くなり、次のような洞察に満ちた文章を書く時期も、あるにはあったのだ。

「彼女はぼくに出会っていなければ、天才的な仕事をしていたのかもしれない。」

状況はあまりにも劇的な緊張をはらんだものだったので、医師たちは、憎悪と欲望でからみ合ったこの夫婦をひとまとめに治療する以外に直すすべはない、と考えるまでになった。ゼルダとスコットとの会話を書き留めた医師の記録は、二人の間にもはや意志疎通の可能性がないことを示している。この会話の記録は、一人の男が妻を犠牲にしてまで自分の狂気を実行に移してしまった、悲惨な関係の憂鬱なドキュメントだといえるだろう。たとえば次のような箇所。

「ぼくは、素質があり才能がある作家たちと、まったく一人で闘わなくてはいけないんだ。でも君は三流の作家で三流のダンサーだよ。」

「あなたは前にもわたしにそう言ったわ。」

あるいは、そのすこし後で。

「ぼくはものすごくたくさんファンがいるプロの作家なんだ。短編小説の作家としては世界でもトップクラスの原稿料をもらってる。それにぼくは何度も指導的な……。」

「あらそう、それならなぜ三流の作家をそんなに激しく攻撃する必要があるの？」

共通の体験をどう作品化するか、ということについて、彼らはいくども見解の違いを見せている。

「ぼくたちの体験はすべてぼくのものだ……。ぼくがプロの小説家で、君の生活費を払っているのもぼくなんだからね。あれは全部ぼくの題材さ。君のものは何一つないよ。」

自分の作品のこととなるとスコットは「まったくのノイローゼだ」、とゼルダは言い返す。

「ずっとなにも書けないでいたから、自分でも気がとがめて、題材は全部自分のものだなんてわたしを責めているのね。」

「スイスでは一カ月に千ドルも浪費したね。」

「あなたは七年間もなにも書かなかった。」

「そうさ、七年間。三年間は君の世話をした。『華麗なるギャツビー』の後で三年間は英気を養って、それから二年間、ぼくたちはデラウェアの大きな館で、上流階級らしい暮らしをしようとしたんじゃないか。」

スコットは、妻の役割についての自分の考えも口にする。

「君がぼくの利益を考えてくれることを望むよ。それが君の一番大切な役目だ。コースを決めるのはぼく、水先案内人はぼくなんだからね。」

「わたしに言えるのは、耐え難い生活だったこと、いまこうして病院にいる方がよっぽどましだということ。それがどういうことだか、あなたにはわかる？」

「まったくわからないね。」

医師がいるところでスコットはゼルダに、書くことをやめるように要求し、そうしなければ彼女の原稿をすべて破棄するぞ、と脅した。認められるのは戯曲を書くことぐらいだが、それも、次の取り決めに従うと約束した場合だけだ、と主張した。

「戯曲を書く場合にも、精神病院について書いてはいけない。リヴィエラやスイスが舞台であってもいけない。そして、いずれにしても、一度ぼくに見せてから発表しなくてはいけない。」

夫婦関係についての見方でも、二人の意見にはもう共通する点はなかった。スコットが医師たちの前で、はじめは幸せな結婚生活だったのだ、と主張する一方で——彼はゼルダ宛の手紙や私的な記録のなかでは、それと正反対のことを書いているのだが——ゼルダの方はスコットの主張に大いに疑問を示している。

「わたしたちの結婚生活って本当は何なの？　長い長い闘いを最初からやっていただけじゃないの。」

「いや、ぼくの考えは違うね。一九二一年頃、ぼくたちはアメリカでもっとも羨ましがられるカップルだったんだぜ。」

「そうかもしれないわね。わたしたち、ずいぶん見栄をはっていたんですものね。」

「ぼくたちはものすごく幸福だったんだよ。」

一緒に暮らすことはもちろん不可能だったが、ゼルダとスコットは互いに別れることもできなかった。ゼルダが病院の外でスコットと暮らした短い期間は、そのたびごとに悲劇で終わり、彼女はまた病院に入れられることになるのだった。

一九三四年に、ゼルダの症状は短期間ではあるが小康状態になる。その年彼女はスケッチや絵などの展覧会でささやかな社会的成功をおさめたのだが、この展覧会のためにはスコットもずいぶん尽力した。なるほど絵画は彼にとって、競争相手となる分野ではなかったからだ。しかし、その同じ年の始めに彼の小説『夜はやさし』の見本刷りができるとゼルダは深い精神的打撃を受け、そのショックからすっかり立ち直ることはもうなかった。この小説のなかでスコットは、病院からのゼルダの手紙や記録類を使いまくり、情け容赦のないゼルダ像を読者の前に提示していたのである。ゼルダは自分の辛いところをつかれて当惑するよりほかなかった。

「わたしがものすごく腹を立てたのは、彼が登場人物のあの娘をすごく嫌な人間に描いて、彼女が彼の人生を台無しにしたんだ、とくりかえしたことです。彼女の体験はわたしとまったく同じなので、わたしは自分と彼女を同一視しないではいられませんでした。経歴は変えてありますが、モデルを使った芸術的創作の場合はそういうことも許されるのでしょう。でも、わたしの考えでは、全体的に見ても、書いてあることは正しくありません……。本当にあったことは、こういうことではなかったのだと思います。」

一九四〇年にゼルダは退院してモントゴメリーの母親のもとで暮らすようになるが、そうして手に入れた「自由」をどうしていいのか、彼女にはもうわからなかった。スコットは心臓発作で一九四〇年末に突然息を引き取るが、その死も彼女にとっては遅すぎた。創作力は尽きてしまっていた。小説『カエサルのもの』は断片にとどまった。かつて周囲の人々や夫をあれほど魅惑した「猫的思考」はなくなってしまっていた。その「猫的思考」で、彼女は周囲の「ネズミ的思考」に対する優越性をあれほど印象深く表現していたものだったが……。医師たちとの会話で彼女は次のように語っている。

「わたしの考え方はネズミを追う猫のようです。時にはあらゆるネズミ的な思考を捕まえてしまって、眠る前にアイスキュロス[5]を読むんです。」

こうした言い方にはもちろん、医師たちが診断を下した精神分裂症的な自己分裂が表れているといえるだろう。しかしこれは、少なくとも狂気が遠のいて明晰に考えられる時には自分の価値をはっきりと意識している女性の、自覚に満ちた言葉としても読めるのである。こうした言葉は、かつての彼女の姿である、あの自意識あふれる才能豊かな子どもを思い出させる。二十年の結婚生活と、自分のアイデンティティをめぐる壮絶な闘いは、彼女を他の人よりも早く老け込ませ、あきらめきった女性にしてしまった。一九四八年、彼女は火事のため精神病院で命を失うが、すでにその死の何年も前に、彼女は幽霊に——三十年代のはじめにスコットへの手紙のなかで書いていたあの幽霊になってしまっていた。

「できの悪い探偵小説のように、あてもなく廊下を幽霊のように歩き回る女がここにいるのです。」

［訳注］

1 ジャズ・エイジ
第一次世界大戦終結から一九二九年の大恐慌にいたる戦後の繁栄のなかにあったアメリカを指す言葉。若い世代が戦後の解放感から、フラッパーの女性たちが足をあげてチャールストンを踊るというように、保守的な道徳に反抗して風俗やマナーを変えていった。ピューリタン的伝統が否定され、勤勉倹約よりは消費、禁欲に代わって享楽が価値になった時代である。フィッツジェラルドの作品やヘミングウェイの『陽はまた昇る』などにこの時代の若者たちの典型的な生態が描かれている。

2 ロスト・ジェネレーション
第一次世界大戦を体験し、規制の理想や価値観に絶望したアメリカの若い世代を指す。〈失われた世代〉と訳されている。直接的にはそうした若者たちが、一九二〇年代、パリにたむろして虚無的で享楽的に過ごすボヘミヤンたちのことであるが、文学的には既存の権威やモラルを洗いなおし、大胆な手法でアメリカ文学に新時代を開いた作家や詩人たちをいう。フィッツジェラルド、ヘミングウェイ、ドス・パソスなどが含まれる。

3 スコット・フィッツジェラルド（Francis Scott Key Fitzgerald 1896–1940）
アメリカ・ミネソタ州セントポール出身の小説家。プリンストン大学から第一次世界大戦に志願したが、その内地勤務の合間に書いたのが処女作となった『楽園のこちら側』で、既成道徳に反逆する当時の若者の思考と感情を描き、戦後世代の絶大な共感を呼んだ。フィッツジェラルドは次々と新時代ふうの作品を発表し、その華麗な私生活も含めて〈ジャズ・エイジの桂冠詩人〉ともてはやされることになる。一九二五年発表の『偉大なるギャツビー』は戦後のニューヨークの風俗のなかに、ロマン的心情をもった田舎青年ギャツビーの軌跡を通して、いわゆる〈失われた世代〉の内面にある誠実や真摯さを描いた作品で彼の代表作である。ほかに『ジャズ・エイジの物語』

や『夜はやさし』など。一九三〇年代には過労とアルコールなどから小説の執筆ができなくなり、ハリウッドに移って映画のシナリオ作家となる。

4 『ヴァージニア・ウルフなんてこわくない』(Who's afraid of Virginia Woolf?)
アメリカの劇作家エドワード・アルビー(Edward Albee 1928–)が一九六二年に発表した戯曲。

5 アイスキュロス(Aischylos 前525–前456)
ギリシアの三大悲劇詩人の一人。『縛られたプロメテウス』や『アガメムノン』などが有名。

参考文献

ソフィア・アンドレイェヴナ＝トルストヤ

＊ソフィア・アンドレイェヴナ＝トルストヤ『日記』(Sofia Andrejewna Tolstoya: Tagebücher, Königstein／Ts. 1982, 2Bde.)

＊アン・エドワーズ『トルストイ一家』(Anne Edwards: Die Tolstois. Krieg und Frieden in einer russischen Familie, Berlin, München und Wien 1984)

＊タチヤナ・トルストイ『父との生活』(Tatjana Tolstoi: Ein Leben mit meinem Vater. Erinnerungen an Leo Tolstoi, Köln 1978)

イェニー・ヴェストファーレン＝マルクス

＊ルイーゼ・ドルネマン『イェニー・マルクス――ある社会主義者の生涯』(Luise Dornemann: Jenny Marx. Der Lebensweg einer Sozialistin, 1. Auflage Berlin (Ost) 1968, 10. Auflage ebd. 1987)

＊ルッツ・グラーフ・シュヴェリーン・フォン・クロジック『イェニー・マルクス――カール・マルクスの陰の愛と苦悩』(Lutz Graf Schwerin von Krosigk: Jenny Marx. Liebe und Leid im Schatten von Karl Marx. Eine Biographie nach Briefen, Tagebüchern und anderen Dokumenten, 2. Auflage Wuppertal 1976)

＊マンフレート・ミュラー『書簡に見るマルクス一家』(Manfred Müller: Familie Marx in ihren Briefen, Berlin (Ost) 1966)

『マルクスの娘たちによる未公開書簡集』(Die Töchter von Karl Marx, Unveröffentlichte Briefe, Frankfurt a. M. 1983)

＊ルート・ツィマーマン『イェニー・マルクスと娘たち』(Ruth Zimmermann: Jenny Marx und ihre Töchter. Frauen im Schatten des Revolutionärs, Freiburg 1984)

クララ・ヴィーク＝シューマン

＊ベルトルト・リッツマン『クララ・シューマン――芸術家の生涯』(Clara Schumann. Ein Küstlerleben. Nach Tagebüchern und Briefen von Bertold Linzmann, 8. Aufl. Leipzig 1925, 3Bde.)

『シューマン夫妻の交換書簡』(Clara Schumann／Robert Schumann: Briefwechsel. Kritische Gesamtausgabe, Frankfurt a. M. 1984 ff. (Bisher 2Bde. erschienen))

＊ローベルト・シューマン『日記』(Robert Schumann: Tagebücher, Frankfurt a. M. 1988, 4Bde.)

＊ベアトリクス・ボルヒャルト『ローベルト・シューマンとクララ・ヴィーク』(Beatrix Borchard: Robert Schumann und Clara Wieck. Bedingungen künstlerischer Arbeit in der ersten Hälfte des 19. Jahrhunderts, Weinheim und Basel 1985)

* エヴァ・リーガー『女性と音楽と男性支配』(Eva Rieger: Frau, Musik und Männerherrschaft, Berlin 1981)

* エヴァ・ヴァイスヴァイラー『過去五百年の女性作曲家たち』(Eva Weisweiler: Komponistinnen aus 500 Jahren, Frankfurt a. M. 1981)

カミーユ・クローデル

* アンヌ・デルベー『カミーユ・クローデル』(文芸春秋社より邦訳)(Anne Delbée: Der Kuß. Der Kunst und Leben der Camille Claudel, München und Hamburg 1985 (frz. Ausgabe 1982))

* サンドル・クチイ『カミーユ・クローデルとオーギュスト・ロダン』(Sandor Kuthy: Camille Claudel —— Auguste Rodin. Künstlerpaare —— Künstler-freunde, Fribourg 1985)

* レーヌマリー・パリス『カミーユ・クローデル　一八六四〜一九四三』(Reine-Marie Paris: Camille Claudel 1864–1943, Paris 1984)

* アンヌ・リヴィエール『カミーユ・クローデル——呪縛された女性』Anne Rivière: Camille Claudel. Die Verbannte, Frankfurt a. M.1986 (frz. Ausgabe 1983)

ミレヴァ・マリチ＝アインシュタイン

* ドゥサンカ・トゥルブホヴィチ・グジュリチ『アルベルト・アインシュタインの陰で——ミレヴァ・アインシュタイン＝マリチの悲劇的生涯』(Desanka Trbuhović-Gjurić: Im Schatten Albert Einsteins. Das tragische Leben der Mileva Einstein-Marić, Bern 1983)

* アルベルト・アインシュタイン全集第1巻「初期のころ，一八七九年〜一九〇二年」(The Collected Papers of Albert Einstein. Bd. 1: The early years, 1879 —— 1902, Princeton 1987)

クララ・ヴェストホフ＝リルケ

* エルゼ・アルパース『クララ・リルケ＝ヴェストホフとライナー・マリア・リルケ』(Else Alpers: Clara Rilke-Westhoff und Rainer Maria Rilke, Fischerhude 1987)

* リヒャルト・ペティト『ヴォルプスヴェーデ時代とその後のライナー・マリア・リルケ』(Richard Pettit; Rainer Maria Rilke in und nach Worpswede, Worpswede o. J.)

* マリナ・ザウアー『彫刻家クララ・ヴェストホフ＝リルケ』(Marina Sauer; Die Bildhauerin Clara Westhoff-Rilke 1878 —— 1954. Leben und Werk, Bremen 1986)

シャルロッテ・ベーレント＝コリント

* シャルロッテ・ベーレント＝コリント『ロヴィス・コリン

トとの生活』(Charlotte Berend-Corinth: Mein Leben mit Lovis Corinth, Hamburg 1948)
同上『わたしが子どもだったとき』(dies.; Als ich ein Kind war, Hamburg 1950)
同上『ロヴィス』(dies.; Lovis, München 1958)
同上「絵画や版画など，ナショナル・ギャラリーに展示されている作品」(dies.: Gemälde. Graphik. Ausstellung National Galerie, Berlin 1967)

＊ モンティ・シュルツマン『女性画家シャルロッテ・ベーレント＝コリント』(Monty Schultzmann: Die Malerin Charlotte Berend-Corinth, München o. J. (1965／66))

＊ ロヴィス・コリント『妻の肖像 —— シャルロッテ・ベーレント＝コリントの肖像画制作の思い出』(Lovis Corinth: Bildnisse seiner Frau. Erinnerungen an die Entstehung der Bilder von Charlotte Berend-Corinth, Stuttgart 1958)

＊ トマス・コリント『ロヴィス・コリント』(Thomas Corinth: Louis Corinth. Eine Dokumentation, Tübingen 1979)

ヘートヴィヒ・グッゲンハイマー＝ヒンツェ

＊ ヘートヴィヒ・ヒンツェ『フランス古代と革命期における国家政体と連邦主義』(Hedwig Hintze: Staatseinheit und Föderalismus im alten Frankreich und in der Revoltion, Stuttgart, Berlin, Leipzig 1928. Neuauflage Frankfurt a. M. 1989)

＊ ローベルト・ユッテ『ヘートヴィヒ・ヒンツェ』(Robert Jütte: Hedwig Hintze (1884 —— 1942). Die Herausforderung der traditionellen Geschichts-wissenschaft durch eine linksliberale jüdische Historikerin. In: Juden in der deutschen Wissenschaft. Jahrbuch des Instituts für Deutsche Geschichte, Beiheft 10, Tel Aviv 1986, S. 249–278)

＊ ハンス・シュライアー『ヘートヴィヒ・ヒンツェ』(Hans Schleier: Hedwig Hintze. In: ders. Die bürgerliche deutsche Geschichtsschreibung der Weimarer Republik, Berlin 1975, S. 272–302)

＊ ブリギッテ・エストライヒ『ヘートヴィヒとオットー・ヒンツェ』(Brigitta Oestreich: Hedwig und Otto Hintze. Eine biographische Slcizze. In: Geschichte und Gesellschaft. Zeitschrift für Historische Sozialwissen-schaft, Jg. 11, H. 4 (1985), S. 397–419)

シャルロッテ・フォン・キルシュバウム

＊ シャルロッテ・フォン・キルシュバウム『真の女性』(Charlotte von Kirschbaum: Die wirkliche Frau, Zürich 1949)
同上『宣教のわざにおける女性の奉仕』(dies.: Der Dienst der Frau in der Wortverkündigung. In: Karl Barth (Hrsg.): Theologische Studien 30 —— 40, Zürich 1951)

＊ レナーテ・ケプラー『影の仕事 —— シャルロッテ・フォン・キルシュバウム　カール・バルトの傍らにいた女性

神学者』(Renate Köbler: Schattenarbeit. Charlotte von Kirschbaum. Die Theologin an der Seite Karl Barths, Köln 1987)

＊ メアリー・ダリー『女性のエコロジー』(Mary Daly: Gyn／Ökologie. Eine Meta-Ethik des radikalen Feminismus, München 1981)
同上『父・御子株式会社の彼方で』(dies.: Jenseits von Gottvater Sohn & Co., 4. Auflage München 1986)

ゼルダ・セイヤー＝フィッツジェラルド

＊ ゼルダ・フィッツジェラルド『ワルツはわたしと』(Zelda Fitzgerald: Schenk mir den Walzer, München 1984)

＊ F. スコット・フィッツジェラルド『夜はやさしく』(F. Scott Fitzgerald: Zärt-lich ist die Nacht, Zürich 1982)

＊ ナンシー・ミルフォード『ゼルダ』(新潮社より邦訳)(Nancy Milford: Zelda. Die Biographie des amerianischen Traumpaares Zelda und F. Scott Fitzgerald, München 1987)

＊ ポール・ロビンソン・ハンター『ゼルダ』(Paul Robinson Hunter: Zelda, 1988 (Theaterstück))

訳者あとがき

ハンブルク大学の、「哲学者の塔」と呼ばれている文学部の建物の十二階に初めてインゲ・シュテファンを訪ねたのは、一九九一年の九月だった。ドアを開くと、こちらの緊張を一気にほぐしてくれる人なつこい笑顔があった。

一九四四年生まれのインゲ・シュテファンは、ヨハン・ユットフリート・ゾイメの研究で博士号を取り、啓蒙期のドイツ文学を研究している学者なのだが、八〇年代以降はハンブルク大学の同僚たちと共に、フェミニズムをテーマとした仕事とも活発に取り組んでいた。「文学研究における女性たち」と銘打った機関誌の発行、学内での講演会の企画、各種セミナーの活動、さらには、女性による文学の伝統を求めて、不当に忘れ去られてしまった女性作家やその作品の発掘、再評価の仕事。九一年当時は、ハンブルク大学における女性雇用促進委員会のメンバーでもあった。インゲ・シュテファン、ジークリット・ヴァイゲル、マリアンネ・シュラーという三人の女性教授を擁していたハンブルク大学のドイツ文学科は「フェミニストの牙城」というあだ名を奉られ、そのあだ名にふさわしく優秀な、新進気鋭の若手女性研究者たちを次々世に送り出していた。インゲ・シュテファンの『才女の運命』はそうした、フェミニズム文学研究が勢いに乗り出したころに出版された本の一つで、忘れられた女性を発掘し、世に紹介するという意味ではシュテファンのそれまでの仕事の延長線上に位置づけられるものの、同時期に出版された彼女の同僚ジークリット・ヴァイゲルの『メドゥーサの声』が文学研究の立場からフェミニズムの諸問題を取り上げているのとは対照的に、かなりジャーナリスティックな要素を持っている。マルクスやトルストイ、アインシュタインといえば日本でも大変よく知られた人々であるが、けっして幸せとはいえなかった彼らの妻の生涯にスポットを当て、結婚生活のなかで才能を搾取される女性の姿を際だたせようとする意図のもとに書かれたこの本は、ドイツで版を重ねており、幅広い読者層を獲得している。また、ルーマニアと韓国ですでに翻訳が出されている。

才能あるがゆえに、ふつうの娘たちとは違う道を歩み、しばしば父親の後押しを受けて自らの望む専門教育を受けることのできたこの本のヒロインたちは、同じその才能のゆえに、成功した男性の目にとまり、求められてそのパートナーとなった。カミーユ・クローデルやシャルロッテ・コリント、ヘートヴィヒ・ヒンツェの場合のように、そうしたパートナーシップは時には師弟関係が発展したものでもあり、師弟のあいだの上下関係は、往々にして結婚生活のなかにまで持ち込まれた。優れた男性から導きと刺激を受けつつ、自らも創作活動(あるいは研究活動)にいそしみたいという希望が、必ずと言っていいほど打ち砕かれてしまった原因は、当事者たちの強すぎる個性のせいばかりではなく、このヒロインたちの時代の結婚というシステムが、女性の側ばかりに重い負荷を課すことを常としていたことにも求められるだろう。キリスト教の結婚式では新婦がヴァージンロードを父親と共に歩み、祭壇の前で待つ新郎のもとに導かれる。この儀式はまさに、女性の扶養者・監督者としての立場が父親から夫に移行することを象徴的に表していると言えるだろう。女性が父親の姓から夫の姓に変わることも、シュテファンが指摘するように、結婚による女性の帰属先の変化をはっきりと目に見える形で示している。女性には、一個の芸術家である前にまずよき妻、よき母であることが求められていた。あきらめて、夫の存命中は脇役に徹した女性たちもいる。しかし、男性との結びつきによって自己実現の可能性が断ち切られてしまったことに悩み、自滅し、狂気に陥っていった女性たちもいた。フィッツジェラルドの例が示すように、男性たちもまた無傷ではいられなかった。

この本に限らず、最近になって日本でも次々に、天才と呼ばれた男性たちの人生を新しい角度から描こうとする伝記が翻訳されていることは注目に値する。アインシュタインしかり、マルクスしかり。天才の神話がつき崩されていく背景には、男女共生の新しいあり方を探っていこうとする、成熟した社会の動きがある。この本のヒロインたちがもし二十世紀末の今日に生きていたなら、もっと自由に、のびのびと才能を発揮することができたのだろうか。

インゲ・シュテファンの研究室を初めて訪れたあとで、わたしたちは一緒にトルコ料理店に行った。彼女のお気に入りのその店で、夕食をとりながら話題にした『才女の運命』邦訳をやっと果たすことができたわたしは、ドイツ留学以来抱え込んでいた宿題をようやく提出できたような気分になっている。

（一九九五年記す）

＊

旧版のあとがきを書いてから、二十五年という月日が流れた。『才女の運命』は、わたしが初めて翻訳した単行本だった。当時大変お世話になった出版社「あむすく」はいまはない。わたし自身はその後四十冊以上の本を翻訳し、当時勤めていた横浜のフェリス女学院大学から早稲田大学に移った。嬉しいことに、この本の著者インゲ・シュテファンとの交流はいまも家族ぐるみで続いている。ドイツで会ったり、日本に来てもらったり。今年はなんと、インドで会う予定もある。彼女はハンブルク大学からベルリンのフンボルト大学に移り、十年前に定年を迎えた。しかし健筆は衰えず、昨年は文学における極地のイメージを分析する『氷のように冷たい英雄たち（原題：Eisige Helden）』という本を出版した。

『才女の運命』を再版したい、という嬉しいお話が持ち込まれたのは昨年秋である。一昨年、ケイト・ザンブレノの『ヒロインズ』という本が西山敦子さんの翻訳でC.I.P.Booksから出版されて、おおいに話題になった。抑圧されて苦しむ作家の妻たちの物語で、ゼルダ・フィッツジェラルドも登場する。この本は、折しも日本において盛り上がってきた「ミー・トゥー（#MeToo）」運動の波にも乗り、多くの人々にインスピレーションを与えた。そんな流れのなかで、すでに二十五年前に『ヒロインズ』とたいへんよく似た内容の本書が出ていた、ということに気づいてくださった方々がいた。この本は『ヒロインズ』とは違って有名な男性のパートナーたちの伝記集となっているが、いま読んでもインパクトが大きい。今回、久しぶりに自分の翻訳を見直し、ゲラを読みながら、内容が古びていないことをあらためて確信した。

旧版での翻訳に際しては、この本のヒロインたちの生活の舞台が新旧両大陸の広い範囲におよんでいたこともあり、固有名詞の表記の仕方など、大学の同僚の先生方に教えていただいたことも多い。ここに感謝の気持ちを記したい。

またその際、「あむすく」の村さんには辛抱強く訳稿を待っていただいたことを、編集者の森さんにはたくさんの貴重なアドバイスと励ましをいただいたことを、心から感謝している。

翻訳に新たな生命を与えてくださった、フィルムアート社の田中竜輔さん、装丁を担当してくださった名久井直子さん、この本の価値をいち早く認めて推薦文をお書きくださった鴻巣友季子さん。ほんとうにありがとうございます。

この本はわたしが翻訳した最初の本だったが、出版社を変えて再版される最初の幸福な本ともなった。あらためて、多くの読者とのよき出会いがあるように祈りたい。

二〇二〇年二月　松永美穂

イング・シュテファン Inge Stephan
1944年北ドイツのイツェホー生まれ。ハンブルク大学とフランスのクレルモン＝フェラン大学でドイツ文学、歴史、哲学、政治学などを学ぶ。1983年以降ハンブルク大学教授、1994年以降ベルリンのフンボルト大学教授として多くの後進を育て、アメリカ、日本、中国、インドなどで講演活動や集中講義を行う。2010年に大学を引退後も、活発な執筆活動を続けている。

松永美穂（まつなが　みほ）
早稲田大学文学学術院文化構想学部教授。ドイツ文学、翻訳家、日本翻訳大賞選考委員。主な翻訳書にラフィク・シャミ『夜の語り部』、ヘルマン・ヘッセ『車輪の下で』（光文社古典新訳文庫）、ウーヴェ・ティム『ぼくの兄の場合』（白水社）、アンドレアス・セシェ『ナミコとささやき声』（西村書店）など。ベルハルト・シュリンク『朗読者』（新潮社）にて、第54回毎日出版文化賞特別賞受賞。著書に『ドイツ北方紀行』（NTT出版）、『誤解でございます』（清流出版）がある。

才女の運命
男たちの名声の陰で

2020年3月19日　初版発行

著者　イング・シュテファン
訳者　松永美穂

装丁　名久井直子
組版　宮一紀

編集　田中竜輔
発行者　上原哲郎
発行所　株式会社フィルムアート社
〒150-0022 東京都渋谷区恵比寿南1-20-6 第21荒井ビル
Tel. 03-5725-2001 | Fax. 03-5725-2626 | http://filmart.co.jp

印刷・製本　シナノ印刷株式会社

Printed in Japan
ISBN 978-4-8459-1930-7　C0098

地名の政治地理学

地名は誰のものか

田邉　裕

古今書院

Political Geography on Place Names:

Who is Owner of the Place Name?

by Hiroshi TANABE

ISBN978-4-7722-5337-6

Kokon Shoin Publishers Ltd., Tokyo, 2020

まえがき

地名はそれに関わっていた人にとって、その土地をまとめて思い出させる。韓国の地理学者が、韓国人は「日本海」ではなく「東海」という地名を聞いて国歌を思い出す情緒的存在なのだと語ったことがある。私は、あなたと同じように日本人は「日本海」でさまざまな歴史的事件や冬の灰色の厳しい波頭を思い浮かべるので、他の国の人々に自分の地名を押し付けるのは賛成できない、と語ったことがある。地名は歴史的文化的存在であると同時に政治的問題であり、日本でも地名の重要性を再考する必要がある。

地名についてここ20年ほど学会発表や国際会議などでの口頭発表だけでなく、いくつか雑誌・学会誌・新聞などに論考を発表してきた。海外の雑誌にも何編か寄稿したが(1)、ここのところ恩師・先輩だけでなく、後輩・教え子までが鬼界に入る状況に、自分の年齢に危機感を自覚し、慌てて本書にまとめた。今は亡き多くの人々に感謝と日頃の怠惰をお詫びして冥福を捧げたい。

外国人に向けた部分は、地理学や地図学だけでなく、かなり言語学・歴史学的にも説明しなければ理解されないのではないかと考え、日本の読者には煩雑で旧聞に属する解説も加えた。

地名の政治地理学研究はまだまだ日本ではマイナーな領域である。そのためか昨年、この歳になって国連地名専門家会議の東アジア部会長に選任された。先任の韓国の地理学者が、自分より私が年長であると知って驚いていた。別に若づくりしていたわけではないのだが。後学のために最小限の考え方を残したいとの焦りもあって、同じテーマを繰り返し論述しているところがあるが、これも歳のせいであるとお許しをいただきたい。

ただ、それほどにこれらの主題がないがしろにされてはいないかという、いわば老婆心から書き連ねた部分もあるので、その点はぜひご寛恕いただきたい。

日本の地名がおかしいぞという類書は多く出されているが、そのおかしいと思われる地名を生み出してしまう地名行政のシステムに言及するものはほとんど見出せなかった。日本の地名が日本語を使う日本人の共有財産であり貴重な歴史的文化遺産であることを、改めて考えるよすがとなればと本書を公刊した。馬齢を重ねてなお、多くの過ちや思い違いがあることを危惧しつつ、本書を手に取ってくださる読者の皆様に感謝したい。

2020 年盛夏

田邉　裕

［注］

（1）Tanabe, H., Takizawa, Y., Yaji, M. and Watanabe, K.（2010）*Origin and Functtions of Geographical Names*（和文両語版『地名の発生と機能』帝京大学地名研究会）

Tanabe, H. & Watanabe, K.（2014）A reflection on the names of large seas, in Jordan, P. & Woodman, P. eds. *The Quest for Definitions,* Verlag Dr.Kovac. Hamburg, pp.159-163.

Tanabe, H.（2015）Difficulties of the exonym/endonym dichotomy from the viewpoint of East Asian place names, in Jordan, P. & Woodman, P. eds. *Confirmation of the Definitions.* Verlag Dr. Kovac, Hamburg, pp.129-138.

Tanabe, H. & Watanabe, K.（2017）Discussion on place names based on Compass directions, in *Achieving Peace and Justice through Geographical Naming, Proceedings of the 23rd International Seminar on Sea Names, Berlin*, pp.229-234, The Society for East Sea, Seoul.

目　次

第 1 章　地名の起源と機能[(1)]

第 1 節　固有名詞：人名と地名

固有名詞の代表は人名と地名であるが、人間も土地も元来固有名詞を持って現れたわけではない。しかし、それらは多様な性格・性質と多様な独特の風貌・風景とを具備し、出会う者に多様な印象を与え、受け手によっても変化する。実際、人や土地は、我々が持つ言語をいかに駆使しても、表現しきれない存在である。しかしそれらに一度固有名詞を与えれば、それらは生き生きとした性格・風土を持って立ち現れ、我々にその人や土地ならではの印象を与えてくれる。

人名や地名はそれほどに重要であり、百科事典の大きな部分を占める項目であるにもかかわらず、その命名・改名に関して十分に議論されて来たように思われない。人名に関しては、出生時に命名され、人生の途中で理由があって改名され、死後に残る。人名に関しては、出生のつど、法律に従って届け、あるいは襲名披露をし、あるいは戒名を与え、やがて歴史上のものとなる。

しかし地名はしばしばどのように命名され、あるいは改名されて現在に至っているのか、十分に考察されて来なかったようである。その理由の一つは、地名は自然的存在としての土地や水体に対する名称であり、これらは特別な天変地異や人為的な改変がない限り、あるいは非常に長い地球史的時間ではともかく、不動産とも称されるように、より短期的な人類史の上では簡単には滅失しない存在であるためである。第 2 の理由は、逆説的であるが、地名は永遠の生命を持つことができるはずであるにもかかわらず、土地の支配者（所有者、使用者、為政者）との関係が必ずしも安定的ではないために、時に土地利用の点で改変され、あるいはさまざまな突発的な災害を受けるために、いわば不安定ながら安定した存在で、扱い難いためである。また、地名は民俗学的好奇心からくる好事家の興味の対象であるとされて、学問的に軽んじられているからかもしれない。

本書は地名の成立を簡単に検討し、とりわけ現在のわが国の地名が持つ特性と問題を総括するものである。

第 2 節　普通名詞としての地名の成立

一般に地名は、地表の特定の地点、あるいは地域を特定し表現するために設定される。その地名を論じる論点には、地名がどのように生まれるのか、その新たに生まれた地名がどのような機能を果たすのか、さらにその機能の評価を通じて引き起こされる諸問題など、大きくまとめて 3 点があげられよう。

まずここでは地名の誕生の意味を、特殊固有名詞としての地名の議論の前提として一般論として述べる。人間は時空間を認識する過程で、その対象とする事象に名称（名詞）を与える[(2)]。つまり認知された事象は分類され記憶される際に、本来時空間の中に他の事象と結びつきつつ、また多くの属性を持ちつつ存在している、いわば総合的な存在であるが、命名によって解体されて総合性を失う。たとえば「山」と命名された事象は、あくまでも山であって川ではないと分類されるのである。山には樹木が茂り、小川が流れて山と共に同時存在し、総合的な一体となった景観を生み出しているが、山という普通名詞が山以外の事象に関わる一切の関係を削ぎ落とすのである。これは固有名詞と異なる普通名詞の分類機能を示している。

普通名詞としての地名は野、山、沼、湖、池、川、谷、海、島など地名の属性を示し、これには地峡、海峡、曲流部、半島なども含まれる。岩、砂、一本の杉、泉など普通名詞の地名をより明確に規定する自然上の事物を指示する地名も現れる。ただし普通名詞には、その対象となっていた事象が持つ総合性が欠落している。

風景とは「ある地域が人間に与える印象」あるいは「その印象を生ぜしめる対象、すなわち地域それ自身」である(3)。そのような地域に普通名詞の名称を与えれば、その地域から人間が受け取る印象は薄っぺらなものになり、本来の風景を回復するには普遍的な名称を「私のもの」として固有名詞化せねばならない。

もちろん、認識の当初に命名する名称は、自分が対象を認識して記憶するだけであるから、「山」と言えば特定の「あの山」であり、「川」は「いつもの川」で、いわば固有名詞的な特定の土地を普通名詞で表現している。また、その山や川を認識過程で共有している人々の間でも「山に行く」とか「川を見る」で問題はなく、同じ山に行き、同じ川を見るのである。このように条件がそろえば、普通名詞ではあっても固有名詞としての機能を持ち、分類と伝達の手段となる。しかし、分類する対象が多様になれば、「山」の他に「丘」などと別の名詞を与えるか、その名詞に形容詞を付加して「白山」や「黒い森」、「大川」と「小川」あるいは「裏山」や「西の海」のような位置や方角を加えて区別しないと、分類・伝達が難しくなる。こうして形容詞が付加された普通名詞の地名が成立する。

形容詞は便宜的に付加され、たとえば大小や広挟などの形状、これには高低深浅なども含まれる。時には、色合いや風雨雪氷さえも形状の表現として重要である。東西南北や遠近など距離や方位などの位置、港、峠、渡し場、交差点など交通上の表示、あるいは開拓者や所有者の名前、その所属する団体名、時には開発された日時、歴史事蹟を用いることもある。新村や旧市街などの表現は普通名詞ではあるが、その地名に歴史的な説明を与えている。またその土地の経済的な価値を示すために、豊、荒、貧、あるいはその地域の主要な産物、植生などを加える場合もある。

第３節　固有名詞としての地名の成立

さらに広域の、しかも多数の人々がその対象を共有する必要が生まれてくると、単なる山ではどの山なのかがお互いに分からなくなる。「東の山」などと形容詞がその対象物だけに特有のものに与えられて、東に他の山があれば、それに別の名称が与えられる。普通名詞の地名が次第に固有名詞の地名へと進化してゆくのである。しかし西の人々が東の山と認識している山は、その山の東側の人々にとっては当然、西の山である。同じ山が「東山」と「西山」のふたつの固有名詞に凝固してゆく過程で、もし東西両斜面の人々の認識が時代的に前後すれば、先行した地名が定着して一つの固有名詞だけが受容される。

歴史的先行地名が存在しない場合には、東西の人々とその「山」との関係が固有名詞の定着過程で重要な契機となる。その山へのアクセスを規定する地形的特徴、あるいは人々の所有関係など社会経済的あるいは行政的支配など政治的関係が含まれる。たとえば山科側から見れば西山になる山地が、長い間首都であった京都の人々が呼ぶ東山として、日本だけでなく外国の多くの人々に用いられるようになった例もある。また、新潟県の西山は多くの人が住む長岡の西にあり、山の西は日本海となっていたため、東山の地名は成立しなかった。

第４節　漢字表記とローマ字表記

漢字文化圏の日本や東アジアの現在の地名には、漢字を用いなくても、普通名詞から転化した地名が多い。日本の例をみればすぐ分かることで、たとえば東京は「東の首都」の意味であり、京都は首都そのものを意味する。瀬戸内海は「瀬戸の内側にある海」であり、北海道は「北の海にある地方」であり、中国人ならば固有名詞でなく普通名詞としても理解できる。逆に北京は（発音こそ異なるが）「北にある首都」であり、海南島は「南の海にある島」である。これらの普通名詞としての地名は現在では固有名詞となり、漢字ではそのまま普通名詞としても理解できるが、表意文字を用いないヨーロッパ系言語では、意味を失った単なる音として用いられる。

中国人が東シナ海を単に「東海（donghai）」と呼んでも、日本人は中国の東側にある普通名詞の海で固有名詞として理解できる。また韓国で日本海を「東海（donhei）」と普通名詞で呼んだとしても、半島の東側にある海のことであると理解する。しかし固有名詞となると、中国語の「東海」を日本人は東シナ海と理解しているし、韓国朝鮮語の「東海」は日本海と理解している。英語ではこの East China Sea と Japan Sea を用い、国際的にもこれが標準である。

普通名詞としての東海は中国語で donghai、韓国語で donghei、日本語で toukai と発音されるが、固有名詞としての Donghai は中国で East China Sea、韓国で East Sea と英訳され、それぞれ別の海を示す。日本には固有名詞の東海は存在しない。強いて言えば、北太平洋を意味している。

漢字とヨーロッパ系言語との大きな相違は、漢字では普通名詞としての地名と固有名詞としての地名とが渾然一体となっていて、明確には区別されないことである。

第５節　地名の機能

固有名詞化した地名の機能は、特定、保存、伝達である。

(1) 特定・保存する機能

固有名詞は本来、特定された土地固有の名称であるが、実はその固有名詞がある特定の土地を示さないという、すなわちその逆が成立しない場合がある。

世界には同名の土地が少なくない。したがって固有名詞でありながら固有の土地を示さない普通名詞のような存在となって、固有名詞本来の役割を果たさない。普通名詞の東の海は固有名詞の「東海」と特定されたが、それでは中国の東海（東シナ海）、韓国の東海（日本海）、ドイツの Ostsee やデンマークの Østersøen 、そしてスウェーデンの Östersjön やフィンランドの Itämeri はいずれも直訳すれば「東海」となり、海の特定が困難な固有名詞となる。中国では、国内における中国語の地図帳では「東海」としながら、英語版では「East China Sea」とし、またドイツ、デンマーク・スウェーデン・フィンランドの東海は、それぞれバルト海と記される。この特定機能を保証するために、さらに形容詞を重ねて、あるいはより広域の所属する地域名を付加して固有名詞としての機能を持たせている。東海を東シナ海としたように、さらに広域の固有名詞を付加しているのはその例である。

もちろん、複数の同名固有名詞が存在しても、それが一国内であれば、簡単に処理できる。日本では、会津若松市が周辺地域を合併する際に、会津を付加して福岡県の旧若松市と区別したのはその一例と言えよう。秋田県湯沢市と区別するために新潟県湯沢町の多くの施設はわざわざ越後湯沢と「越後」を冠しているし、大島は伊豆や奄美だけでなく、福岡県の宗像大島、宮城県の気仙沼大島、萩大島、八幡浜大島など枚挙にいとまがない。

しかしそれが国際河川や海のように、さらに広く、諸外国から船がやってくるような場合は統一が難しい。結局、地名の機能として、特定、保存、伝達に便宜な地名が選ばれる。一般にドイツの地図帳を見なければ、バルト海がOstsee（翻訳すれば東海）とも呼ばれていることは知らないままである。

(2) 伝達される総合性

地名は単なる特定の土地を示す名称だけではなく、それに付随するさまざまな情報をも含む。普通名詞にはその実在感がないが、これに固有名詞の地名を与えると、総合的なそこ固有の地名として現れる。普通名詞やそれに付随する形容詞などはあくまでも対象物を分類し整理する認知上の道具であるが、固有名詞はそこに存在する対象物のすべての属性を統合した実在物である。したがって、総合的な実在を特定し伝達し、受け手の頭脳に再現する手段としての地名は、人名と同様に、最終的には固有名詞でなければ十分に伝達に利用できないのである。

ただし、固有名詞を伝達する送り手と受け手がどの程度その地名を認識しているかによって、地名が含む内容の豊かさが異なってくる。幼なじみの間では

「裏山」だけで木の実やその味、そこから見晴らす風景が伝わるし、会社の同僚とは「あのカフェ」だけでコーヒーの香りや懸案を議論している仕事の内容が伝わる。

たとえば歴史的にも文化的にも世界的に有名な川を普通名詞で表現してみよう。筆者の筆力の問題もあるが、たとえばこうなる。全長は400 ㎞あまり、高原から発して100 ㎞あたりで中流の湖に注ぐ。そのやや上流の粗末な10 mほどの木の橋に立って上流を眺めると、右手に樹木のないむき出しの丘の斜面、左手は牧草畑ではあるが、岸辺には鈍い色の緑の灌木が生い茂って川辺には簡単に降りられない。その間を灰色っぽい褐色の水が流れている。これがあの「渡るに渡れぬ深い川」と神話時代から歌われた川かと驚いた。もちろん人々が渡ろうとした地点はさらに下流ではあるが、でもこれにヨルダン川と固有名詞を与えれば、キリスト教徒でなくともそれなりの映像を思い浮かべる。

高峻で秀麗な成層火山、万年雪をいただき、広く裾野を広げて見事にすり鉢を伏せた形状は遠くから霊山として信仰を集め、山麓にはいくつかの溶岩による堰き止め湖が美しく点在し、一大観光地となっている。これはさすがに固有名詞の力を凌駕するから、あえて固有名詞は不要かもしれないが、しかし富士山という地名を与えられば、さらに豊かな富士山の景色が思い浮かべられよう。忍野八海、三つ峠、白糸の滝、大山崩れなどだけではなく、自衛隊の演習場や混雑する山小屋、富士山という固有名詞には、多様な要素がからみあって統合されている。

第６節　地名論の諸問題

地名は、その成立過程ですでに、その土地の占有者、歴史的に関与してきた人々の言語やその土地との位置関係などの個性を担う。したがって、人々の考え方が替わるときには地名の変更がある。

(1) 地名の政治性

地名自体は政治的に中立であると言えるが、しかし地名研究においてしばしば先住民の広がりを推定したり、政治的支配を跡づけたりすることができるという意味で、きわめて政治的な存在である。地名が変わることは、その土地を占有することの確認、政治的宣言だからである。ヨーロッパのように異民族の支配が変遷した経験を持たない日本では、その事例を見出すことは少ないが、それでも北海道の「新十津川」のようにアイヌ地名の間に進出したヤマト地名などその例としてあげられる。

日本の南西諸島には、琉球諸島あるいは薩南諸島など複数の地域名が併用され、それぞれが政治的な意味を帯びている(4)。地名は単なる記憶、伝達、保存だけではなくて、いわばアイデンティティを主張する象徴でもあった。だからこそ、地名は政治性を持ち、改変の前後における国際的問題に発展するテーマとなっている。それがまた、地名の歴史問題である。

(2) 地名の論争

普通名詞から固有名詞化するような自然発生的地名は、地名論議に先行して成立するので、もっとも地名論争が少ない。仮に論争が起こるとしても、それ以前にはどのような地名が存在したのかを確認することによって決着するのが自然である。しかし、これに政治的な力が加わると、非妥協的な不毛の論争となる。自然な普通名詞の地名の時代には当然論争は存在しないが、やがて固有名詞化する過程で、異なった固有名詞が共存することになる。論争は、この共存する地名が単一の特定地名に統合する過程で発生する。

このような「先行的地名 Antecedent toponym」は通常、問題なくひとつにまとまることもあるし、複数地名の併用で落ち着くこともある。このような地名を、国連の地名標準化会議では「内生地名 Endonym」としている。

他方、旧植民地では、旧宗主国が現地の先行地名を無視して押し付けた「上置地名 Superimposed Toponym」が、独立後、先行地名に復することになる。また旧社会主義国のように、政治体制の転換を受けて「上置地名」が「先行地名」に復する場合もあるが、新たな政治体制が新たな政治的主張に従った新地名を与える場合には、これまた「上置地名」となる。これを国連では「外来地名 Exonym」としてできるだけ内生地名を尊重しようとしている。

もちろん、まったくの新開地、また先行地名のない無人島や高山に新地名を付けるような場合には、発見者などの命名を追認することが多い。これは一種の「追認地名 Subsequent Toponym」とも言えるが、のちの章で触れるように、内生地名・外来地名ではなく「優先地名 Toponym precedent」と言えよう。

15 世紀以降多くのヨーロッパ人がアジア・アメリカに航海した際、彼らにとって地名は無きに等しかった。多くの東アジアの地名は、彼らの必要上、命名され、地図に記されていった。たとえば彼らが命名する以前の日本海や東シナ海を表現する普通名詞の地名は存在したかもしれないが、地図に明記され、伝達された固有名詞の地名は見いだせない。そもそも、保存され伝達された東アジア人が作成した太平洋、東シナ海、日本海などの全体を示す地図自体がなかったのである。

東アジアの人々は、ヨーロッパ人が命名した地名「太平洋」や「日本海」を追認することとなったのである。岸辺に立って対岸を意識しない、あるいは広がりの見えない大海について、単に東海、南海、西海、北海などという方向性を示す普通名詞的地名（方角地名）は存在したが、明確な範囲を認識し、国際的に認知された海洋地名は、東アジア人には生まれなかった。方角地名は岸辺に立って対岸の存在を意識せずに付けた海洋名であるから、その形状や大きさについて閉ざした海域を示すことができない、いわば開いた海洋を表す普通名詞とも言える。

そのような地名の無い土地に与える地名は、いわば内生地名でも外来地名でもなくヨーロッパ人が名付けた先行地名を世界が「追認」した地名であり、そのような地名は「優先地名 Precedent Toponym」と分類される。したがって、その優先地名を否定して別の地名を主張するとすれば、自分の主張する地名が内生地名であり、その優先地名が外来地名であると証明しなければならないだろう。

しかしながら、日本海をめぐる韓国・北朝鮮と日本との論争は、相互の内生地名・外来地名の争いではない。なぜなら韓国・北朝鮮の主張する「東海」は明確に「方角地名」であって、対岸の日本やロシアを含む閉ざされた海域名ではない。ここは海域全体の内生地名のない海域だったのである。「日本海」がいずれの国々にとっても外来地名であるといえないのは、たとえばロシアやフランスは無名のこの海域を周航した自国の探検家が命名した「日本海」を採用し、他の英語圏の国々もその翻訳を用いているからで、日本もその優先地名に従っただけに過ぎない。

地名論争は始まった時点に立ち戻って、どの地名が先行地名であったのかを探求することが、もっとも説得性のある方向となる。しかし、それはいずれが先行した内生地名であるのかという場合であって、優先地名は論争外である。

その意味で、日本海呼称が問題となった1992年時点に立ち返って、先行地名が日本海であったのか東海であったのかを明確にするとともに、日本海が優先地名として先行し、別に周辺諸国がその沿岸を表現するために内生地名として東海や北海が存在していることを追認し、それ以降における恣意的な使用例を他国に強制することには慎重でなければならない。

第7節　地名問題の展望

前述したように、地名は人名とならんで、固有名詞の代表である。しかし実際には土地と地名が1対1対応しているわけではない。そのために、複数の同一地名が存在すれば、その地名は固有名詞化する過程の普通名詞的地名として、形容詞や他の固有名詞を加えて、特定の土地を指示する固有名詞として運用されるようになる。

逆に特定の同一の土地に複数の地名が存在すれば、それぞれの用いる地名が特定の土地を特定できるのかという問題がある。同一地点に複数の地名が存在する場合には、多数の人々が用いる地名に自然と統合されて行くに任せるか、政治的に特定の地名を推奨するか、いずれにせよ不便ではある。しかし、多数の人々が用いながら、政治的に少数の人々の用いる地名を強制すれば、当然軋轢が起こる。地名の争いには民族問題や政治外交問題が介在している。

少数民族の問題に起因する地名論争はその国の内政に関わるが、国際的な地名問題については現在は国際機関で論議することになっている。とりわけ、多くの国々が利用する海洋地名の場合には、単にその海に面している国々だけの問題ではない。海を特定する地名の機能を損わないためには、その海洋名が伝達しやすいのか、その海洋を特定しやすいのかという問題があり、また航海上の安全性と利便性との観点が重要であって、いたずらに政治的に扱うべきではなかろう。

国際的に問題となっている日本海呼称問題は、竹島（独島）に見られるような領有・帰属の問題ではない。地理学者の立場から歴史地理学的、地図学的検討を行って出した結論から言えば、韓国が領域内で東海と呼ぶことは、先に指摘した中国の東海やドイツ・スウェーデン・ドイツの東海と同様、不自然ではない。しかしそれを国際的な地名として使用させようという、いわば地名の強制運動は、地名の機能という点からして賛成できない。

［注］

(1) 田邉　裕（2010）「地名の発生と機能」（田邉　裕・谷治正孝・滝沢由美子・渡辺浩平『地名の発生と機能』帝京大学地名研究会、第１章）を修正・加筆。

(2) Kadmon, Naftali（1997）*Toponymy: the Lore, Laws and Language of Geographical Names*.

(3) Mikesell, M. W.（1972）Landscape. in English, P. W. & Mayfield, R. C. eds. *Man Space and Environment,* Oxford University Press.

(4) 水谷知生（2009）「南西諸島の地域名称の歴史的および政治的背景」地理学評論、82、pp.300-322。

第２章　大海洋の地名[1]

本章では、前章でも言及した海洋地名についてさらに詳説する。

第１節　海洋地名の起源と定着

海洋地名はまず、沿岸に漁業集落があれば、その生活空間の名前として誕生する。「前の海」や「東の海」など集落との位置関係で呼ばれ、あるいは単にその集落名や海岸の形状から「屏風ヶ浦」や「瀬戸内海」などと名付けられる。多くの場合、普通名詞として始まり、やがて広範囲の人々に採用されて固有名詞に変化する。これは前章で述べた。

狭い集落の前の海に、より広い地方の、あるいはより有力な大集落の名前が被せられる。漁業が沿岸から外海に広がり、海洋が漁場から航海の場となるに従って、閉ざされていない開いた沿岸名から、対岸が想定された閉ざされた海域名に成長する。海洋名に限らず、陸上の自然地名であれ、都市地名であれ、このように成立した地名は内生地名（Endonym）と呼ばれる。

元来、小さな共同体が生み出す地名は小規模な領域でのみ通用する。歴史的に人々の生活空間が拡大するにつれて、その地名は大規模な領域にも適用されるか、あるいは他の地名との競合を経て消滅・統合されてゆく。しかし一般の陸上地名に比べて、海洋地名は海洋の大きさによって変化する特徴がある。たとえば「遼東湾」は「渤海」の入江であり、渤海は「黄海」の一部であり、黄海は「東シナ海」につながった「太平洋」の縁海である。その意味で、内生地名としてもっとも早くから成立する海洋名は、きわめて狭い対岸のない入江であったと言って良い。

逆に、大海の地名の成立は遅く、沿岸諸国の縁海を中心に多くの地名が成立した。しかし歴史的に見れば、大海の海洋名が広く世界的に認知されることは、ヨーロッパ人の世界周航まで見られなかった。実際、前章で指摘したように、それ以前にアジア・アフリカの人々による大海全域を認識して世界的な地名が成立した事例はほとんどない。たしかに 15 世紀前半に当時の明が数次にわたって派遣した鄭和の「西洋下り」はインド洋を横断してインド、ペルシャ、アフリカまで達しているが、海洋名に関しては単に「西洋」や「南海」と方角地名を用いているために、ヨーロッパ人から見る方角としては採用されていない。したがって内生地名も外来地名（Exonym）も存在しなかった無名の大海地名は、その海域の航海者が、あるいはその記録を元に地図作製をした者がこもごも命名した。

それだけに地名は、地図の発行やあらたな航海記録の公表のつど変動し、定着までに多くの年月を要した。実際、日本海全体の海域が地図化されるのは、正確に地図化した 1797 年のラペルーズ（La Pérouse、1741-88）以降で、以後、この優先地名が沿岸諸国の部分的な内生地名を包含したのである。したがってそれ以前の地図の多くは、地図上の海域の中心ではなく、沿岸に海洋名を記入している点で、海域名ではなく、部分的な沿岸名である(2)。

このような命名の経過から、大海地名に対しては第 3 の地名（優先地名 Toponym Precedent）がいくつか提唱され、主要な航海者にならって英語・フランス語・スペイン語・ポルトガル語・ロシア語など多様な言語による命名が現れた。航海者はいわばすべてインド・ヨーロッパ系言語の人々で、相互の翻訳が自然に行われ、あるいは彼らのかつての共通語であったラテン語が用いられた。

やがて、彼らの母国の当時の国力、あるいは地図の技術的水準や販路に応じて、それら提案された地名の中から、優先地名が定まってゆき、各言語はその翻訳を自分の言語の文脈のなかに取り入れた。世界史上かなり後まで無名であった大海洋には、内生 / 外来地名のいずれにも優先する地名が誕生したのである。外来地名との関係で言えば、海域全体の内生地名が存在しない大海では、優先地名はしばしば外来地名以前の命名ということになる。

たとえば太平洋でさえも、当初の名前は、南半分に限ってではあるがバスコ・デ・バルボアによって南洋（Mar del Sur）と名付けられ、後にマゼランによって提唱された現在の太平洋（Mare Pacificum）に定着している。この大海は、ヨーロッパ人が捕鯨や交易などのために進出するまで、全域の地名を必要としなかったのである。必要となるのは遠洋漁業や海外貿易が発達する産業革命以降で、詳細な岩礁や海底地名が議論になるのは、海底資源の開発が問題になる現代になってからである。

したがって、15 世紀に始まる近代化の前に提案され、ほぼ 19 世紀に世界的に定着した大海地名は、内生 / 外来地名に分類することのできない優先地名として扱われるべきであろう。なぜならその時代の海洋名は、外国語表示ではありながら、植民地支配のもとに命名された外来地名とは別の、自由な翻訳が許されるものだからである。

第 2 節　優先地名としての海洋名の翻訳

優先地名は多くの言語に翻訳され、いずれがオリジナルであるのかを判断することが無意味となっている。大海洋の場合、周辺をとりまく国の数が多く、もちろんその海域を航海する人々や漁業者も多様なので、しばしば多くの内生地名によって囲まれている。たとえば先に挙げた Mare Pacificum は英語で Pacific Ocean、フランス語で l'Océan pacifique、中国語で太平洋（Tai ping yang)、日本語で太平洋であるが、いずれの翻訳語も内生地名ではなく、しかも外来地名とはとらえられない。その意味で、本来優先地名である Pacific Ocean をあえて二分法をもちいて内生 / 外来地名のいずれかに分類することはできない。当然のことであるが、中国語と日本語の「日本海」は同じ文字表現であり、相互理解が可能であり、発音が異なると言うだけであるから、翻訳とは言いがたい。

むしろローマ字化する過程で、綴りの異なる言葉に変化している。

同様に、18 世紀に日本海を東シナ海からオホーツク海に初めて通り抜けたフランス人航海家のラペルーズの Mer du Japon 、あるいはドイツ系ロシア人提督のクルーゼンシュテルン（A.J.von Krusennstern、1770-1846）の Японское море（ドイツ系の彼によるラテン文字転字は Japónskoje mór'e、ヤポーンスコエ モーリェであるが、日本のローマ字転字では Yaponskoe more となる、1826）以降、この海域は、Japan Sea や Sea of Japan、あるいは日本海として優先地名が定着している。日本では「日本海」、また中国でも「日本海（Riben-hai）」と翻訳された(3)。ここでは次章で検討するように、翻訳をローマ字あるいはハングルのような表音文字で表現すれば、翻訳であると同時に翻字となってくる。

ただし朝鮮半島の国々は、「日本海」が、日本が朝鮮半島を植民地としていた時代（1905-1945）に強制された外来地名であって、東海「동해（Dong-hei、East Sea)」が 2000 年来用いている内生地名であると主張している(4)。ここで議論されるべきは、日本海が外来地名として沿岸諸国に押し付けられたものであるのか、それとも優先地名として、長い間無名かあるいはさまざまな名称(5)が交錯していた海域に、ラペルーズなどの航海によって与えられたものであるのかという問題である。

優先地名が優先である理由は、大海であるために、沿岸諸国だけでなく航海上のあるいは漁業上の利害を持つ多くの国々がそれぞれの言語に翻訳導入している点で、他の外来地名のように他国から押し付けられた地名ではないからである。たとえば太平洋や大西洋などの大海名は外来地名ではないが、沿岸諸国ではしばしば部分的な名称として内生地名が生まれている。

第３節　海洋と住民

海洋地名が陸上地名と決定的に異なるのは、居住する現地民がほとんど見られず、海洋名が存在しない広い海域が存在していたことである。たしかに日本のみならず東南アジアなど世界的にいわゆる水上居住民と呼ばれる人々が存在することは、各種研究にも取り上げられている(6)。しかしその人々の生活は沿岸の陸地と密接な関係を持っており、沿岸集落が海上に張り出したと理解すべきで、海洋地名との関係で言えば、沿岸の漁業集落の人々とあえて分けたとしても、対岸を意識した閉ざされた海洋名を持ってはいない。その点では乾燥地域における遊牧民とオアシスの定住民との関係とは異なっている。遊牧民は居住地を移動するのに対して、水上居住民は特定沿岸と強く結ばれた水上集落を形成している場合が多いからである。

したがって、沿岸から見た対岸のない開かれた海洋に対する命名ではなく、対岸に達する閉ざされた海洋の命名は、その海洋を横断して形状を把握した航海者によって成立した。その意味でも、いわゆる大航海時代のヨーロッパ人による海洋の命名とその海洋名を取り入れた地図の発行は、優先地名に決定的な影響を及ぼしたと言えよう。しかもそのヨーロッパ系言語は互いに容易に翻訳が可能であったから、そのまま優先的な海洋名として定着し。各国は当初の命名をその言語のまま、あるいは自国語に翻訳・翻字して用いてきた。このような地名は、国連の地名標準化専門家会議（UNGEGN）では規定されていないのである(7)。

優先地名は、たとえば「月」という天体の名称がいずれの言語でもあらわされる優先性を持っていることと同じ扱いになる。その点で、大海洋地名を単純な内生 / 外来地名の二分法によって議論することが事態を不透明にしている。内生地名は住民が自分の生活圏にある土地に結びつけて命名して発展してきたものであるが、そもそも住民のいない大海洋に内生地名は存在せず、存在する内生地名としての海洋地名はあくまでも陸上、特に沿岸の人々が命名している、対岸を想定していない、狭く開いた海洋の名称である。

普通名詞から発達した内生地名は、当然世界各地に同じ地名として成立している。大きい島は普通名詞としてあちこちに存在しているので、一国内であれば「大島」は伊豆大島や奄美大島など地域を指定して誕生しているが、パナマのカリブ海沿岸にある Isla Grande は大島とは翻訳されず、イスラグランデと翻字される。あるいはイタリアのシシリア島の西外れにある Isola Grande は日本語ではイソラグランデであり、中国語でも格蘭徳島と表現されている。ここでは普通名詞のイソラのみが島と翻訳され、固有名詞としてのグランデは格蘭徳と翻字されて、「大島」とは翻訳されないのである。

このイスラグランデなりイソラグランデをパナマ大島とかシシリア大島などと翻訳しては、現地の人々には判じもののような地名となり、その土地を表そうとする実用性を失うことになる。沿岸の陸地から見る海洋への情緒的な思い入れは、まさにその沿岸の人々にとっての海洋名であり、航空機や人工衛星から眺めるような、あるいは数日間の航海の末に渡海する大海洋の名は、いわば沿岸の人々の感覚を超え出た、内生/外来地名に優先する存在である。

第４節　日本海呼称問題、各国の地図表記

国連地名標準化会議でしばしば韓国・北朝鮮が提起する日本海呼称問題に関して、この節で触れておこう。

まず「日本海」という呼称は、1602年のマテオ・リッチ「坤輿万国全図」に最初に出現する。ただし現在の世界における海洋名の国際的名称と範囲は、国際水路機関（IHO）が出版する『大洋と海の境界 *Limits of Oceans and Seas*』（第3版、1953、通称S-23）に依拠している。この機関は、航海の安全と海洋環境の研究・保全と海図作成技術の向上を目的として1921年に結成された国際水路局に始まり、1970年に現組織に改組されている。その性格から、海洋名は原則として1海域1名称とされる。単純な説明をすれば、ある海難事故がどこで起こったのかを示すためには、１名称が特定海域を示さねばならないからである。

これに準拠すれば、日本海は1928年の初版以来一貫してJapan Seaであり、他の名称たとえばSea of Japanではない。しかし各国が独自に海洋名を付与することが禁止されているわけではないので、日本ではどちらも使用されている。前述のように、たとえばロシアではЯпонское море（ラテン文字転字Japónskoje mór'e、ヤポーンスコエ モーリェ）、中国では日本海（Rìběnhai、読

みはリーベンハイ)、アメリカ合衆国はSea of Japan、多くのフランス語系の国々はMer du Japon、同様にスペイン語系の国々はMar del Japón、ドイツ語系の国々はJapanisches Meerを用いている。また、国際連合はアメリカ合衆国の公式名を踏襲している。

このように各国言語に翻訳されているのは、「日本海」が、内生地名でも、それをいわば排除して成立した外来地名でもなく、前述の優先地名であった証左である。その意味で、朝鮮半島の国々が日本海を漢字表現で「東海」、ハングルで「동해」、国際版で「Tong-hae」と記名することはありうるが、それを「East Sea」と翻訳して外国の国々に強要することは、海洋と海洋名との1対1対応による航行の安全性の観点からも問題があろう。なぜなら別のページに記しているように、東海(East Sea)は東シナ海、南シナ海、バルト海をも、それぞれの国々で用いられている別の海洋名だからである。

海洋名ではないが、日本には愛知県に東海市(トウカイし)があり、韓国の江原道に東海市(トンへし)、中国にも東海(東シナ海)に面している上海市東海(トンハイ)、福建省東海(トンハイ)や広東省東海島(トンハイとう)などが見られる。これらは普通名詞から固有名詞化している例である。

[注]

(1) 田邉　裕(2014)「大海洋の優先地名について」地理、59-11、pp.4-9、およびTanabe, H. & Watanabe, K.(2014) A reflection on the names of large seas, in Jordan, P. & Woodman, P. eds. *The Quest for Definitions,* Verlag Dr.Kovac. Hamburg, pp.159-163を修正・加筆。

(2)韓国がしばしば引用する古地図(たとえば1531年、Ocean Atlas of Korea、2007所載)のほとんどは、半島の東側沿岸に「東海」と記入しており、それが日本海の海域全体の名称であることを証明していない。また、1602年のマテオリッチによる地図には「日本海」の呼称が記入されているが、ここでは取らない。

(3) 田邉　裕・谷治正孝・滝沢由美子・渡辺浩平(2010)『地名の発生と機能』帝京大学地名研究会。

(4) 2012年(ニューヨーク)国連地名標準化会議における朝鮮人民民主主義共和国代表の発言。

(5) 17 世紀のマテオリッチの「日本海」以来、Tavernier（1679）の Ocean Oriental、Valk（1700-25）の Mare Septentrion Iaponi、van der Aa（1707）の Oceanus Chinensis、Seutter（1720） の Mer du Nord du Japon、Homann（1720） の Mare Meridionale、Tirion（1740） の Mer de Kamtzchatka および同（1740-50） の De Noord Zee van Japan、Bwoen（1747）の The Sea of Korea、Palaret（1752-63）の Gulf of Corea。

(6) 浅川滋男 (2003)「アジア漂海民と家船居住」鳥取環境大学紀要、創刊号、pp.41-60。

　長沼さやか他 (2007)「水上居民の家船居住と陸上りに関する文化人類学的研究－中国両広とベトナムを中心に－」(研究 No.0603) 住宅総合研究財団研究論文集、No.34。

(7) UNGEGN: *Glossary of Terms for the Standardization of Geographical Names* (2007, 改訂)。

第3章　地名の翻訳と翻字[1]

第1節　地名の翻訳

固有名詞の翻訳は、人名であれ地名であれ原則として行わないことが、現代の国際化社会における暗黙の原則である。翻訳された途端に、固有名詞の普通名詞への、いわゆる先祖返りを許してしまうからである。日本の鍛治さんをSmith（スミス）さんやSchmidt（シュミット）[2]さん、あるいはLe Goff（ルゴッフ）さんと翻訳すると、小文字で始まれば彼はイギリスやドイツ、あるいはブルターニュでは元来の普通名詞である鍛冶屋さんだなと理解され、大文字で始まれば日本にいるそれぞれの国の人と間違えるであろう。同様に、地名の大川をRio Grandeと翻訳すれば、スペイン語系の人は、それを日本の地名とは理解しないし、日本にあるGrand Riverと説明すれば、英語使用者は「大きな川だな」と普通名詞でとらえることになる。

固有名詞が言語のままで用いられるのは、この固有名詞の普通名詞化を避けるために必要な原則であることの理由である。この原則をさらに延長すれば、発音はその固有名詞を用いる場において変化することが多い。米国のCarter元大統領を日本語の文脈では「カーター」と発音し、フランスでは「カルテール」と呼んでいた。中国の毛沢東主席を日本語で「モータクトー」と呼んでいたが、フランス語では「マオツォトン」と聞こえた。日本人は東京を「トーキョー」と発音しているが、中国人観光客が時に「トンジン」と呼ぶのは、北京「ベイジン」と同じ中国語の文脈でこの地名を読んでいるからであろうか。ただし中国発行のローマ字表記の地図では東京を Tokyo と表記しているので、日本語読みが普及してきている。

優先地名では翻訳が当然のように用いられているのに対して、他の地名（内生地名・外来地名）は原則として翻訳されない。ニューヨークを Nieuw Amsterdam とオランダ語の古名に翻訳することは一般的ではない。ましてや La Nouvelle Angoulême とフランス語を使う人はもはや見られない。ただし、New は普通名詞であるために、スペイン語では Nueva York と表記する場合が散見する。ここでも翻訳は普通名詞と認定するか否かによっている。オランダの Zuiderzee は南海と、またドイツ Ostsee やデンマーク Østersøen 、そしてスウェーデンの Östersjön 、フィンランドの Itämeri をいずれも東海と翻訳することはない。

このように、固有名詞は普通名詞から進化してきただけに、東西南北や位置・大小・新旧・色彩など普通名詞を固有名詞化した名称を、普通名詞のように翻訳する、いわば先祖返りさせることを避ける傾向にある（大陸名では北アメリカ、南アメリカであるが、ノースカロライナ、サウスカロライナが用いられることなどに反映されている）。筆者の友人の小川君が「俺の名前はバッハ（ドイツ語で Bach）だ」とよく冗談を飛ばしていたが、固有名詞は原則翻訳しないのである。

例外的に翻訳地名が多用されるのは優先地名についてであり、たとえば太平洋など大海洋はほぼ主要言語に翻訳されていることは前章で述べた。しかし多くの場合、厳密には翻訳ではなく、それぞれの言語が持つ一種の内生地名の共存である。典型的な事例として、英仏海峡（フランス語の La Manche と英語の English Channel）あるいはドーヴァー海峡（フランス語の Pas de Calais と英語の Strait of Dover）のように、お互いの距離が近いために、相互の内生地名をそのまま翻訳語のように扱っているが、もちろんこれらは翻訳とは言えない。

このような内生地名は国名などによく表れている。たとえば「フランス」はフランスの内生地名であるが、ドイツなど多くの非フランス語国では外来地名である。しかしフランスを表すフランシアはスペイン語の、フランクライヒは

表1　外国地名で内生化している地名の例

ドイツ語	フランス語	英語	スペイン語	中国語	日本語
Deutschland	Allemagne	Germany	Alemania	德國	ドイツ
Frankreich	France	France	Francia	法國	フランス
England	Angleterre	England	Inglaterra	英格蘭	イングランド
Niederlande	Pays-Bas	Netherlands	Paises Bajo, Holanda	荷蘭	オランダ
China	Chine	China	China	中国	中国
London	Londres	London	Londres	倫敦	ロンドン
Brittany	Bretagne	Brittany	Bretaña	布列塔尼	ブルターニュ
Köln	Cologne	Cologne	Colonia	科隆	ケルン
Wien	Vienne	Vienna	Viena	維也納	ウィーン
Peking	Pékin	Beijing	Beijing	北京	ペキン

ドイツ語の内生地名となっていて、両者はいわば翻訳としてそれぞれの言語において内生地名化したのであるから、厳密には翻訳とは言えないかもしれない。これら一連の内生地名の例を表1に示した。

このように地名を単に翻訳するには無理がある。正確に翻訳すれば、ドイツをジャーマニーと表現する英語は内生地名として英語圏で定着している一方、ドイツ人が自称するドイッチラントはイギリスでは外来地名である。しかし「ゲルマン人の土地」と翻訳すれば、この翻訳はドイツ語では正確な地名の意味を表すとは言えず、明らかにドイツでは外来語である。その点でドイツの内生地名は、「非ラテン系（ゲルマン系）言語を話す人々の国」を意味するドイッチラントである。同じようにフランスの内生地名でドイツを表すアルマーニュは「ゲルマンの部族連合のアレマンネの土地」となり、それはドイツでは外来地名である。また、同じくイギリスを指すフランス語のアングルテールは、文字通り翻訳すれば「アングル人の土地」となって、イングランドとは別の意味になる外来地名であるが、フランスの内生地名である。

日本語には、U.S.A.（アメリカ合衆国）を米国、U.K（連合王国）をイギリス、Nederlandをオランダなどとする地名が存在する。これは、これらの国々の現在の地名を取り入れる以前に成立した、明らかに日本語の内生地名である。また、ドイツにおける内生地名は Deutschland を日本で Doitsu としているが、これは日本語において内生地名化した外来地名ということになる。

翻訳可能な内生地名に関する考え方はまだ国連地名標準化会議でも定着していないが、いずれ明確にされるべき概念群である。国名などにこのような例は多い。たとえば「日本」は漢字文化圏においては内生地名、Japan は英語圏における内生地名、ジャパンは日本で外来地名であり、Nippon は英語圏においても同様に外来地名として扱う必要がある。

このように内生地名は、その地名を使用する人々の世界が広がるに従って、小さな集落・街区から村・町に広がり、より広域の地方、国さらに世界へと拡大してゆく。その拡大の過程で現地の地名を採用してゆく場合もあれば、原地名を認知する以前に自分の世界観に従って命名している場合もある。遠方で自分の生活圏に入り込まなかった地名は外来地名を内生地名として取り込むことが多く、逆に早い時代から交易・接触のあった土地には、現地名に優先して自分の言語の文脈の中で自らの文化圏において内生地名を誕生させていくことになる。

近年日本の外務省は、旧ソ連内にあった Sakartvelo の日本における呼称を、ロシア語のグルジア Gruzia から英語のジョージア Georgia に変えた。この原地名サカルトヴェロは、翻訳すればカルトヴェロ人（ジョージア人のギリシャ時代の古名）の国であるが、これまで交流の薄かった同国に対する日本語の内生地名は存在せず、また原地名であれ英語やロシア語由来の地名であれ、いずれも外来地名として日本語の文脈では同価であることから、2014 年のジョージア政府からの要請に従ってジョージアを採用した。この国がなぜサカルトヴェロの呼称を要求しなかったのかは当該国の判断である。

その点では、インドの内生地名であるムンバイ Mumbai とその外来地名として廃止された旧英語名のボンベイ Bombay との関係とは異なっている。ムンバイは内生地名であり、ボンベイは外来地名であるから、お互いに翻訳地名ではない。

第2節　表音文字と表意文字

アルファベットが表音文字であるのに対して、漢字は表意文字と言われる。その点で、漢字文化圏における多くの漢字表記された地名の意味は翻訳されやすい。

しかし当然のことであるが、外国語に翻訳された地名は現地で使用されておらず、むしろ翻字された地名の発音が現地で聞かれ、かつ国際的な場においても用いられている。たとえば漢字で書かれた東京や北京を East Capital や North Capital と翻訳するより、ローマ字に翻字して Tokyo や Beijing とするのが、東アジアの地名の通常の国際的表記である。なぜならこの翻字表記によって、東京を訪れる非漢字文化圏の人は地名と地域との1対1対応を獲得しているからである。

もちろん前節に述べたように、漢字表記の東京を中国人がトンジンと発音しているからと言って、中国語に翻訳されているわけではない。ただ漢字であれば表意文字であるから、意味が通じてしまい、それが漢字の特性である。つまり中国語を知らなくても、かつての日本の知識人が漢籍に通じていたように素直に漢文を理解できるわけで、昔の遣唐使が中国に素直に入り込むことができたのは、現代の欧米留学生よりはるかに容易であったと推察できる。現在は表意文字に転換した韓国・北朝鮮やヴェトナムなどが長い年月中国語を用いて中国と交流できたのも、中国内部の広東語など地方言語の人々が文字の上では問題なく中央政権の通達を受けられたのも、同じことであろう。

したがって、表音文字の国々では、日本や中国の漢字表記の地名を翻訳せず翻字によって表記することになる。たとえば漢字の「東京」は英語圏では「Tokyo」、韓国では高齢の方はそのまま漢字を使用して韓国読みするが、公的文書では「도쿄」と翻字する。もちろん中国では繁体で「東京」、簡体で「东京」と表記する。旧漢字使用国の地名は、多くの場合、漢字表記を持っており、中国人や高齢の一部日本人はそれを使うことがある。朝鮮半島の平壌（Pyongyang）、仁川（Inchon）、釜山（Pusan）、ヴェトナムの河内（Hanoi）、海

防（Haiphong）、胡志明（HoChiMinh）などがその例である。

これらの地名は、漢字で表記されたままであれば、たとえば中国語・韓国朝鮮語・日本語・ヴェトナム語のそれぞれの発音ではあるが、その意味が理解される。もちろん発音は分からなくなるが、「北京」の漢字表記によって東アジア文化圏の人々はその意味を汲み取り、「Beijing」の翻字表記によって現地における発音された地名を理解する。したがって東アジアの地名をローマ字化するためには翻字を主体に考えるべきで、翻訳は混乱を招くであろう。

これら漢字文化圏の国々は漢字起源の地名を持っているが、表音文字の地名から始まっているヨーロッパ系の地名も、かつて日本が中国の漢字表記から借用していたものが多かった。アメリカ合衆国を美国と読み、フランスを法国と呼ぶなど日本語の米国や仏国とは表現が異なる例もあるが、中国で現在用いられているアトラスによればイギリスは英国であり、スペインは西班牙、インドは印度などとそのままである。日本メキシコ関係を「日墨」、日本タイ関係を「日泰」と表現するのは「墨西哥」、「泰国」の借用であるし、スペイン語を「西語」としているのも同様で西班牙から来ているのであろう。筆者のような高齢者には、これらの地名が、ある意味でカタカナ表記される前の漢字が主流であった時代がなつかしく感じられる。

第３節　漢字文化圏における翻訳と翻字

多くの場合、外来地名は翻字または翻訳されてそれぞれの言語の文脈に取り込まれている。ただし翻訳と翻字とは似て非なることも理解しなければならない。単純にいえば、世界の主要地名は各国で翻訳を用いているが、実際には東アジアの漢字文化圏に限って翻字を旨としている。ここで言う漢字文化圏とは中国に起源する表意文字の漢字から発達した文字文化圏で、日本語のカナや韓国朝鮮語のハングルなどの表音文字を用いる言語圏も、大部分の固有名詞を必要に応じて漢字に翻字できる文化圏である。

しかし、漢字文化圏においては、翻訳と翻字との関係を議論することが重要

である。漢字は基本的には表意文字であるために多くの場合翻訳が可能であるが、その発音が異なるために、ローマ字化する翻字の過程でその意味が失われてしまう。漢字表記をすれば理解できる地名が、ローマ字化する過程で簡単に理解できなくなるのである。たとえば日本海に関して、仮にJapan Seaを優先地名とすると、「日本海」は日本語への翻訳であり、「Nihon-kai」はそのローマ字化した翻字である。また韓国・朝鮮人民民主主義共和国の主張する동해はDong-haeと同じく「東海」の翻字であり、East Seaは英語への翻訳である。また、East China Seaの中国語訳は「東海」であり、その翻字はDong-haiである。これを日本では東シナ海と翻訳し、韓国では동중국해（Dong-jung-guk-hae）と翻訳しているが、中国語訳をそれぞれの国の言葉で発音すれば、日本では「Tou-kai」、韓国では「Dong-hae」となり、それぞれの国に別の地名が存在することになる。

漢字文化圏では、日本や韓国のように、表音文字が存在する一方で、漢字表記すれば相互理解が容易であるために、翻訳と翻字が混同されやすい。東京は、中国語訳も「東京」であるが発音が異なる。その中国語のピンインはDongjinであるが、英語ではTokyoで、日本におけるトーキョーという発音を示す翻字にすぎず、意味を翻訳していない。漢字文化圏には、①意味を共有する漢字あるいはその発音を示す中国語のピンイン（拼音)、②韓国・朝鮮語のハングル（한글)、③日本語のひらがな・カタカナと、必ずしも完全に発音と完全に一致はしないがそれらの発音をローマ字化するための翻字、そして④英語やフランス語などの翻字に近い翻訳の、じつに4種類の表記が現われ、混乱をもたらすことになる。

近年韓国では、漢字を使用する中国人や日本人観光客の増加にともなって、地名のハングル表記に漢字表記を加える試みが見られる。たとえば首都の地下鉄駅には桑園という地名が漢字で示されていた。その翻字はハングルでは뽕원、ローマ字ではPpong wonで、翻訳は中国語と日本語と同じ「桑園」であり、それぞれの言語の翻字（ローマ字）は、中国語でSang-yuan, 日本語ではSo-enとなる。漢字はこの地がかつて郊外に展開していた養蚕のための桑の栽培地であ

ることを示す。しかしこれを Ppong-won と翻字の地名として記載すれば、韓国朝鮮語の人々しか地名の意味する所を理解できない。

固有名詞としての地名は、第 1 章に述べたように普通名詞から発達してきたので、一般に普通名詞的な意味を持つ場合が多い。たとえば「黄海」は、海水の黄濁を示す普通名詞から発達したのである。ただし、黒海などを同様の例として挙げるには別の説明が必要なので、第 4 章の方角地名に譲る。また「青海」のように Qing-hai と翻字された地名は本来の意味を失うことになる。形容詞という意味では、位置関係を示す「南海」や「東海」なども普通名詞から固有名詞に発達した海洋名と言うことができるが、ドイツ、ヴェトナム、中国などではそれぞれ Ostsee、Bien Don、東海（Dong Hai）と表記しており、翻訳して East Sea などとしておらず、いわば優先地名としては捉えていない。ただし韓国・北朝鮮はこの原則を採用せず、Dong Hae（東海）を英語の場合 East Sea と翻訳している。この国ではドイツ語文献では Ostsee としているのであろうか。

いずれにせよ、これら固有名詞化した普通名詞的地名は、翻訳されやすいために、翻訳地名と原義の普通名詞的地名との相違を把握せねばならない。また大海では、その沿岸地域が広く、多数の内生地名が数珠つなぎに、あるいは重複しあっており、統一された内生地名の成立は難しい。したがって沿岸は、それぞれの前面に広がる海域の内生地名は持っていても、隣接する沿岸地域や対岸を含めた広い大海全体の海域の内生地名は持っていない場合が通常である。古地図を見れば、海の名前は沿岸に沿って記入され、大海全域まで描出している場合、その大海名を示した内生地名はなく、多くは優先地名を取り入れている。

第 4 節　かな文字地名と翻字・翻訳

長い間、日本においては地名に漢字を用いてきた。仮に漢字で表せないアイヌ地名でも漢字を表音文字として用い、場合によっては翻訳に近い漢字を当てていた。したがって、原則として公文書などにかな書き地名は存在しなかった。しかし近年の慣例として、日本語には主に外来語を表記するカタカナと日本語を表音文字で表すひらがながあるために、とりわけここ数十年来、漢字を用いない地名が現れてきた。このように漢字地名をひらがなで表記するのは一種の翻字である。

(1) ひらがな地名

市町村のひらがな地名の多くはいわゆる平成の大合併によって新たに生まれた市町村に多い。その一覧を表 2 に掲げた。北海道に見られるアイヌ語起源の地名を別にすると、その多くは旧国郡の名称を翻字したものである。旧国郡名は漢字渡来以前から存在する内生地名で、その当時の古日本語の読みを漢字に翻字したものであるが、一応古い訓読みと考えると、たしかに難読地名と言われてよく、そのためにかな文字にされたものといえよう。しかし漢字であればその地名の歴史的文化的な遺産であるが、かな書きは、増大する中国人観光客にはきわめて不親切である。実際、Wikipedia で漢字表記で日本の地名を検索すれば、表 2 に掲げたように、その歴史的表記が現れる(3)。

古文書や国・県の公文書、あるいは各種の出版物で表記されている旧国郡名は漢字で書かれているので、ひらがなの新しい地名は漢字の古い地名と正確に結び付かなくなるなどの混乱をもたらしている。たとえば佐賀県のみやき町は、三根（みね）郡・養父（やぶ）郡・基肄（きい）郡の 3 郡統合にあたり旧郡名から一字ずつとった三養基（みやき）郡に由来する町名なのだと説明しやすかったが、実際には旧三根郡・養父郡のみの町域からなり、さらに「みやき」とかな書きをすることになったので、表意文字の意味が消されて、町名の由来も意味も曖昧になってしまっている。

同様の例に、福岡県の「みやま市」がある。旧三池（みいけ）郡と旧山門（やまと）郡に属する 3 町が合併し、両郡の一字をとって「三山（みやま）市」となるはずであったが、旧山門郡の山川町が、川を横に倒して三とし、山と逆さにすることで他の 2 つの町（瀬高町、高田町）を蔑（ないがし）ろにした地名になるとして、ひらがな書きの「みやま」としたという説明も耳にした。さらに Wikipedia の漢字繁体表記では「三山」と両郡由来の漢字が町名になっているが、町のホームページでは漢字で「美山」とあり、いよいよ歴史的な旧地名から遠ざかってしまった。

表 2　かな表記の市町村

市町村	都道府県	ホームページ		Wikipedia
		ローマ字 / 英語（HP）	漢字（繁体）	漢字（繁体）
ニセコ	北海道	Niseko	新雪谷	新雪谷
せたな	北海道	Setana	--	瀬棚
えりも	北海道	Erimo	襟裳	襟裳
むかわ	北海道	Mukawa	牟川	鵡川
つがる	青森	Tsugaru	津輕 #	津輕
むつ	青森	Mutsu	陸奥 #	陸奥
にかほ	秋田	Nikaho	仁賀保	仁賀保
いわき	福島	Iwaki	磐城 #	磐城
かすみがうら	茨城	Kasumigaura	霞ヶ浦 $	霞ヶ浦
つくば	茨城	Tsukuba	筑波 $	筑波
ひたちなか	茨城	Hitachinaka	常陸那珂 $#	常陸那珂
さくら	栃木	Sakura	櫻	櫻
みどり	群馬	Midori	緑	緑
いすみ	千葉	Isumi	夷隅 #	夷隅
さいたま	埼玉	Saitama	埼玉 #	埼玉
ふじみ野	埼玉	Fujimino	富士見野	富士見野
南アルプス	山梨	Minami-Alps	南阿爾卑斯	南阿爾卑斯
かほく	石川	Kahoku	卡胡庫 #	河北
あわら	福井	Awara	蘆原	蘆原
おおい	福井	Ohi	大井 #	大飯
みよし	愛知	Miyoshi	三好	三好
いなべ	三重	Inabe	員弁 #	員辨
たつの	兵庫	Tatsuno	龍野	龍野
かつらぎ	和歌山	Katsuragi	葛城 $	葛城
みなべ	和歌山	Minabe	---	南部
さぬき	香川	Sanuki	---	讃岐
東かがわ	香川	Higashi-kagawa	東香川	東香川
うきは	福岡	Ukiha	浮羽 #	浮羽
みやこ	福岡	Miyako	京都 #	京都
みやま	福岡	Miyama	美山 #	三山
みやき	佐賀	Miyaki	三養基 #	三養基
あさぎり	熊本	Asagiri	朝霧 $	朝霧
えびの	宮崎	Ebino	（繁体なし）	蝦野
いちき串木野	鹿児島	Ichikikusikino	市来串木野	市来串木野
さつま	鹿児島	Satsuma	薩摩 #	薩摩
南さつま	鹿児島	Minami-Satshuma	南薩摩	南薩摩
うるま	沖縄	Uruma	宇流麻	宇流麻

注）この表に掲載したかな文字市町村名はすべてを網羅した一覧表ではない。$：近傍の山や川など自然地名では漢字を使用する、#：所属する旧郡名・国名・県名では漢字表記が原則。

資料）Wikipedia「ひらがな・カタカナ地名」（2019 年 12 月 3 日閲覧）により、これに掲載されている町丁目を基礎資料とした。ローマ字表記に関しては https://green.adam.ne.jp/roomazi/sityooson.html（2019 年 12 月 7 日閲覧）を利用し著者作成。

あるいは「みよしし」と小学生がひらがなで地名を書いた時、広島県の三次市と愛知県みよし市は区別できないであろう。

栃木県の「さくら市」は、歴史や歌舞伎に関心のある人は江戸時代の義民・佐倉惣五郎の事績があった「佐倉市」を思い出し、千葉県の誤りではないかと疑問を持つ。しかし「さくら市」の中文のホームページでは「桜市」となっていて、初めて別の市であることがわかる。旧喜連川(きつれがわ)町は江戸時代に参勤交代免除の旧公方の領地であって格式が高く、他方、旧氏家(うじいえ)町は東北本線の駅が2つもある人や物資の集散地であったから、この2つの有力な町が合併にあたっての地名争いから、全く由来の不明な「さくら市」を誕生させたのであろう。筆者は修士論文のフィールドとして旧氏家町で一夏を過ごし、自転車で走り回り、旧庄屋などを訪問した思い出があり、個人的にも残念である。そう言えば、旧氏家町と分村合併した熟田(にいた)村の地名は、もはや歴史の彼方である。

地名には土地を特定する機能がある。たとえば東京都武蔵村山市は、山形県の村山市と間違えないように、後発であったことから旧国名を付して地名の1対1対応の機能を維持している(4)。これは海外でも当然のことで、ドイツのFrankfurt am MeinはFrankfurt an der Oderと区別するために、マイン川のほとりの意味を付加している。漢字表記とかな表記とは異なるから「さくら」や「みよし」は「佐倉」や「三次」と区別できるというが、それは字面上のことであって、会話で出てくれば全く分からない、あるいは間違えてしまう。

また、近くにある自然的事物や歴史的地名を市町村名として採用しながら、その漢字を使用せずにかな地名とした事例として、霞ヶ浦からとった「かすみがうら市」、筑波山からとった「つくば市」などは、わざわざ漢字表記の自然地名とかな書き表記の市の名称とを区別して記載する理由が不明である。

(2) カタカナ地名

ひらがな地名に比べて、日本のカタカナ表記の地名は少ない。カタカナ表記された地名は非漢字文化圏の外国のものであって、外来地名であるという不文律のような慣例が頭の底にあったのは、シンガポール陥落とその地名を「昭南島」と改名するとのニュースを聞いた世代だったからかもしれない。

市町村名では、アイヌ起源の「ニセコ町」と、平成の大合併で生まれた「南アルプス市」がある。ニセコ町は1964年に地元の運動により狩太（かりぶと）町から改名した町名で、近くを流れるニセコアンベツ（崖に向かっている川の意）の水源にあるニセコアンヌプリ（その源の山の意）などから観光地名称として通称のニセコが有名になり、元の狩太もアイヌ語起源ではあるが本来の日本語地名ではないことからカタカナが採用された。Wikipediaの中国語版では「新雪谷」と表記してスキー場のある土地の意味も示しているが、音をとって二世谷あるいは二世古の表記も紹介されている。

他方、南アルプス市は、平成の大合併に際して2002年に一般公募し、もっとも多かった地名を、地名専門家でもない合併協議会で決定した。公式の道路標識などに用いる英語表示は訓令式ローマ字のMinamiと原語のAlpsを合成しているので、本来の英語South Alpsでもローマ字表記のMinami-Arupusuでもない。Wikipedia中国語版の南阿爾卑斯は、尊い地名なのか卑しい地名なのか、南アルプスの観光地としての地名にふさわしいのか迷いが出てしまうだけでなく、日本の南アルプスの本来の自然名称である赤石山脈の主峰の一つである赤石岳や、南端にそびえる聖岳など長野県・静岡県の地名を奪った形になっている。もし将来自然遺産として世界に紹介するとき、スイス・オーストリア・フランス・イタリアなどのアルプス諸国にどのような説明をするのであろうか。

住居表示などの基礎となる町丁名ではカタカナ地名が少なくない。特に表3に掲げたように、高速道路の普及によって「インター」を用いる町が多数見られ、「パーク」「ハイツ」「ヒルズ」などの高級住宅地を思わせる英語地名も多く採用されている。「センター」も比較的多いが、これは○○センターのような合成地名として用いられている。ここで2017年の国連地名標準化会議で中国代表がセンターなる地名をすべて「中心」に置き換え、歴史的文化的言語の維持がいかに重要であるかと発言していたことを思い出した。インターも中国では互流式立体交叉あるいは交流道として外来語地名を排している。

外来地名は日本にはない発音、たとえばV音やL音などの入った言語をカ

表 3　住居表示で多く使用される外来地名（部分的でも見られる例）

カタカナ表記	英語 / ローマ字表記	件数
インター	Inter または Intaa	9 例
パーク	Park または Paak	8 例
ハイツ	Height（s）または Haitsu	8 例
センター	Center または Sentaa	7 例
ヒルズ	Hill（s）または Hiruzu	5 例
タウン	Town または Taun	7 例
ランド	Land または Rando	2 例

注）他にも 1 例のみの多くの外来地名表記の町丁がある。

表 4　L 音使用の地名

地　名	カタカナの原語	ローマ字表記
旭川市パルプ町	Pulp	Parupu
登別市カルルス町	Karlsbad	Karurusu
当別町スターライト	Starlight	Sutâraito
さいたま市プラザ	Plaza	Puraza
越谷市レイクタウン	Laketown	Reikutaun
佐倉市ユーカリが丘	Eucalyptus	Yuukari
若狭町テクノバレー	Technovalley	Tekunobaree
各務原市テクノプラザ	Technoplaza	Tekunopuraza
三島市富士ビレッジ	Village	Birezzi/Birejji
多久市メイプルタウン	Mapletown	Meipurutaun

注）ヒルズ（Hills → Hiruzu）、ランド（Land → Rando）以外のもの。この他、小矢部市メルヘンランド（Märchenland）、長崎市ダイヤランド（Daialand）、別府市スパランド（Spaland）、大分市ハイランド（Highland）など Land を単独に使用せず合成使用しているものもある。

タカナ表記する際、通常のローマ字表記では V は B で、L は R で表記している。表 4 に Hills と Land を除く L 音使用の地名を掲げた。これら原語とローマ字表記との乖離が大きい地名は、外国人には分かりにくい。また近年、ヴェトナムの表記をベトナムとするなど V 音の読みかえが進んでいるが、V 音のカタカナ表記が可能なのであるから、海外地名を無理にローマ字に読み替える必要はないと思われる。

他方、国内の町丁名に外来語を用いるのであれば、もちろん読み替えの誤解を防ぐためには、日本にない発音 village や plaza などの使用もできれば避けるべきではなかろうか。私の恥ずかしい経験だが、ある国際会議の席上、選挙に関する議論があった折に、私の発音が elect（選出する）と erect（組み立てる）のどちらなのかと確認を求められたことがある。L と R の違いを簡単にラ行で片付ける地名も避けるべきではなかろうか。

(3) かな地名の問題点

筆者は、この節で取り上げているひらがな・カタカナ地名を、もちろん批判して全否定しているのではない。問題なのは、これらの地名の決定が地方自治体に丸投げされて、本来地名の所有者でもない地方当局が地域間対立や世代間・職業間の対立に巻き込まれていることである。後に述べるように、地理学者・地図学者・言語学者・歴史学者などの専門家と地名を扱う各省庁の代表からなる地名委員会が存在する国々では、自分の国の地名のあり方に照らして、各地方から提案されてくる地名に対して中立的立場から勧告し、問題があれば調整を行っている。そうした国々では考えられないような地名が、日本では十分に議論されることなくまかり通ってしまう制度的な地名行政の問題を指摘したい。

外国人との国際交流が進む現在では、各交通機関の表示も英文や中文表示が求められてきている。その点でも、国内だけの、しかも狭い地域だけの発想で地名を決定する日本の方式は、国際的にも不十分な状況となっている。国連地名標準化会議が地名を民族の歴史的文化遺産と捉え、地名委員会の設置を勧告してすでに 50 年が過ぎた。以下の諸章ではこの点に力点を置いて進めてゆく。

第 5 節　地名の内生化

地名には、その発生の場がどこにあるのかによって、内生地名であるか外来地名であるかが明白であることは前述した。同時に、地名の利用者が誰かという問題も考える必要がある。そこでは外来地名を翻字によって自言語に取り込むか、それとも翻訳によって取り込むかという二者択一の選択を迫られるが、現実に地名に触れてみると、翻字がもっとも土地と名前との対応をよく示し、翻訳は、大海洋のような優先地名を除いて、地名の本来の機能である固有名詞を普通名詞化する問題点を含んでいることが指摘できた。

その点で、自己の言語圏内における地名を内生地名、圏外の地名を外来地名とする考え方は、問題を複雑にするだけである。日本においてはもちろん「日本」は内生地名であるが、「イギリス」も外来地名ではなく、内生地名である。自己言語圏外に関する事象を自己言語の文脈に取り込む際には、多くの人々がすでに内生地名として成立している地名を用いているからである。たとえば東シナ海を、中国の内生地名として使用している東海をEast Seaと翻訳して英語に取り込むことは、単に東の海と普通名詞化した地名として扱うか、ドイツのバルト海やヴェトナムの南シナ海、韓国の日本海と同列の外来地名として扱うかということを意味し、本来の地名が持つべき土地と地名との1対1対応機能を減殺してしまうことになる。

もちろんドイツがバルト海をオストゼー、中国が東シナ海をトンハイ、韓国が日本海をトンへとそれぞれの国が内生地名として用いることは当然であるが、その海域を他の国々がいかに表現するかは内生地名重視の原則に従うべきであって、他言語に翻訳した東海やEast Sea、Mer de l'Estなどのような外来地名を他国に強制すべきものではなかろう。この場合、内生地名とはそれぞれの言語の文脈の中で誕生した地名であって、大海洋の場合には先に述べたように優先地名が翻訳されて採用されることは、すでに指摘した通りである。

［注］

(1) 田邉　裕（2014）「大海洋の優先地名について」地理、59-11、pp.4-9を修正・加筆。

(2) ドイツ語における普通名詞の鍛冶屋はSchmiedが使われるが、固有名詞の名字Schmidtも語源的には鍛冶屋とされる。

(3) 現在、かな書きにした市町村の地名は表2に掲げたように約40を数えるが、カタカナ地名は2例である。ただし町丁名のカタカナ地名は、英語のパーク、ハイツ（Heights）、スペイン語のプラザ（Plaza）、ドイツ語と英語の混合したメルヘンランド（Märchenland）などの翻字で多数上げることができる。

(4) 第1章第5節参照。

第4章　方角地名[1]

第1節　局地的な方角地名

すでに第1章・第2章において、また地名の起源と発達に関して発表してきた一連の論文[2]の中で、特定の人名や史実によって命名される場合を除いて、地名の多くは日常会話の中で使われる普通名詞が固有名詞化したものであると述べてきた。例として東山、大川、白浜、前の海、新開(あらく)などが挙げられる。所有者や開拓者の名前を利用する「○○の畑」のような地名も普通名詞であった。

やがてその一部は土地の人々の間で次第に固有の土地を示すこととなり、固有名詞化していった。なかでも東西南北の方角を用いた地名は世界各国に広く見られる。日本の例であげれば、京都の東山、新潟の西山、大学の名前にとられた南山、杉の美林で有名な北山、行政区画で北の北海道、交通の幹線道路となっている東海道、大阪から南に延びる南海電鉄、国立公園名になっている西海など多く挙げることができる。

しかし重要な視点として考慮しなければならないのは、ある特定地点あるいは地域・住民から見た方角を意味する方角地名とは別に、相対的位置関係を意味する方角地名とが混同されていることである。前者の場合は容易に理解されるが、後者の場合は特定地点からの方角を意味しているのではない。たとえば、現在甲府市や塩山市のある西山梨郡と東山梨郡のように、互いの位置関係によって生まれた方角地名で、この場合にはそれらが北にあれ南にあれ、位置関係として西と東にあるということである。昔の下総国葛飾郡のように、江戸期に利根川改修のために武蔵国葛飾郡と下総国葛飾郡に分割され、さらに府県制施行時に武蔵側の埼玉県北葛飾郡、東京府南葛飾郡、下総側も千葉県東葛飾郡、茨城県西葛飾郡となるなど、見事に位置関係から東西南北が成立している。

本章ではこの方角地名を世界的な視野で見て、それがきわめてローカルな地名として発達してきたことを示したいと考える。

第2節　方位をもつ地名

(1) 北海

日本には「道」として北海道が存在する。この「道」は韓国などで用いられる「道」(Prefecture) と同じく地方行政区画の呼称である。

しかし、世界的に有名な北海の地名の発生にはいくつかの議論がある。北海はヨーロッパ大陸とグレートブリテン島との間に広がる海域である。第1の説明は、北海沿岸にあるオランダでは Noordzee（北海）と Zuiderzee（南海）の地名が位置関係を示す地名として誕生し、やがて南海は堤防によって北海から切り離され、一部は埋め立てられてポルダーとなり、残された水面は Ijsselmeer と改名され、北海の地名のみが残ったという説明である。この北海は英語やドイツ語、フランス語など周辺の国々の言語に翻訳されて、ドイツ人やデンマーク人は西あるいは北西に見える海を、イギリス人は東に見える海を、そのまま北海と呼ぶようになったというわけである。

第2の説明は、この海域を主に活動の拠点としてきたノルマン人と関係する。ローマ時代、この海はゲルマニア海 Mare Gerumanicum と呼ばれ、大帝国の北の外れにあるゲルマン人の海と認識されていた。しかし、ローマ帝国に侵入したフランク族、ヴァンダル族、ゴート族などのゲルマン諸族が設立した国々を、さらにスカンジナビア地方の北方ゲルマン諸民族、アングル人、サクソン人、デーン人などノルマン人（別名ではヴァイキング）と総称される人々がこの海域を往来して支配する。年代史的に言えば、793年のヴァイキングによるイングランド東岸襲撃、843年のオランダのドゥールステーデ襲撃、9世紀のフランス襲撃と 911 年のノルマンディー領成立、さらに 1016 年のイングランド征服、1066 年のノルマンコンクェストと続く年代の中で、ローマ人が使っていたゲルマニア人の海（Mare Germanicum）が英語の古名（German Ocean)、さらにノルマン人の海（North Sea）と名前を変えて行った。ノルマンとは英語で Northman、ドイツ語で Nordman で、彼らが支配した海域が North Sea、Nordsee と呼ばれるようになったという説である。その歴史的背景からみると North Sea は一見方角を用いた地名のように思われるが、この北方民族の海という経緯があるというわけである。ここでは結論を出さない。

（2）黒海と紅海、あるいは白海（地中海）[(3)]

古代ローマでは、黒海は Pontus あるいは Pontus Euxinus と、紅海は Sinus Arabicus と呼ばれていた。これらが Karadeniz（Black Sea）と Kizildeniz（Red Sea）に名称を変えて行ったことには、この地方におけるトルコ系民族の進出を外しては考えられない。Turk という民族名が現れるのはモンゴルより古く、現在の中央アジアから中国西部に 6 世紀頃に成立した突蕨王国（Turkish Kingdom）が初めて史料に出て来たといわれる。その一部はイスラム教に帰依して西に向かい、とくにセルジュク人たちは 11 世紀には小アジアのアナトリア半島や中東のイラク、シリアなどを支配し、12 世紀末にはヨーロッパの歴史家に Turchia と呼ばれるようになった[(4)]。

この地名の変化、黒海や紅海の名称の由来は、アジア系の人々の持つ五行思想を外しては考えられない。この思想では方角を色で表す。これは一切の自然/人文現象を木火土金水で説明しようとするもので、明確な年代は分からないがほぼ紀元前 7 世紀頃の古代中国で提唱された。方角は色でも表され、表 1 のようになる。

トルコ人に伝わっているこのアジアの思想から見ると、トルコの北の海を黒海、南の海を紅海と呼ぶことは方角を示した地名であると言える。もちろん現在のトルコ語では西の地中海を Akdeniz（白海 White Sea）と呼んでいるが、あいにくここにはすでに地中海というさらに古くからの優先地名が存在していた

表1　五行思想にもとづく方角・色・季節の表現

行 elements	木	火	土	金	水
方位 direction	東	南	中央	西	北
色 color	青（緑）	紅（朱）	黄	白	黒（玄）
季節 season	春	夏	土用	秋	冬

注）土用は年4回、四立（立春・立夏・立秋・立冬）の前約18日間。

ので、国際的な地名を変えることはなかった。その意味で黒海と紅海は、北海と南海を五行思想で表現したトルコ人から見た方角地名であると言えよう。

なお、トルコ語には白を表す単語が2つある。元来のトルコ語はak（白）でこれが地中海のAk denizに、アラビア語abyadから入って変化したbeyaz（白）はロシアの北にある白海（Beyaz deniz）に使われている。その意味では、地中海を白海と呼ぶのはトルコ人にとって黒海や紅海と同じく古く、ロシアの白海は後からトルコに入ってきたということになる。またacとbeyazの違いは、より鮮やかで純粋な白がacであると言われ、日本語における赤と紅や朱が微妙な差を表している状況と似通っている。

(3) 東海

東アジアは東側に太平洋とその付属海があることから、多くの国が沿岸の海を東海と呼んでいる。東シナ海（East China Sea）を中国では東海（Dong Hai）、ヴェトナムも南シナ海（South China Sea）を東海（Bien Don）、日本は北太平洋をTokai（East Sea）、韓国は日本海（Japan Sea）を韓国語で東海（Tong Hae）と呼んでいる。同様にデンマークのユトランド半島の東側に広がるバルト海を、ドイツも東海（Ostsee）と呼んでいる。これはデンマーク、スウェーデンも同じである。ただし、フィンランドがこの西側にある海を東海と呼ぶのは、この地を長い間支配したスウェーデンの呼称が残ったためと考えられる。その例外を除けば、いずれの国々も自国の東側の海を東海と呼んでいる。

つまり、自分の言語で表現する場合にはEast Seaの意味であるにもかかわらず、韓国のような例外はあるが、それをあえて英訳していない。国際的には、航海の安全などを考えれば、海洋名は単一表記が最良だからである。たとえばOstseeといえばドイツ人の呼ぶバルト海を意味しているが、East Seaと翻訳すれば、ヴェトナム人は南シナ海のことかと誤認するのである。また中国語の文献で東海（Dong Hai）を見つければ、それは東シナ海を意味している。これをEast Seaと翻訳してしまえば、どこの海なのか特定できない。

日本の和歌に「東海の小島の磯の…」という詩がある。これは日本人なら誰もが知っている有名な詩集「一握の砂」（石川啄木、1910）の最初に出てくる。しかもその東海が北太平洋であることも、わが国では了解済みであろう。

第３節　沿海と公海、海洋名の利用者

歴史的には、船舶技術の進んでいない頃から海岸に居住した人々は漁民が主であった。彼らにとって海は日常の生活の糧を与えてくれる存在であったから、必要上、前の海とか我らの海、あるいは自分の住んでいる村の名前をとって根岸の海、より広く相模の海、方角をとって東の海などと名付けていた。その地名は必ずしも広い範囲の人々に用いられることはなくとも、またその海洋の名前は局地的なものではあっても、そこで育った人々にはなつかしく響いていたはずである。だが、その思い出の中にある海とは、対岸にアメリカ大陸があるという認識を持つ以前からの存在であった。

実際、沿岸の住民が地域的な内生地名としての海洋名を用いていたことは十分に理解できる。しかし遠く対岸を意識できないほど大きな、広い公海を持つ海洋を認識して命名を行ったのは、漁民ではなく、最初は探検を、次いでは交易を行う航海者が海洋の形状を把握してからのことであった。

その意味で、大海洋には全体を表す内生地名はなく、沿岸の諸国・諸民族が東の海、南の海、北の海と呼ぶ、沿海に対するそれぞれの内生地名を持っていた。他方、航海者は航海の必要上、海洋に名前を与えたが、その海洋には元来全体を示す海洋名がなかった。

国連地名標準化会議の Exonym 分科会が Exonym（外来地名）と Endonym（内生地名）を定義するために正しい概念を見出す努力をしてきたが、カドモン（N. Kadmon）はすでにこれら二分法的分類の両概念の間に、海洋地名のための第 3 の概念を示唆していた[(5)]。

さらにマシューズ（P. W. Matthews）も第 3 の概念の必要性を示唆し、海洋名によってもたらされる上に置かれている、あるいは覆っている地上地名とは異なる性格を持つ別の述語として「Allonym」を提案している[(6)]。また筆者は、カドモンの提案する第 3 の述語あるいはマシューズの提出した内生地名を覆う Allonym をまとめて Toponym precedent（優先地名）を提案した[(7)]。

明確に指摘できるのは、地上の地名と海洋の地名には議論の余地のない差があるという点である。たとえば山岳、平野、あるいは都市には、極地の大部分を別にして、まず住民や土地を利用する人々がいる。しかし海洋には、とりわけ大海洋の公海には住民はいない。太平洋に点在して居住するポリネシア人やミクロネシア人も、太平洋の全域を認識して生活圏としていたわけではない。海洋名を与えた沿岸の人々が大海洋を全体として利用している例は少なく、もちろん大海の住民ではない。大海洋はヨーロッパの航海者たちが通過することによって、全体を示す地名が成立したと言って良い。

もし海洋が非常に広ければ、沿岸の人々は対岸を認識しないまま、たとえば北、南、東あるいは西の海と方角によって呼び習わしていたことは歴史的にも明らかである。それこそが、大海全体の最初の呼称がヨーロッパ系言語となった理由である。とりわけヨーロッパ系言語は容易に相互変換あるいは翻訳できたから、その海洋名はたちまちヨーロッパ人によって用いられ、ヨーロッパ社会ひいては世界へと広がって行った。

太平洋の例は前章第 2 節で述べたが、当初、マゼランが「El Mare Pacificum」と命名し、それがヨーロッパ系諸言語に翻訳され、漢字で太平洋と書かれた。中国語と日本語は読みを異にするが、いずれも原名の翻訳である。また日本海も、18 世紀の末に、ラペルーズによって「La Mer du Japon」とフランス語で、クルゼンシュテルンによって「Японское море」とロシア語で呼ばれ、それが英語の「Japan Sea」、中国語の「日本海」と翻訳されたものである。したがって、太平洋や日本海は西の沿岸に住む人々にとっては東の海であり、南岸の住民には北の海となるが、これは世界的にみれば方角の形容詞をまとった呼称にすぎないことになる。

第４節　優先地名

このように方位を持つ地名は、普通名詞から自然に、あるいは徐々に生成されてきたために、世界の各国、各地に見られる。狭い地域であれば、その住民の間で直ちに了解される地名であるために、親しみやすい。しかし、より広範囲に用いられる地名になると、地名本来の機能である 1 地点に 1 地名が対応する力が弱く、その位置を示す定冠詞的な地域名を加えなければならなくなる。

たとえば西山（West mountain）は、長野県長野市の西にある山岳地域なのか、新潟県長岡市の西にあるのか、それだけではどこの土地を示すのか明確にならない。あるいは日本の東海（Tokai）、中国の Donghai、韓国の Donhae、ヴェトナムの Bien Don、ドイツの Ostsee やスウェーデンの Östersjön を一つの英語に無理矢理に翻訳して East Sea とすることは、広い範囲を指示する国際的地名の機能を弱めることになる。とりわけ航海の安全という視点から見れば、翻訳はあまり得策ではないと思われる。

その意味でも、大海洋の呼称は外来地名でも内生地名でもなく、第 3 の概念、優先地名であると考えるのが妥当であろう。つまり、太平洋・大西洋・インド洋などの三大洋や日本海・カリブ海・珊瑚海・地中海などの海洋名は、内生地名ではなく、外来地名でもなく、沿岸漁民ではなく航海者が命名したものを各国語に翻訳し定着していった、いわば他の地名に優先して国際的に認知されたものと理解すべきであろう。

［注］

(1) 田邉　裕（2018）「方角地名の考察」地理、63-10、pp.70-74 を修正・加筆。

(2) 田邉　裕・谷治正孝・滝沢由美子・渡辺浩平（2010）『地名の発生と機能』帝京大学地名研究会。

Tanabe, H. and Watanabe, K.（2014）A reflection on names of large seas, in Jordan, P. & Woodman, P. eds. *The Quest for Definitions.* Verlag Dr. Kovac, Hamburg, pp.159-163.

(3) 元ユネスコ文化事業部長・服部英二氏（比較文明学者）との会話に触発されて。

(4) *Encyclopaedia Universalis,* 1992, vol. 23, p.98.

(5) Kadmon, N.（2007）Endonym or exonym – is there a missing term in maritime names ?（Ninth UNCSGN, New York, United Nations. E/CONF 98/6/ADD 1.）

(6) Matthews, P. W.（2012）Endonyms, Exonyms and seas, in Woodman, P. ed. *The Great Toponymic Divide: Reflections on the definition and usage of endonyms and exonyms.* Head Office of Geodesy and Cartography, Warszawa.

(7) Tanabe, H.（2015）Difficulties of the exonym/endonym dichotomy from the viewpoint of East Asian place names, in Jordan, P. & Woodman, P. eds. *Confirmation of the Definitions*. Verlag Dr. Kovac, Hamburg, pp.129-138.

第5章　東アジアから見た内生地名と外来地名の二分法的地名論[1]

本章では、地名を内生地名と外来地名に二分する考え方には無理があることを、前章で取り上げた海洋地名だけでなく、漢字表記を起源とする東アジア漢字文化圏の視点から検討する。

特に日本語における漢字の特質を音訓の読みに絞り、日本の地名には音読み・訓読み・当て字の3種類があることを手がかりに、日本の仮名のように漢字以外に表音文字を用いる国々（韓国・朝鮮人民共和国・ヴェトナム）や、表意文字であった漢字を表音文字として転用する中国少数民族の地域において、外来地名としての漢字地名が広く受容されてきたこと、その結果、いわば外来地名のはずであった漢字地名がそれぞれの国で内生地名として定着し、次にいわゆる訓読みを漢字表記する内生地名が生まれ、さらに訓読み的なあるいは当て字的な非漢字国の地名を漢字表記した外来地名が生まれていることを取り上げ、外来地名 / 内生地名の両概念には相互に画然とした区別はないこと、その概念を用いて地名の二分法を考えることはむしろ不毛であることを指摘したい。とりわけこの傾向が顕著な日本の事例で検証しよう。

第1節　表意文字

日本では近年、音読地名が行政区画の変更によって訓読地名に変わる事例が例外的に現れている。たとえば19世紀に福岡県の行事（ぎょうじ）村（音読み）と大橋（おおはし）村（訓読み）が合併して行橋（ゆくはし）（訓読み）が生まれている。音読みはかたい響きがあり、訓読みは伝統的な雰囲気をもたらすからであろう。その意味で、外来地名の内生地名化（Endonymization）、あるいは内生地名の外来地名化（Exonymization）とでも名付けられる時間概念を導入すると、両者は単なる歴史的経過を示すことになる。訓読地名の「港区（みなと）」と音読地名の「港南区（こうなん）」の感覚的差異を指摘しても良い。前者は古く、後者は新しく感じる。

他方、このような過程は必ずしも一般的ではなく、現在、多くのヨーロッパ系言語から入った外来地名がアジアやアフリカの旧植民地で否定されているのも事実である。東アジアに特に、このいわゆる内生地名化が出現しているのは、漢字文化圏特有の現象かもしれない。それは漢字が表意文字であるのに対してアルファベットが表音文字であることと関係しているからである。同時に、この日本の事例から､韓国のハングル（韓文）やヴェトナムのクオック･グー（国語）のように、アルファベットと同様の表音文字を持つに至った国々の地名や、漢字しか表記の手段を持たない中国の少数民族の地域の地名表記に関しても外来地名 / 内生地名の単純な二分法では理解出来ないことを示したい。

第 2 節　漢字音のみを借用した地名

(1) 当て字地名

日本における地名の大部分は訓読地名である。訓読地名は漢字導入以前の地名が多く、その成立がいつであるのか判然とはしないものが多い。いわば普通名詞から始まった内生地名ということになる。

漢字導入は早くから 1 ～ 2 世紀に韓国の百済（BC18 − AD660）経由で入って来た呉音と、7 世紀ころ遣唐使などと共に入って来た漢音など、さまざまな時代にさまざまな発音を伴って入って来た。したがって、中国遠来の漢字の音によって日本の地名を表記した場合が多いと言える。かつて中国や朝鮮では日本を倭と呼んでいたが、日本ではこれを音として受け入れたので、倭＝日本という翻訳が成立した。日本を翻訳どおり「やまと」と読めば訓であり､「にほん」と読めば音となる。また、美称の接頭語を付けて大きな倭（和）、すなわち大和が「やまと」と読まれるようになるのである。

大和だけではなく、日本の 7 世紀に成立した地方制度のもとに挙げられている国や郡の地名は漢字表記されてはいるが、その漢字表現は決して一定ではなかった。たとえば東京の周辺は武蔵（むさし）の国と呼ばれ、6 世紀には「武蔵」の地名がみられるが、7 世紀までは「无耶志（ムサシ）」「无射志（ムザシ）」や「牟射志（ムザシ）」「無邪志（ムジャシ）」など多様な表記がある(2)。じっさい、7 世紀以前から日本に存在する内生地名は、漢字地名ではその意味の由来が明らかではない、いわば漢字の音を借用した地名である。その意味では古い訓読地名は当て字地名である可能性が高いが、同じ漢字でも古代日本語では異なる発音をしていたことがすでに学界で証明されている。

(2) 少数民族の地名

ここではあえて、表意文字としての漢字の特性をほとんど無視して、音だけによって漢字導入以前から存在していた内生地名に漢字を当てはめた「当て字地名」について検討する。音読地名ではないが、訓読地名とは区別して当て字地名とした理由は、北日本に、先住少数民族アイヌ人が使っていた内生地名に漢字の音を当てはめて漢字表記した地名が多いからである。同様の例は中国の少数民族地域で見られ、モンゴル、チベット、新疆などに多い。

漢字は、基本的には表意文字であるが、表音文字としても用いられていることはよく知られている。同じ意味を持つ漢字が国や地域によって異なる発音を持つことは、すでに京都の発表において明らかにした(3)。ここではさらに進めて、日本の地名における漢字の役割を示す。

漢字には、大きく分けて音読と訓読の 2 つの発音方式がある。音読は中国から渡来した発音であるが、その言葉が中国のどの地方からいつの時代に渡来したのかによって、複数の発音を持っている。

代表的な例として「行」の発音を取り上げれば、漢字渡来初期の呉音（たとえば行事（ぎょうじ））、7 ～ 8 世紀に遣唐使などによってもたらされた漢音（たとえば銀行（ぎんこう））、13 世紀ころ以降の唐音（行灯（あんどん））が挙げられる。韓国では「hen」（朝鮮漢字音）、ヴェトナムではhangと、現代北京語の「xan」に近い。他方、同じ漢字が「行く」と発音されるが、これは中国渡来のものではなく、訓音とよばれる日本特有の翻訳された読み方と言える。地名を挙げれば埼玉県の行田（ぎょうだ）は音読みであり、福岡県の行橋（ゆくはし）は訓読みである。他方、茨城県の行方（なめかた）は10世紀の古書（延喜式）には奈女加多と当て字地名で記され、行方と訓読されたことになるが、その読み方は人名や地名など固有名詞以外の例は、並ぶという意味の行（な）むという古語があることしか知らない。ただし、浅学の私は漢音の地名を塩冶善行（えんやぜんこう）町（島根県出雲市）程度しか知らないし、唐音の地名に出会ったことがない。音はほぼすべてギョウと呉音であり、訓では「ゆく」や「なめ」などと読む場合もあり、歩行（かち）町（愛媛県松山市）のように意味をとった「かち」など多様であった。

日本におけるアイヌ地名は、北海道だけでなく本州東北地方にも広がっている。たとえば青森は、アイヌ語で「突き出た丘」を意味するとも唱えられている。ただ多くの場合、先にあげた古代の訓読地名と同様に、地名の由来は諸説があり定説を見いだすことが困難である。アイヌ語地名に用いられる漢字は、アイヌ人と接触した当時の日本人が聞いた発音をその当時の漢字音の知識によって写し取ったものであるから、漢民族が周辺民族と接触して表記に選んだ漢字音とは異なっているのは当然で、北海道には現在、日本人でさえ読みも意味も分かりにくい漢字の地名が多い。

ここで問題なのは、アイヌ人のように本来文字を持たなかった人々の地名である。彼らは漢字渡来前の日本人と同様、内生地名として口承の地名を持っていた。それでは漢字であれローマ字であれ、地名を文字化した時に、その地名は外来地名と解すべきなのだろうか。同様の問題として、多くのアジア・アフリカ・アメリカの無文字民族の地名を誰がどう表記するのか。先住民族の口承による地名はもちろん内生地名であるが、文字化する過程で外来地名化したと理解すべきか、その銘記された地名が定着した場合にはその外来地名が内生地名化したのか、という点である。ここでも外来地名 / 内生地名の二分法は破綻を見せている。二分構造ではなく時間的変化を併せ持った弁証法的構造と理解すべきかもしれないが、これは言語学者に検討していただければ幸いである。

なお、先に「武蔵」の例で見たように、古訓読地名には当て字的な地名も見られるが、その漢字を選んだ理由は古日本語の研究を待たないと、音だけを借用したのか、表意文字としての意味を伝えているのかは不分明である。また、たとえば「行方（なめかた）」は、古事記では水と大地が入り組んだ地形を表現していることが始まりであると現地では伝えられている。

(3) 外国地名の表記

中国とは異なり、日本には韓国のハングルやヴェトナムのクオック・グーに似た表音文字のカタカナが存在するため、外国地名は多くの場合カタカナ表記される。表記は現地読みをカタカナに写し取っているのであるが、カタカナには二重子音がなく、英語で用いられる th 音やオランダ語やスラヴ系などで用いられる kh 音など表現できない音がある。また、R と L の発音を区別できない日本語の特質から、実際には完全な外国地名の再現をすることはできない。

たとえば、表音文字の地名を逆にローマ字表記してみると、英国の Portsmouth はポーツマス（Pōtumasu）、オランダの Groningen はグローニンゲン（Gurōningen）となる。ただし現地の日本にはないオランダ語で G と表記する音を正確に仮名で表現することは難しく、フローニンヘンとも聞こえるので、ロシア語の X 音のような kh と発音する地名のように、K あるいは H 音で代用することになろう。同様にウクライナの Харків (Kharkiv) は日本語でハリコフと表記されるが、カリキウとも聞こえる。ロシア語ではパレスチナのカナン（Ханаан）やロシアのハバロフスク（Хабаровск）と同じ kh 音だが、日本のローマ字では表現できない。また L 音と R 音とが区別できないので、ローマ字表記でリトアニアのリガは Riga と書かれ、ペルーのリマ（Lima）も Rima と書かれる。もちろんアルプス（Alps）はローマ字では Arupusu となる。

東アジアの国々では、漢字を使用できる中国・韓国・ヴェトナムなどの地名表記に漢字表記を用いることもできる。ただ中国の場合、漢字表記を用いると、日本で通常使われている漢字の音で読むために、必ずしも現代中国標準語（北京官話）でない発音となり、現地では通用しない地名が生まれる。たとえば黒龍江を日本ではコクリュウコウと読むが、中国語の発音ではないため、むしろ筆談することになる。その意味では、カナを用いた当て字と理解してもよいかもしれない。

第３節　訓読地名

日本の訓読地名には、漢字伝来以前から存在する地名に渡来の漢字の音だけを利用した地名と、漢字の意味を日本語に翻訳して日本語の読みを当てた訓読が成立した後の、より新しい、あるいはごく最近の地名とがある。前者の音のみを用いた地名を旧訓読地名と、後者の翻訳された意味を用いた新訓読地名と分けて述べるが、旧訓読地名は音をあてたとしても当時の古日本語の発音と当時の漢字の発音との対応が正確に究明されているわけではない。先にあげた行方(なめかた)などのように日本人でもしばしば意味の分かりにくい、しかも漢字の音と対応していない読めない難読地名が多く、その起源も多くの歴史家や言語学者が研究の対象としている。また訓読地名の解釈も多様で、一つの説明に収斂していない場合が多い。日本における地名学はこの歴史的言語的研究に地理的な要素を加えた研究が多く、必ずしも政治行政的研究が十分とは言えない。

蛇足になるが、国連地名標準化会議では、地理学者・地図学者と並んで言語学者が活躍している。ただし、政治地理学的地名の研究を言語学者に依頼しないからか、あるいは日本政府自体に関心がないからか、日本代表には含まれていない。

(1) 旧訓読地名

言語学者が、これら古来の地名を表記している漢字の音を古代日本語として分析した結果、日本の古代の地名は、「その土地の地勢を表現する言葉と、それを補足する、植生やその他の特徴を示すコトバと、場所を意味する言葉より成り立っている」[(4)]。これは私が、地名は普通名詞としてはじまったと述べた本書の第１章と一致している。

このように訓読地名は、現在では言語学者や地名学者の研究によって、ようやく意味を解明されてきており、表意文字とされている漢字でも、一般に意味が不明な地名は、古来の地名として内生地名と言えよう。いわば中国文化が漢字をともなって流入する以前に日本の大部分の地名がすでに存在しており、その多くは当て字によって漢字表現となったのである。もちろん古い訓読地名は必ずしも当て字地名ではなく、意味のある日本語の古語として理解する者も多く、言語学者の研究をまたねばならないが、いずれも決定的な説明は未だしである。

古来の当て字的な訓読地名はその起源が明確でないほどに古い内生地名の場合が多いのに対して、漢字の意味を翻訳して日本語の発音を付けた訓読地名は、いわば新しい地名と言える。したがって訓読地名には、多くの古い地名と、やや少なくはなるが新しい地名が混在することになる。

(2) 新しい訓読地名

漢字の意味を日本の古語によって説明することは、一種の漢字の翻訳であって、この翻訳された意味を示す日本語が普及すると、アルファベットと異なり、訓読みが成立する。その段階で､当て字的な地名は無く､意味を持った漢字（表意文字）が生まれる。

たとえば京都の東に連なる山々は「東山」と書いて「ひがしやま」と読む。漢音であれば「トウサン」となるはずであるが、東(トウ)は日本語に翻訳されて「ひがし」､「山(サン)」は「やま」とされ、読みは「ひがしやま」となった。しかし漢字で東山と書かれた地名を、中国人は「Dong-shan」､漢字の素養のある韓国人は「Dong-san」と読む。いずれの国でも読みは異なるが、東にある山という意味は理解できる。また､「大島」は音読みでは「ダイトウ」であるが、翻訳されて「オオシマ」と訓読地名となった。中国ではこれを Da-dao と読み、韓国では Dae-do と読む。Oo-shima では大きな島の意味はまったく分からないが、大島と漢字で書けば中国でも韓国でも自分の読み方によって意味が分かる例である。さらに、東海は日本では Tou-kai と読む北太平洋であるが、中国では

Dong-hai と読む東シナ海であり、韓国では Dong-hae と読む日本海であることは前述した。

また、訓読地名とされる「高麗（こま）」は武蔵の国の古い郡名で、7 世紀頃、現在の朝鮮半島にあった高麗（こうらい）人が移住した土地として有名で、したがってコマの地名の由来は明確である。しかしコマは訓読されているのではなく、当時の高麗の古代朝鮮語の音読ではないかとも言われている。残念ながら古代朝鮮語で漢字をどのように発音していたのかはまだ研究途上である。ただし、内生地名として間違いのない郡の名前には訓読された古代日本地名が多いと言われる中で、コマを朝鮮由来の音読地名とすれば、当時は一種の外来地名であり、それが時代と共に内生地名として認知され、コマが訓読地名になってきたことになる。近年、住居表示にプラザという地名を用いているものがあるが、外来地名をできるだけ排すべきであるとする国連の動きとは逆方向のように思える。ただし、一体いつの時代に流入した地名を外来地名とするのか、国連の地名標準化用語集[5]における定義でも決めかねている。たとえばインドのボンベイのように、イギリスの植民地時代に命名された地名が外来地名であるとすれば、その時代は非常に明確である。国連の定義については第 6 章第 4 節で触れる。

また、韓国のソウルについて、長い間中国語圏で呼ばれていた「漢城」が外来地名であるかどうかは微妙である。もちろん、漢城は 1395 年に漢陽を首都と定めた際に朝鮮王自身によって命名されたのであるが、当時の韓国王朝が中国の冊封国であったことと関係するのか、あるいは特に中国の古名である漢の城ともとれる名称であることからか、外来語のように感じられることも確かである。中国が韓国の働きかけに従って漢城をソウルの名称に変えたのは、2005 年に韓国自身がソウルの漢字表現を首爾（ショウアル）あるいは首尔と書くことを決めて以来のことである。これを外来地名とすれば、漢城は数百年間も続いたのであるから、外来地名は時間的にあいまいな概念ということになる。また「漢江の奇跡」の言葉で有名な漢江（ハンガン）も、見方によっては漢城の地名の起源となる漢の川とも読めるが、これは内生地名としてすっかり定着しているようである。この川には漢江大橋が架かっている。ここではいつか川の名を首川を変えるのであろうか。

第4節　音読地名

訓読地名に比べて、漢字を音読する地名には比較的新しいものが多い。訓読地名の多くは漢字の渡来以前に起源をもっているものであるから、当て字や翻訳されたものであるが、そのような訓読地名に対して、音読地名は間違いなく、漢字が広く日本で用いられる時代以降に成立している。

(1) 新制度の流入に際して

特に中国文化の強い影響を受けて6～7世紀頃に生まれた律令制度では、広域の地域区分として「道(どう)」が置かれ、その地名はすべて音読みであることからも、現在も残っている東海、南海、東山、北陸、山陽、山陰などは訓読みの国や郡の後に設定されていることが分かる。最新の「道(どう)」は「北海道」で、他の道より実に1000年以上後に地名として登場している。これら地方名は、中国から道の制度と共に入って来た当初は外来地名と言えるかもしれない。

実際、「道」は東アジアで広く用いられていた広域行政区画の単位で、現在でも中国文化の影響を受けた国々に残っている。日本の北海道と同様に、南北朝鮮では広域地方行政区としてたとえば京畿道（Gyeonggi-do）のように使われている。しかし「道」は道路の意味もあったので、日本では広域の地方の呼称として用いられるだけでなく、幹線道路の名称として、東海、南海、北陸などで用いられている。これは中国から入ってきた外来地名が内生地名化した事例と言ってよい。

律令制度のもとで国として成立した地名のなかには、以前の訓読地名を音読地名に変えたものもある。たとえば首都に対して手前にあるのか後にあるのかによって、旧来の豊(とよ)の国が分けられて音読みに変わり、豊前・豊後となったり、肥(ひ)、越(こし)、吉備(きび)、筑紫(つくし)なども前後に分けられた際に音読化されている。念のために列記すれば、ムツの国から分かれた陸中・陸前、デワの国から羽前・羽後、コシの国から越前・越中・越後、ヒの国から肥前・肥後、キビの国から備前・備中・備後、トヨの国から豊前・豊後、ツクシの国から筑前・筑後などは、訓読地名が当時は音読となって、いわば当時としては近代化したのであろう。それだけに、新しい制度の下で発足した国郡制度の新しさを強調していると言える。もちろんケの国から上野・下野、フサの国から上総・下総や、陸奥のように、例外的に訓読を維持した例もある。

京都や東京などの音読地名は明治時代に定められた新しい地名であり、その意味も明白で、長い間「京（みやこ）」と呼ばれていた旧来の首都である京都と、東に新たに生まれた首都としての東京を意味している。その他の地名であっても、音読地名は、住民にはより新しい他から与えられたもので、外来地名と感じられ、訓読地名は昔からある古いもので、内生地名と感じさせるのである。実際、新しい制度によって生まれた行政区や、開拓・開発・合併などによって誕生した地区にはしばしばその事例が見られる。たとえば、東京の副都心として有名な新宿と渋谷では、明らかに音読の新宿が訓読の渋谷より新しい地名である。また、横浜市を構成する行政区の名称では、中区・保土ヶ谷（ほどがや）区・神奈川区などの訓読地名より、港南（こうなん）区・港北（こうほく）区のような音読地名は後に命名されたものである。

もちろん、訓読地名がもつ柔らかさに魅力を感じて、あえて訓読地名を採用する場合もある。最近の都市計画で生まれたニュータウンや行政が名付けた新しい街区にはこの新しい傾向を示す訓読地名がある。たとえば東京の光が丘、横浜・相模原・名古屋・千葉・さいたまの緑区や横浜の汐見台など、いくつも例示が可能である。

ここで明確なことは、外来地名と内生地名は固定的な概念ではなく相互に浸透するということである。イングランドではケルト起源の地名を内生地名とすれば、ゲルマン地名はそれに対して外来地名であり、それが内生地名化したと考えるのが妥当であろう。このような事例は、ヨーロッパにおいて多くみられるのではなかろうか。またアメリカ合衆国ではフランス人による地名が多く見られるが、デトロイト（Detroit、地峡の意味）のように英語読みになりながら原綴を維持するものや、バトンルージュ（Baton Rouge）のように読みまでがフランス語の発音を維持するものもある。これらは領土の変更により外来地名化した内生地名と理解した方が良かろう。いわばフランス人による命名が英語圏内に領土が変更された後も内生地名として定着するのは、外来地名と内生地名の境界が明確に形成されているものではないことを明らかにしている。

(2) 地名を使用する人々

あえて言えば、日本における音読地名は地元住民にとっては他者から与えられた、より外来地名に近い存在であることになる。実際、旧来の親しんでいた訓読地名の街を行政当局が馴染みの無い音読地名に変更することに対して反対運動があるほどである。たとえば1964年の東京オリンピックに際して、小さな街区の地名であるが、東京の原宿が神宮前に、淀橋が西新宿に、菊坂町が本郷になったことなどは、訓読地名が音読地名に変えられた例としてよく挙げられている。住民にとって歴史的伝統的な訓読地名であった内生地名が、行政当局の手によって、より近代的・無機質な外来地名に感じられる音読地名に変わったのである。これは外来地名の定義にその地名を用いる人々の視点を加えることを困難にしている。

地名にかかわる人々の概念を狭くとれば、町の地名を決めた行政機関は町の住民にとっては他人となり、行政機関を住民の組織と広くとれば、住民と行政機関との共通の内生地名（Endonym）か否かかが判然としなくなる。先の第2章で提示した大海洋の場合、沿岸の多くの住民はそれぞれが内生地名（Endonym）を持ち、海全体の地名が不分明な場合には優先地名を受け入れるしか無い理由は、大海洋を支配する外来地名（Exonym）を提案する域外の言語集団が存在しないからである。

もちろんこの事例は国内のことであり、公用語を用いているのだから、このExonym/Endonymの討論にはふさわしくないものとも言える。しかし国連発行の地名標準化用語集におけるExonym/Endonymの説明(6)には、歴史的視点が漠然としており、外来地名が住民に受け入れられて内生地名になってゆく過程や、使用言語が外来語を自分の言語の中に消化吸収する過程は省略されている。また、住民という言葉もあいまいで、どの範囲の住民を意味するのか、街区か、都市か、地域か、国家か、あるいは民族などの別の概念かの限定が無い。

(3) 韓国、ヴェトナムの事例

ここで指摘しておきたいのは、韓国や北朝鮮、ヴェトナムなど、かつて漢字を公用文字としてきた国々の地名が基本的には漢字の音読地名である点である。日本にある訓読地名に相当する地名は、私の知る範囲では、ソウルなどの例外はあるが少ない。それだけに中国文化の影響が強く、実際中国に支配された歴史を持つ国々であるから、音読地名も数百年を経た現在では内生地名化した外来地名であった可能性が強い。そもそも朝鮮では、757年に旧来の各地の朝鮮語地名を中国風の漢字2文字からなる音読地名に置き換え、古来の朝鮮語による内生地名は一旦すべて廃止された。しかし古朝鮮語の地名の意味から翻訳ともとれる漢字が選ばれたものもあり、この漢字で書かれた音読地名は朝鮮語に由来する内生地名であるとするものも見られる。

韓国では、日本のカナ文字と同じような表音文字のハングルが成立したのは15世紀（1443年、李氏朝鮮第4代国王世宗の王命）であるため、日本のように漢字を音として当てた古朝鮮語の地名は見当たらない。また、訓読地名のように漢字を翻訳したものも見いだすのが困難である。さらに757年に新羅の景徳王が、朝鮮各地の地名を古朝鮮以来の内生地名から漢字2文字で表記するよう定めたため、いわばほとんどの朝鮮の地名は一種の外来地名に変換された。今では古来の朝鮮地名を復活することはほとんど不可能である。いいかえれば以後数百年にわたってこの外来地名の内生地名化が進んだのである。もちろんさらに詳細に調査すれば、漢字の音読みでは理解できない坪名やいわゆる小字のようなものに残されている可能性が大きいが、それは韓国語と韓国地理の研究者に委ねたい。

たとえば韓国の水原（Suwon）は漢字の韓国における音読みであり、757年に王命によって内生地名であった買忽（Mehor）が水原に変更された。Mehorとは古朝鮮語で水原の意味を持っていた。私は、その翻訳である水原をもって新しい外来地名を受け入れたのではないかと考えている。このように、韓国にもいわば訓読に近い地名は存在していたのであるが、世宗の地名漢字音化政策によって新たな外来地名が旧来の内生地名に置き換えられていったのである。

実際韓国だけではなく、ヴェトナムなど漢字を公用文字としてきた国々の地名は基本的には音読地名である。朝鮮語はハングルが制定される 15 世紀まで、漢字でのみ表現されていた。しかしその漢字が当時どのように発音されていたのかは、未だに多くの言語学者にとって課題のまま残っている。日本に残っている韓国の地名の読みは、高麗（こま）や百済（くだら）、高句麗（こうくり）など、現在の韓国での読みと異なっている。

第 5 節　優先地名

欧文脈の地名は単純に表音文字のカナで表現しているが、漢字に翻訳されている地名はほぼ中国と同じ表記になっていて、音読地名である。たとえば先の Corfu(7) の国連地名標準化会議外来地名ワーキンググループ会議で取り上げた優先地名や翻訳地名あるいは中国語表記の音読などである。

優先地名は、第 2 章で大海洋の地名の例としてあげたように、沿岸諸国の内生地名によって全体を表せない大海洋は、多くの場合ヨーロッパの航海者達が初めて命名したものであり、東アジアではそれを翻訳して漢字表記をし、それぞれの国の言葉で発音している。たとえば Pacific Ocean を漢字訳した太平洋を日本では音読地名でタイヘイヨウと読んでおり、中国は同じ文字をタイピンヤンと読む。韓国ではもちろん表記はハングルであるが、漢字もしばしば使われていて、太平洋はテピョンヤンと読む。中国と日本が同じ文字を利用して読みが異なる例としては、同様の大海洋として珊瑚海（日本：Sango-kai、中国：Shanhu-hai）や日本海（日本：Nihon-kai、中国：Riben-hai）を挙げることが出来る。

これらは日本と世界との交流が広がるにつれて、自分が持っていた内生地名では覆いきれない地理的実体に与えられた上位の優先地名として、日本が国際的地名として受け入れたのであるが、当然時代的には新しく現代世界の必要から生まれて来た地名であるから、音読地名が用いられている。

また、日本では、海外の他国の地名は原則として発音を模写したカナを用いているが、そのうちの一部は翻訳が行われており、これらはそれぞれの地域の外来地名ではあるが、音読される漢字地名として利用されている。たとえばヨーロッパの地中海（Mediterranean Sea）、北海（North Sea）、黒海（Black Sea）、死海（Dead Sea）なども中国語と日本語は同じ漢字を用いており、発音が異なるだけである。

第6節　外来地名の内生化

前節までに述べたように、日本を中心に意味と発音とを持つ漢字の地名表記からみると、初期段階では発音によって内生地名を漢字表記しているが、やがて特に中国文化の影響を受けて地方行政区画や地域開発などによって意味と発音とを併せ持った外来地名が音読地名として導入された。この後発の地名はやがて内生地名化して日本固有の地名となり、漢字も外来語から日本語の一部に消化されてきた。ここでは明確に外来地名 / 内生地名（Exonym/Endonym）と地名に二分法を適用できない内生地名化（Endonymization）のような過程が現れている。

他方、漢字の日本語への翻訳が進むと、漢字の意味をもちながら日本語の発音となる訓読地名も発達する。文字としては外来地名の装いをもちつつも、意味としては内生地名として、漢字導入以前からの地名と同時に、その後の日本社会の発展に必要な地名が作られて来る。それは実際に使われている日本語の文脈にふさわしく、普通名詞から固有名詞へと進化してきた地名である。たとえば東の山、大きな川、石の橋、などなどである。

さらに、複雑な行政区画の整理や近代的雰囲気を求めて、従来の内生地名に変えて、時には住民の違和感を押し切って外来地名のような音読地名が誕生する一方で、より優しさを示す訓読地名が付けられる。港湾地域に「港湾」と付けるのが前者の立場であり、「みなと」と命名するのが後者の立場である。ここでは時に内生地名化の過程が現れている。さらに神戸市のように、町丁表示では港島と漢字地名を採用しているにもかかわらず、一般には「ポートアイランド」の通称を用いることで、内生化に抵抗する命名によって地名のイメージをことさらに外来地名であることを強調する場合もある。このように外来 / 内生の概念は、相互に段階的に推移する過程の位置づけをする概念と理解するときわめて有効である。

この二分法的地名論、内生地名と外来地名に関しては章を改めて第 6 章で論ずる。

［注］

（1）Difficulties of Exonym/Endonym dichotomy from the view-point of East Asian Place names（2013 年 Regional Conference、京都、Joint Commission of IGU&ICA on Toponyms での口頭発表）の和文原稿を修正・加筆。

（2）大坪　城（2001）「地名　武蔵国の「むさし」の由来の考察」日本語語源研究会誌、46。

（3）Difficulties of Exonym/Endonym dichotomy from the view-point of East Asian Place names（2013 年 Regional Conference、京都、Joint Commission of IGU&ICA on Toponyms での口頭発表）。

（4）大坪　城（2013）「地名とその成り立ち」インターネット版。

（5）United Nations Group of Experts on Geographical Names（2002）*Glossary of Terms for the Standardization of Geographical Names*, Department of Economic and Social Affairs Statistics Division, New York.

（6）Glosssary of Terms for the Standardization of Geographical Names（2002）「国連は国際的に外来地名の使用を最小限にすることを勧告する」。

（7）Tanabe, H. & Watanabe, K.（2014）A reflection on the names of large seas , in Jordan, P. & Woodman, P. eds. *The Quest for Definitions*, Verlag Dr.Kovac. Hamburg, pp.159-163.

第6章　内生地名と外来地名[1]

第1節　主格（人）と目的格（地理的実体と地名）

地名の起源については、すでに第1章で詳細に述べたが、ここではまず地名をめぐる命名者と命名される地理的実体について、簡単な論理構造を述べる。

地理的実体は本来無名なものであって、人が命名することによって地名を獲得する。地理的実体は客体であって、地理的実体は主格になり得ない。主格は、あくまでも人である。実際、火山噴火などによって新たな島が生まれた時、それはその海域の支配者であれ、第一発見者であれ、人が命名して地名を与えられるのは自明の論理である。

では、地名は主格たりうるであろうか。地名は人の意思によって変更されうる点で、明らかに客体的存在である。身近な地名では、農村の小字あるいは坪名（フランス語なら lieu-dit）は土地利用の変化によって、また大きな国名は政体の変化によって消滅する可能性がある点でも、主格たり得ない。ごく単純な論理構造からいえば、「人」が「地理的実体」に「地名」を与えるのであるから、これを主格＝人、与格としての間接目的＝地理的実体、対格としての直接目的＝地名と言い換えることができよう。

あるいは、命名という行為の結果として地名が誕生すると考えれば、単純に主格＝人、目的＝地理的実体、命名＝動詞となる。人が命名しなければ、地名は存在しない。つまり主体は、自分を取り巻く地理的事物に満たされた空間を認識して、それを他者に伝達し、自分個人としてあるいは集団として記憶するために命名する。したがって、地名の起源から言えば、地理的事物は主体ではなく、あくまでも客体であり、命名する人が主体である。

第２節　内生地名の世界

人が認識する空間は、身近であれば詳細に、中間距離になればややまばらに、その外側の世界はさらに大まかに、最も外縁ではさらに大づかみにと、同心円状に密から粗にと形成される。

ここで少々私的な思い出の中の地名を述べて、人を主格とする内生地名の成立の機縁を示しておく。

幼い頃、横浜市南部の郊外で、私が育った光明寺という寺院の裏手にあった「堂の下」の泉で水を飲みながら、この寺にはお堂がないのにと不思議に思ったり、「ドンドンびき」にフナを釣りに行こうと誘われて、水がドンドンと音を立てて落ちているからかなとか、「びき」とは「響」の意味かなと想像したり、地名に関心が全くないわけではなかったが、周囲の地名は村人が名付けた文字通りの内生地名であった。毎日のように眺めていた寺の向かいの鎌倉街道の向こう側にあった「東谷（ひがしやと）」は、今ではすっかり崩されて谷があったことすらわからないように道路が伸びている。また「堂の下」は信号機のある交差点になり、「ドンドンびき」の小川は暗渠となって周囲が住宅地となり、地名があった面影もない。

その交差点から北に向かえば、左手に「鍛冶屋」や「車屋」などの屋号で呼ばれた「根方（ねかた）」の家々が丘陵を背に連なり、右手は「吉原田圃」が横浜市の主要な河川となっている大岡川の支流、日野川まで広がっていた。今でも「根方」の家々の前を通る旧道は残っているが、多くの自動車は「ドンドンびき」や「吉原田圃」を埋めた住宅の間の新道を走る。もちろんこれらの細かな内生地名は失われ、それを知る人は法事に光明寺にやってくる老人だけである。

また、この「堂の下」から丘陵の方向、西に向かえば、「隠居」と呼ばれる農家の前を通り、「新開（あらく）」の畑を右に見て急坂を登り、「台（だい）」と呼ばれる見晴らしの良い相模武蔵の国境と呼ばれていた尾根道に出る。「台」を越えた西側は谷が浅く、隠れ里のような旧野庭(のば)村の農家が見えるのだが、子どもたちの目当ては尾根道に近い藪のなかのグミやアケビ、野イチゴなどであった。秋には山芋掘りもできるのだが、隣村の人に出会わないように気をつけろと言われた。ガキ大将は「何しろ隣の国だから」などとおどけていた。「台」から見えた富士や丹沢・箱根の山々も、宝永山や大山・双子山を区別できる年長の子どもにとっては自慢の地名群であった。しかし現在では、「堂の下」を埋め「台」を切り崩し、鎌倉街道から日野川を渡って、「野庭団地」に向かう広いバス道が通り、「新開」など斜面にあった畑も住宅街になった。

この光明寺から「根方」にかけての一帯は、武蔵国久良岐(くらき)郡吉原村大北と呼ばれていたが、1872（明治 5）年に金井村、宮ヶ谷(みやがやと)村、宮下村と合併して日野村となり、さらに 1889 年の町村制施行で笹下(ささげ)村などと合併して日下(ひした)村となり、1927（昭和 2）年に横浜市中区の一部となった。しかし当時は先に述べたようにまだまだ農村であり、歴史的な内生地名の満ちた世界であった。

この旧来の農村の地名が一変するのは、第二次世界大戦後の急速な都市化の進展と、特に 1985 年に住居表示整備事業が実施されて以来である。そのバス道を境として、南側の光明寺は横浜市港南区日野 7 丁目に、北側の「根方」の集落は 4 丁目、崩された「台」につながる階段状の住宅地は 6 丁目と変わった。いや、日野という地名が残ったから良いが、同じ日野でも旧宮下村や宮ヶ谷村は「港南台」となって昔の面影はないよ、と日野小学校の同級生は羨ましがっていた。

1946（昭和 21）年、小学校の先生が、4 年生を連れて宮下村の東側にある隣村、旧矢部野村境の小高い稜線に登り、西側一帯の日野の景色を観察して何が見えるかと聞いたことがある。谷は杉が水田を囲み、尾根には松が多くて、斜面には畑があり、手前から宮下・宮ヶ谷・金井の谷が見えるけれど、それらの谷の小川が合流した「御供井戸(ごくいど)」のあたりから日野川の川下、北から東側の、私が住む大北、吉原の方角は春日（神社）様の椎木の森に遮られて見えません、などと答えた記憶がまだ鮮明に残っている。あの眼下に見た低い尾根は削られ、谷は埋められて、今では港南台と地名を変えた大住宅地が広がっている。金井の谷だけは舗装された鎌倉街道が残り、鎌倉・大船方面へと伸びているが、「七曲（ななまがり）」と称された相武の国境を越える峠には、もう峠の茶屋もなく、ほんの低い起伏が残るだけである。この七曲りの地名は相模側の栄区に少し下がった所にあるバス停の名前として残っている。

バスの無い時代、正月に、子どもたちはこの峠を南に越えて鎌倉八幡宮、由比ヶ浜へと初詣に歩いた。また別の年には逆に鎌倉街道を北に横浜方面に向かって４㎞ほど歩いて、市内電車の終点であった弘明寺の商店街に出かけた。その市電の行き先として、子どもたちは横浜や桜木町、遠く生麦や六角橋などの地名を知った。弘明寺は、市電と京浜急行との間の連絡街路でもある門前町としてさまざまな小売商店が軒を連ね、子どもにとっては大繁華街であった。これらの内生地名は、子どもたちの日常行動空間ではくわしく、その外縁にある間接的な認識空間にも広がっていた。

もちろん、その方向に大海や高山があれば、認知する地名は少ない。たとえば富士山の向こう側には、伝聞で知っている伊豆、駿河とか甲斐・信濃など大まかな地名がある。「台」から遠望していた富士・箱根などの山並みの手前にある霞んだ丘陵や村々の名前は漠然としか知らなかった。さらに遠く、京都や奈良は、国民学校の教科書に出てくる地名ではあったが、周囲の大人たちの中には旅行した見聞を話してくれる人もいた。子どもの認識空間としては、さらに遠方の中国や朝鮮半島などの、時に書物や伝聞による地名群が成立する。「唐・天竺」などという地名はお寺の和尚さんから聞かされていた。これらの地名は異国のものではあるがこの地方の人々が日常会話で用いる、いわば内生地名であった。

また、さまざまな交易や人々の交流のある方向では、ややくわしい地名群が突出して増加する。横浜の中心街の伊勢佐木町や関内、さらには神奈川・川崎・東京などは父がよく出かけるところであったし、村にはそれでも遠距離通勤する人たちがいた。「由比ヶ浜」から望む太平洋の向こうには、横浜港から出る船で父が行ったことのある「アメリカ」大陸があると聞かされていたから、地名としては知っていた。だが、子どもには「アメリカ」と「米国」とは区別できなかったし、その国がアメリカ合衆国であるという知識もなかった。子どもたちの地名認識から言えば、明らかに内生地名の世界に住んでいた。だがそれは多くの農村の大人たちとたいして変わりはなかった。

やがて、その主体としての個人は、地域社会から大きな民族の一員に成長する過程で、認識空間を広げ、同一言語を用いる集団が持つ地名群を認識してゆく。つまり、認識空間の中に生まれた一連の地名は、その人にとって素直に内生してきた地名、すなわち内生地名と言える。ここでは個人的なエピソードとして主格と目的格との関係を述べたが、個人が集合して形成されている民族集団を主格と考えても論理構造は同じである。

人々を取り巻くさまざまな地理的事物との位置関係から生まれる方角地名については第4章で述べたが、内生地名は地域的な地名から広域の地域名にいたるまで、各地に生まれた地名が次第にまとまって民族全体の地名に成長してゆく。まとまり方に一定の規則があるわけではなく、時に地理的事物の顕著な形状によることもあれば、主格としての人々の集団の規模によることもある。地名が表現する土地の形状が際立って高い山、大きい川であったり、特定の地名を用いる人々が圧倒的に多数であれば、そちらの地名が優勢になり、あるいは民族をまとめる為政者の力であったり、理由は個別にあげられる。遠方の地名になると、民族全体の歴史の中で言語や宗教あるいは多様な文化を受け入れる中で、経済的関係の過程で生まれてくる。

その意味で、ごく初期の地名はすべて人々の内生地名として生まれてきた。

第3節　外来地名の発生

この内生地名がまとまってゆく段階に、他の民族集団が接触して、一つの地理的事物、客体に複数の主格が現れた場合、このまとまり方は単純ではない。日本が他民族と最初に接触するのは、もちろんアイヌ人であった。東北日本では、日本民族が進出する以前にすでに多くの地理的事物にアイヌ人が地名を与えていた。ただ彼らには文字がなかったから、両者が接触した際には、日本民族はその現地名に漢字や仮名表記の地名を受け入れてゆくことになった。しかし中には日本語の地名を持ち込む場合もあった。この場合、和名は明らかにアイヌ人にとって外来地名であり、他方アイヌ地名は日本人にとって外来地名であった。同じ地理的事物が主体によって内生地名と外来地名が逆転する。ただ、日本の場合には長い歴史の中で、アイヌ地名は内生化した。

同様の経過は多くの国々に見られるのであって、たとえばフランスにはブルトン地名が広く西フランスに分布している。ブルターニュ公国がフランス王国の一部になる以前で言えば、これらブルトン地名はブルトン人にとっては内生地名であり、たとえば現在ブルターニュ地方の首邑、Rennes はブルトン語で Roazhon と称するが、これはフランス人にとっては外来地名で、現在、ほとんど使われていない。Rennes はフランス人にとっても内生地名となっている。他方、地中海沿岸の Perpignan はフランス人にとっては内生地名であるが、カタロニア人にとっては外来地名で、一部の人々は時に、Peripinyà（パルピニャー）と表記してフランス語表記に抗議している。これも主格が誰であるかによって外来・内生地名が逆転する例である。また、イタリア領だが Süd Tirol はドイツ語系の人々には内生地名であるが、イタリア語系の人々には外来地名であろう。

このように外来地名は、客体としての地理的事物に対して、地名を与える主体が誰であるのかによって、つまり主体間の交流・対立・交代などによって現れる。つまり内生・外来地名は主体によって変化する。ケーニヒスベルクはロシア領になり、今やロシア人にとっては外来地名であり、カリーニングラードが内生地名となっている。しかしドイツ人にとってはケーニヒスベルクは懐かしい内生地名であって、カリーニングラードが外来地名である。地名は地理的事物に付随する属性ではなく、それに名称を与えた主体によって内生・外来地名が生まれるのであって、土地の政治的・外交的地位などとは区別されるべきである。

したがって、主体の地域認識が広がるにつれて、より遠方の、より広域の、またより漠然と捉えていた地理的事物の内生的に誕生した地名とは別に、他の主体が持つ地名と出会い、他の民族が持つ地名を外来地名として受け取りつつ、なお自らの内生地名を維持することによって、一つの地理的事物に内生地名と外来地名が並存することになる。この場合、相手方の側から見れば、明白に内生・外来が逆転することになる。

1600年にNederlandから日本にやってきた船に由来し、当時日本と交流のあったポルトガル語のHolandaをとったオランダがそのまま日本語における内生地名となったが、本来のオランダの内生地名であるネーデルラントは日本人には外来地名である。またイギリスも、日本で生まれたグレートブリテン及び北アイルランド連合王国の内生地名として親しまれているが、正式名称である外来地名を用いる人はほとんどいない。多くの新しく独立した国々はそのまま外来地名として日本語の文脈に組み入れられたが、古来の付き合いがある国々は幾多の変遷を経て内生地名が生まれながら、新たな外来地名を採用することになった例が多い。たとえば朝鮮王国に由来する朝鮮は、第二次世界大戦後、韓国（大韓民国）と北朝鮮（朝鮮民主主義人民共和国）と呼称されているが、日本語の中ではまだ外来地名のままであり、唐から支那を経て中国（中華人民共和国）と呼ばれる地名も、まだ外来地名と考えて良さそうである。

第4節　国連の定義

国連地名標準化会議で公表している地名述語集によれば、“Endonym”（内生地名）は「地理的実体が存在する地域に生まれた諸言語のうちの一つで表わされる名称。例示：インドのBenaresではなくVäränasï、ドイツのAix-la-ChapelleではなくAachen、タイのBangkokではなくKrung Thep、エジプトのLuxorではなくal-Uqsur、イスラエルのTiberiasではなくTeverya」とされている。

これには特に最後の例が問題になる。イスラエルの公用語はヘブライ語でその地名Tiberiasであるのにこれを外来地名とし、旧来のパレスチナ人のアラビア語の地名Teveryaを内生地名としているからで、これをユダヤ人から見れば逆になってしまう。つまりヘブライ語を公用語としているのに国連の例示では逆転している。ここでは著者が原地名のTeveryaをEndonymではないと言っているのではなく、地名は、誰から見て内生・外来かと捉えることが重要で、パレスチナ人から見れば当然国連の定義の通りである(2)。

“Exonym”（外来地名）は「ある特定言語において公用語の域外にある地理的実体のために用いられ、公用語あるいは地理的実体の存在する地域の諸言語に用いられる名称とは異なった形態であるような名称。例示：WarsawはWarszawaの英語の外来地名であり、LondresはLondonのフランス語の外来地名、MailandはMilanoのドイツ語の外来地名である。ただしMoskvaはMockваの外来地名ではなく、Beijingの拼音（Pïn-yïn）形も外来地名ではないが、Pekingは外来地名である」としている。これは一見もっとものように見えるが、次のような質問に対応し難い。

たとえば東プロイセン王国の首都であったケーニヒスベルク（ドイツ語で「王の丘」）は現在ロシア領になってカリーニングラード（ロシア語で「カリーニンの町」）と改名されているが、いずれが内生地名で、いずれが外来地名であろうか。もちろんロシア人にとって明らかにカリーニングラードが内生地名であり、ドイツ人にとっては、もはや異国の都市となっているが、ケーニヒスベルクである。つまり同じ地理的実体であっても、命名者にとっては内生地名にも外来地名にもなる。先のイスラエルのティベリアス湖のほとりにある町の地名を国連の定義によってカリーニンに当てはめれば、これは外来地名となり、ケーニヒスベルクが内生地名となる。地理的実体を中心に考えると地名は何が内生地名であるか、政治的に見直さねばならなくなる。これはいわば地名の属地主義（Territorial principle）的な考え方である。

1807年に締結された有名なチルジット平和条約の名前に残る東プロイセンの地名、チルジットは今や改名されてソヴィェツクであるが、果たして主格は誰なのかによって内生地名か外来地名かが定まってくるのであって、一義的に一方が内生であると主格を地理的事象として定めるより、その土地の地名を用いる民族を主格とすべきではなかろうか。

つまり、主体と客体との問題で、地名を使用する人を中心にとる属人主義をとれば、世界の客体（地名を与えられる地理的事物）に与える地名には身近なEndonymから遠い他の客体が用いているExonymがあり、その分布は濃淡によって示される。これはいわば地名の属人主義（Personal principle）的考え方である。ここでは誰がその地名を用いるのかという主体の世界観が重要になり、その土地を誰が所有しているかは問題にならない。

属地主義をとれば、すべての土地にはEndonymとExonymが存在して、その土地に居住するあるいはその言語を用いる主体の地名以外はすべてExonymとなる。しかし、土地はいわば恒常的存在であるが、地名は時代によって、政治によって変化するものであるから、属地主義は不安定で地名の永続性を重視する考え方から考えれば、属人主義に劣る。

先に第2章で大海洋の優先地名を取り上げたが、属地主義には国際政治の問題も含まれていて、ヨーロッパ諸国や旧植民地においては属地主義を否定すれば第二次世界大戦以後の国境変動を否定されるのではないかという危惧があるのかもしれない。しかし属人主義は歴史的現実を否定しているのではなく、あくまでも命名者にとっての地名の考え方であって、先に例示したカリーニングラードはもちろんロシア人にとってあくまでも内生地名となる。

再言すれば、目的（地理的実体）を誰が命名し、その地名を誰が使用しているのかという地名の主体を中心とした属人主義を取るべきか、命名すべき対象となっている地理的実体が政治的、公用語の観点からどこにあるのかによって分類する属地主義を取るべきかという問題である。ここでは地名はあくまでも手段であって、この主体と客体との関係からくる定義には関わらない。地名の発生論から見て、無名の土地（客体）を命名するのは主体であり、その発生してきた地名をExonym/Endonymと分けるのであれば、命名者である主体の立場から考えるべきである。地名は誰のものかという命名の行為の問題と、土地は誰のものかという所有・支配の問題との観点の違いである。

主体をある言語グループ（公式言語を持たない少数民族も含めて）、客体を地理的実体とした場合、その客体は近隣の地名についてはほぼ内生地名に囲まれ､域外の人が持つ外来地名をごく稀にしか採用しないが､それが外縁に向かって次第に逆転し、遠国の地名については、非常に大まかな地名のみが内生地名として残り、大部分が外来地名に埋め尽くされる。つまり内生地名の分布自体は漸減する濃度によってしか表現できないので、その点、内生地名も外来地名も存在しない大海洋の場合にのみ優先地名が存在し、それが各言語集団では自分の言語体系の中に取り込まれ内生地名のごとく、別の言語集団には外来地名のごとく見えるという構造となる。

日本人は自分の近くの地名をほぼ内生地名として持っているが、それでも内生地名の翻字（Nippon）の他に外来地名（ジャパン）を利用している。しかし他方で、内生地名として米国（Beikoku）を外来地名の USA と併用しているのである。もちろん日本では地名が標準化されていないので、アメリカあるいは国連の正式な国名分科会が採用している外来地名のアメリカ合衆国も翻字されて用いられている。グレートブリテン及び北アイルランド連合王国に至っては、内生地名のイギリスや英国、大英帝国、連合王国が無差別に用いられている。これらの交流が古く、その間に米国や英国などの日本における内生地名が生まれているが、歴史的に新しく交流の始まった地域や国々に関する内生地名は成立しなかったので、これらの国々の多くは外来地名、各国における内生地名がそのまま翻字されて外来地名として用いられている場合が多い。

［注］

（1）この章は、2020 年正月の賀詞交換に際して、国連地名標準化会議の P. Jaillard 議長およびその外来地名部会の P. Jordan 前座長との討論に触発されて改めて章を起こしたものである。

（2）United Nations Group of Experts on Geographical Names（2002）*Glossary of Terms for the Standardization of Geographical Names*, Department of Economic and Social Affairs Statistics Division, New York.

第7章　漢字文化圏における地名標準化[1]

先の第2章で取り上げた第2節に「優先地名としての海洋名の翻訳」を、またそれをさらに広げて第3章で、地名の翻訳と翻字として漢字文化圏における大海洋の地名標準化における問題点を部分的に指摘した。

本章ではそれをさらにすすめて、表音文字との対比において表意文字の特有の問題を取り上げ、東アジアにおける地名表記に関する留意点について、特に表音文字のヨーロッパ系言語の地名専門家の理解をいただきたい。2013年に国際地理学連合地域大会で発表した英文草稿を原文の日本語に戻したものであるから、日本の読者には旧聞に属する部分もあるが、外国と関わりのある方々には必要な言及であると考えた。

第1節　漢字表現の特性

表意文字とは、いわば赤い円に白い横線の入った交通標識が示す侵入禁止に例えても良い。道路にこの標識があれば、自動車は入らない。ほぼ世界中がその意味を理解しているからである。しかしそれを各国ではそれぞれの読み方をしている。この交通標識を、日本では「車両進入禁止」と読む。中国語で「不准駛入」、英語では「No Entry」、フランス語では「Sens interdit」である。読み方は異なるが、意味は同じであると言う点で、まさに表意文字的な存在である。漢字は表意文字であるから、この交通標識に似て、漢字文化圏である中国や日本では、ほぼ相互に意味を理解できるし、漢字を理解できる知識人であれば、ヴェトナムや韓国・朝鮮で理解されるのである。実際これらの国々の歴史博物館に所蔵されている古典的な書物はほぼすべて漢字で書かれているので、歴史を研究するものには、漢字の素養が必須である。

ただし、漢字文化圏の中には、漢字を表意文字としてではなく、単にその音を漢字から借用して表音文字として利用している地域も含まれるので、必ずしも漢字を純粋に表意文字と考えるべきではない。たとえば中国の内蒙古自治区の呼和浩特（フフホト、英語ではHohhot）のモンゴル語の意味は「青い都市」であり、中国の少数民族地域については、漢字の音を用いて少数民族の言語による地名を表現する。その点では、モンゴルの地名ウランホトを「烏蘭浩特」（赤い都市、英語でUlaanhot）やウランバートルを「烏蘭巴特」（赤い英雄、英語でUlaanbaatar）と発音によって漢字表記するのと同じであり、ヨーロッパ系地名のパリも「巴黎」と漢字表記する。

第２節　漢字文化圏

まず本章で述べる漢字文化圏の範囲は中国・日本・ヴェトナムおよび・朝鮮半島の韓国・北朝鮮としておく。

(1) 中国

中国は漢字文化圏の中心国家であるが、先に述べたように、国内には特に西部や北部・南部などに表音文字として漢字を用いる少数民族地域もあって、必ずしも完全な表意文字地名の国ではない。しかし現地少数民族地名の間には漢字地名が混入し、表意文字も用いられている。たとえば内モンゴルの赤峰(シーフォン、ピンインでChifeng）は、モンゴル語でウランハト（Ulankhad、翻訳すれば赤い山）と呼ばれていたが、その発音ではなく、意味を中国語に翻訳されて現在の地名（中国語で赤峰）となっている。したがって中国には先の呼和浩特のように少数民族言語の地名の音を漢字で表記する場合もあれば、赤峰のようにその意味を漢字に翻訳して表記する場合もある。いずれにせよ、中国のすべての地名は漢字表記である。

(2) 日本

日本でもほぼすべての地名が漢字表記である点では中国と同じである。しかし､近年､ひらがな地名やカタカナ地名が増加している。これは別の章で論じた。また漢字地名でも、漢字の読みが古典漢字の日本語化された発音（音読み）と、意味を漢字から翻訳しながら日本独自の読み（訓読み）を用いた地名が並存する。比較的古い地方名には大和や難波あるいは浪速のように訓読みが多く、その地名の起源は言語学や民俗学・歴史学の分野の研究対象になっている。歴史的に新しい地名には、東京や新宿のように、あるいは山口県の周南や大阪府の大東など前者が多い。音読みの地名には表意文字としての意味が明確なものが多く、東京が東のみやこ、東京の新宿が新しい宿駅、また周南は周防の南、大東は大阪の東にあるという意味と取れる。

訓読みとは別に、日本にも中国少数民族と同様に漢字を表音文字としている少数民族地名がある。主に北海道や周辺地域で見られるアイヌ語地名である。たとえば札幌は「サッ・ポロ」sat-poro（乾いた大きい）という札幌を流れる川を形容した地名から始まったもので、これに漢字の読みをあてたとの説である。また、北海道知床半島の東にある国後島（くなしりとう）（Kunashiri または Kunashir Island)､ロシア名クナシル島（о.Кунашир）の名前の由来は､アイヌ語の「クンネ・シリ（黒い・島→黒い島)」または「キナ・シリ / キナ・シル（草の・島→草の島)」からであるとされるが、どちらが本当の由来かははっきりとしていない。

(3) 韓国・朝鮮人民民主主義共和国

韓国・朝鮮人民民主主義共和国では現在漢字を使用せず、1446 年に第 4 代朝鮮国王（世宗）が制定した表音文字の韓文字（ハングル、翻訳して「偉大なる文字｣）を使用しているが、20 世紀半ばにこれらの国々が成立するまでは漢字が公文書の文字であった。したがってほぼすべての地名が漢字で表現され、一部には漢字を表音文字として用いた地名もあるが、大部分は旧来の漢字地名の発音をハングルに翻字したものである。もちろん両国の漢字地名の源流は古来朝鮮半島にあった諸言語にあって、757 年に新羅の景徳王による漢字地名への統一によって現在の漢字地名が成立したと見て良い。その漢字地名は古来の地方言語地名を翻訳したものと考えられるが、それは個別の地名考古学にゆずる。しかしその意味で、両国の地名は強い漢字文化の影響下にあったと考えられる。

たとえば世界遺産の華城（Hwaseong）のある水原（Suwon）は、発音だけでは中国語読み Huā chéng のある Shuǐ yuán とも日本語読み Kajou のある Sui gen とも異なるが、漢字表記は同じであり、その意味も「華のような城のある水の原」と同じである。水原は漢字地名ではあるが、757 年以前は高句麗語で買忽（メホル）と呼ばれ、その意味は水の城であって、水原はその漢字翻訳ということは第 4 章で述べた。

(4) ヴェトナム（越南）

国名自体が漢字表記のローマ字化 Vietnam であり、多くの地名が漢字表記であったものを表音文字のクオック・グー（国語、Quoc Ngur）に翻字したものと考えられる。実際、ローマ字表記の地名を漢字表記に戻してみれば、その土地の意味が理解できることがある。

たとえば首都ハノイは漢字表記で河内（Ha-Noi）、意味は川の中であるから、この都市が河川の間にあることが分かる。実際、紅河が分流するデルタにある。この英語表記 Red river は、クオック・グー表記の Hồng Hà（紅河）の翻訳である。また、1831 年以前のハノイは東京（ローマ字化されて Dong Kinh、フランス語で Tonkin）と呼ばれていて、これを日本読みすれば Tokyo と同じになる。他方、ヴェトナム南部の大都市 Ho Chi Minh は、人名の「胡志明」を記念したものだが、旧名の Saigon は、クオック・グー表記の Sài Gòn（柴棍）の翻字である。ただし、この「柴棍」自体がヴェトナム語の音を漢字であらわしたものであるとされている。その点、中国の少数民族地域と同じく当て字的な漢字表記である。ヴェトナムは漢字地名からクオック・グーに翻字された地名表記も見られるが、いずれにせよ強い漢字文化の影響を受けている事は明瞭である。

第３節　地名表記における漢字の特性

以上にあげた漢字文化圏における地名には、いくつかの注目すべき特性がある。

(1) 共通の意味

漢字表記によって、この範囲の人々は、発音は異なるが共通して読むことができる。また、その発音もしばしばきわめて類似しているので、時には理解できる。たとえば Tokyo は漢字表記されて「東京」であれば、中国人は Dong-jing、韓国人は Dong-gyo、ヴェトナム人は自分の国にも「東京」と呼ぶ地名があって Đông-Kinh と読むことができるし、その意味も了解する。

(2) 翻字地名と翻訳地名の並存

欧米の言語によるローマ字化に際しては、発音を用いた翻字地名と漢字の意味を用いた地名とが並存している。したがって、翻字された地名は広く世界で利用されるが、たとえば North Capital（北京）のように翻訳された地名は、Beijing のような翻字に比べて、本来その地名が存在する中国では理解されがたい。ここでは翻字が主流になる。ただし本来の漢字表記「北京」であれば、漢字文化圏では翻字によるローマ字表記より認識しやすい。このように翻字地名と翻訳地名の並存がこの地域のいずれの国においても特徴的である。

(3) 読めない翻字と意味の分かる翻訳

翻字された地名は、特に東アジアにおいては、ハングル、クオック・グー、カナで表記された場合、ほとんど相互に読むことも発音することも不可能になる一方、漢字表記のままの地名は発音できないだけで、読むことも意味を理解することも可能となる場合が多い。また翻訳の必要はほとんどない。したがって筆談が可能となる。実際中国の文化大革命以前、私がフランス留学中に出会った中国人留学生とは、片言のフランス語よりも筆談が意思疎通に至便であった。もちろん私自身の漢文の素養と旧漢字の知識との水準においてではあるが。彼らがその文化大革命に参加するために帰国する際、大量の漢籍を私に置いていった。フランスでもブルターニュの片田舎では、当時それが多少なりと読めるものは他にいなかったからであるが、フランス人は、お前は中国語ができるのかと尋ねてきた。彼らには中国語で会話もできないものが中国語を読めるということ自体理解できなかったようである。
中国語や日本語の漢字で「東京」と表記される日本の首都は、中国語で dōng jīng と発音され、ローマ字では Tokyo と書かれる。これを韓国のハングルでは도쿄、ヴェトナム語のクオック・グーでは Đông Kinh、日本語のかな表記では「とうきょう」または「トウキョウ」と書かれ、お互いに読むことはほとんど不可能である。翻字では読めないが、漢字のままであれば相互理解ができるということである。

(4) 漢字の有用性

漢字文化圏における漢字表記の地名は、少なくとも 19 世紀まで、ほぼすべての公文書だけでなく、一般の文書・地図においても用いられてきた。したがって歴史研究においては漢字表現の地名を理解することは必須である。

加えて、実質的に現在も漢字を使用している人口は中国と日本を併せて約 15 億人に達し、先に定義した漢字文化圏の 90%以上を占めている。そのため、この地域の国際交流、特に観光の分野においては、漢字の運用能力が非常に重要である。たとえばソウルの地下鉄の駅名にはかつての漢字による地名表記が書かれ、日中両国からの観光客に利便を提供するようになった。

第4節　漢字表記の問題点

東アジアにおける地名の漢字表記がもたらす問題点は、大きく分けて次の2点が挙げられる。第1は漢字の中国における簡略体あるいは日本における略字とも呼べる文字の誕生であり、第2は地名表記の商標登録問題である。強いて付け加えれば日本・韓国・北朝鮮・ヴェトナムにおける表音文字の併用であるが、これは問題と言うべきではないと思われ、また日本のように完全に併用している国と他の併用をほとんど停止している国があるので、ここでは取り上げない。

(1) 簡略化された漢字

漢字は繁体字（Fántǐzì）とも呼ばれる旧字体が台湾・香港・マカオで用いられ、大部分が日本の旧漢字と同じであり、また本稿で述べて来た中国本土や韓国・朝鮮人民民主主義共和国で用いられて来た漢字はこの旧字体であるから、きわめて国際性がある。少なくとも東アジアにおける知識人にはこの漢字を読み、書くことのできる者が多い。しかし字体が難しく学習に困難であるために一般の大衆には普及しがたいとして、中国ではそれを簡略化した簡体字（jiǎntǐzì）が1960年ころから採用されるようになった。第二次世界大戦後、日本でも中国とは異なる簡略化された新字体が制定され、中国の簡体字とは別の略字体系が成立した。その結果、相互に理解が困難な漢字が成立することによって、表意文字の長所である同一文字・同一意味が失われてしまった。

また同じ頃、前述のように、韓国・朝鮮人民民主主義共和国やヴェトナムでは漢字そのものを廃止し表音文字ハングルとクオック・グーを用いるようになった。特にこれら表音文字を採用した国々の間では、文字による意志疎通はほとんど不可能になってきた。

たとえば「廣島」の場合、この同じ旧字あるいは繁体字の漢字が、日本では「広島」という新漢字となり、中国では「广岛」という簡体字が生まれ、相互理解が難しくなった。とりわけ「广」は、「慶應」を日本では「慶応」、中国では「庆応」と新漢字・簡体字となっている数十の「广」部首（マダレ）の名称であって、部首と廣の略字との混同を生みやすい。

もちろん、中国語の簡体字には繁体字から類推できるものも多く、たとえばTokyoについて、簡略体の「东京」は、多くの漢字文化圏内の人々には繁体字の「東京」と同様に相互に理解が可能な字体もあって、その場合には、それぞれの字体を無意識に相方とも使用している。しかし韓国・朝鮮人民民主主義共和国やヴィエトナムにおけるハングルやクオック・グーを用いて漢字を失った若い世代では、漢字文化圏圏内であっても、むしろ国際的にはローマ字表記で地名を表記するようになっている。

中国では近年になって、台湾や香港の書籍を読む必要上、また日本に旅行する際に繁体字の学習が復活していると言われる。中国人民政治協商会議では2009年3月3日、潘慶林（パン・チンリン Pan Qing Lin）委員が、繁体字を中国本土でも広めて、簡体字の抑制を図る方策を提出した。実際、中国本土のみならず韓国では芸術・歴史・古典文学などさまざまな分野で今日なお繁体字が利用され、しかも台湾・香港・マカオ・日本で使用されている。

(2) 悪用登録商標

漢字表記の第2の問題点は、漢字ならではのもので、地名がそのまま理解される表意文字であるために、翻訳・翻字せずにそのまま商品名などに利用され、しかもそれを商標として登録する事例が現れている。たとえば日本におけるリンゴの名産地「青森」(Aomori) を中国で「青森」(qīng-sēn) として商標登録し、日本の青森リンゴの中国における販売を阻止するということに現れている。このような手法を用いることが続けば、漢字表記された日本の地方名産物はほとんどすべて中国への輸出が不可能になってしまうのである。こうしたことは多様な分野にわたり、「宇治」茶、「松坂」牛、「甲州」葡萄あるいは「輪島」漆器など地名を用いたあらゆる商品が、この地名商標登録の危険にさらされていることになる。

もちろん Valencia Orange、Bordeaux wine、Evian water のようにヨーロッパ系

言語においても地名商標はありうるのだが、中国ではフランスの Bordeaux を波尔多（簡体字）と漢字表記に翻字することはないので問題とされない。しかし仮に同じラテン文字表記をする国がそのまま地名を登録してしまうことがあれば、大きな外交問題になる。ただ世界的にごく一部の漢字文化圏でのみ用いられる文字による地名登録をすることに、世界の注意が及んでいないことは問題である。

さまざまな名産品に用いられる日本地名は、特に漢字表記の地名を他国で商標として登録されると、原産地であるにもかかわらずその地名によって特に中国へほとんど輸出できない事態が発生する。その意味では、地名を用いる商標の登録については、漢字であれラテン文字であれ、その使用文字も含めて、原産地地名の登録には新たな技術的方策を考えるべきである。たとえば、中国産の「青森林檎」や「松坂牛」のような漢字地名の使用と登録に関して、カリフォルニア産の「Bourgogne wine」などと同様に慎重でなければならない。フランスで販売されているイタリア産のお米「イタニシキ」は論外であり、たしかに Camembert チーズはすでに世界のあちこちで生産され、ノルマンディーのカマンベール村産でなくともチーズの名称としては普通名詞となっているが、Livarot チーズは、1975 年以来、AOC（Appellation d'Origine Contrôlée）の制度によって地名表記が守られている。 このように、地名登録には一定の法的措置が必要となろう。

この問題はすでに早くからヨーロッパ諸国では認知されており、早くも 1891 年には原産地表示（Appellation of Origin）を保護するリスボン協定が生まれ、自分の土地の産物ではないものへの「○○産」あるいは「made in ○○」の禁止が謳われていたが、正式に成立したのは 1966 年と言われ、日本は加盟していない。さらにマドリード協定が 1892 年に締結され、原産地を偽るあるいは誤認させる原産地表示の禁止などが定められ、日本は 1953 年に加盟している。しかし漢字使用国で問題になっているのは、原産地表示ではなく登録商標として使用される場合である。相違を的確に言えば、「青森産林檎」ではなく「青森林檎」というわけである。もちろんこれも問題になるのではあるが、個別に抗議して青森林檎は青森産の林檎と誤解されるから禁止することを実行するまでの時間とその間の経費が問題となる。

日本の場合、この悪用登録商標の問題は、農林水産相や経済産業省などが個別対応することになる。

第５節　漢字地名政策の国際協力

地名の標準化は、世界各地にある地名を英語など国連の公用語の文脈に合わせて翻訳あるいは翻字することを目指している。とりわけ表音文字主体の言語圏では、地名の現地読みが原則である。慣例的な地名表記も含めて、外国地名の標準的表記は各言語の問題であるが、同じ国連の公用語でも唯一中国語では表意文字の漢字の北京発音を用いて表音表記することを原則としているから、中国では漢字文化圏の地名はそのまま表意文字で書き、中国語発音をとる。

日本や韓国では表音文字をもっているために、漢字文化圏外の地名については、原則表音文字で表記し、ごく一部のすでに漢字表記されて内生地名化しているものについてのみ、漢字表記している。ただし地名表記の標準化を行っておらず、そのための機関も存在しない日本では、どの外国語地名が内生化しているのか、曖昧なままである。たとえばイギリス、英国、連合王国のいずれかを使用しようとする動きはない。強制することは問題かもしれないが、学校教育の場で学習したこれらの地名が、国際社会では全く通用しないのではないかと心配する。

漢字文化圏の地名については、元来存在している漢字起源の地名を音による現地読みをとするか、漢字のまま日本あるいは韓国語読みにするかの問題に遭遇する。たとえば「北京」を漢字のまま日本読みすれば、表意文字である意味は通じると同時に現地でも現地読みのままで理解されるように書くことができる。他方、カナを用いた中国地名は、「ペキン」と表記しても「ベイジン」と表記しても、カナを知らない他の国々では理解不能である。「ベイジン」と発音すれば、つまり北京と漢字表記をしながらそれをベイジンと読めば、中国人に理解してもらえる。これらの諸問題は漢字起源の地名について翻訳と翻字とのいずれの原則を用いるかという問題に帰着する。

このように、漢字文化圏には共通する問題があり、共同で解決するべき主題があると言える。漢字の母国は中国であるが、これは同じ文化を共有する関係諸国の問題である。それはローマ字がイタリアのものではないのと同様に、漢字はもはや中国一国のものではないからである。日本では特に日常生活に必要な約 1,000 字の漢字を教育漢字として、またさらに 2,000 字あまりを常用漢字として指定しているが、この各国の文字政策とは独立して、地名漢字を比較研究し、調整して相互流通を図るなど、単に地域的政治的問題としてだけではなく、漢字文化圏における地名標準化を目指して文字政策研究の場を設営することが必要であろう。

［注］

(1) 田邉　裕（2015）「漢字文化圏における地名標準化」地図、53-4、pp.42-49 を修正・加筆。

第8章　地名をめぐる国際関係[1]

第1節　政治地理学からみた地名問題

従来、日本における地名研究は、地名の起源や変遷に関する歴史学や民俗学などの側から行われるものが多かったが、政治地理学的視点から地名問題に言及するものはあまり見られなかった。とりわけ柳田國男の『地名の研究』(1936)は、民俗学・地理学や歴史学など多くの分野における地名研究の出発点と位置付けられ、地名学がその影響下で発達してきたという事情によるところが大きい[2]。もちろん一部のアイヌ地名以外に、他民族との民族言語を原因とする地名論争がなかったという日本の国際的孤立状況も影響していた。これとは別に主に地理・地図教育の立場から地名表記を取り上げるものもあるが、これは研究というよりは技術的な提言に近い[3]。さらに、特に地名問題を取り上げて、新しい地名表記に対する抗議や提言を行っているものもあるが[4]、その主張を汲み上げる仕組みが日本には存在していない。

世界における地名研究も、初期には日本と同様に、現在の地名から歴史的な地名に言語学的に遡及したり、少数民族の歴史的分布から民俗学的に地名の起源を論じたりしていた[5]。たとえばパリはローマの支配以前に居住していたケルト系のパリシイ人に由来しているとか、ロンドンの地名起源はケルト語、リグリア語、ラテン語などさまざまな起源から議論されてきた[6]。あるいはヨーロッパ各地に見られる地名で、Essart, Boden が新開地、Brand が火入れ地、あるいは接尾語で ley, lea, leigh, loo がいわゆる開拓地、hau や metz が切り開かれた土地、hagen が囲まれた土地などの意味があるとされる[7]。

しかし近年における世界の地名研究の趨勢は、それらの基礎の上で政治地理学的に地名を論ずる研究論文が多い。それは、とりわけ第二次世界大戦後に多様な地名問題が提出されてきたからである。たとえば、ジローほか（2008）は明確に「領土に名前を与えることは命名者の政治的行為であり、改名することはもちろん政治的表現である」[8] として、20 世紀後半から 21 世紀初頭における地名問題の政治地理学的展望を示している。本章では主に政治地理学的観点から論考を進めることとする。

第 2 節　現代世界における地名問題

(1) 多様な地名問題

第二次世界大戦の後、最初に提起されてきたのは、旧敗戦国の地名を新地名に改変する、特にいわゆる東ヨーロッパと呼ばれる国々[9] の地名の問題であった。第 2 の波はアジア、アフリカの旧植民地に見られ、その独立とともに、旧宗主国が命名した地名を現地の旧名への復帰あるいは新たな国家に相応しい地名への変更が広まった。具体的な例示は第 8 章、第 9 章で触れる。

第 3 の波は近年になってからのもので、少数民族の権利が主張されるようになり、多数民族が命名した土地に少数民族の地名の回復を求める地名問題が提起されてきた。たとえばフランス領カタロニアのペルピニャンの標識をパルピニャーと書き換える運動があり、ベルギーでは同じフランス語（ワロン語）とフラマン語の二重呼称が一般的になった。ただしここでは、国全体がブリュッセル周辺を除いてワロン地域とフラマン地域に分けられているので（一部にドイツ語地域もある）、しばしば一方の地名しか表示されてはいない。

このほか日本のアイヌ地名、南北アメリカのアメリカ先住民やオーストラリアのアボリジニーの地名などを後に入植した民族がそのまま採用した例は多く、それらは伝統的な地名学が従来取り上げてきた地名起源の研究対象であったが、近年の政治地理学的観点から取り上げられる少数民族地名問題は、民族対立が顕在化した文化摩擦の接点に見られる。また国連の会議では先住民の旧地名を復活させたという報告もある[10]。

以上に取り上げた地名問題はその土地が存在する当該国の内部における地名呼称の問題であるが、外国領になった地名を旧宗主国や旧主権国では、なお旧名で呼ぶ例はよく見られる。たとえばドイツで出版されるアトラスでは、旧ドイツ領であった都市の呼称はなお旧名のドイツ語のままである。あるいはイギリスで出版される地図にはなおビルマやラングーンが登場している。そこで改名した側は、その変更を他の第三国に求めようとすると、いわゆる国際的な地名呼称問題となる。

たとえば、国名としては国連地名標準化会議の国名分科会が標準リストを提出しているが、そこには国連公用語での呼び方として当該国の呼称以外のものが記載されている（表１）。しかし公用語ではない日本語のリストはなく、したがって国連の舞台では「イギリス」や「オランダ」という国名は存在しないことになる。これらはいわば日本に誕生した日本の内生地名である。

(2) 国連の動き

第二次世界大戦後、発展途上国は植民地から独立し、続々と国連に加盟してきた。彼らは旧宗主国が命名した外来地名を自分の言語・文化の中から生まれていた内生地名に読み換える政策を推進し、その地名を国際的に認知させたいと考えていた。やがて国連では 1959 年の社会経済理事会の勧告に従って、1967 年に開かれた第 1 回地名標準化会議が自らを国連常設委員会とし[11]、同時に各国に地名担当機関を設置し、国家的・国際的なレベルで地名を標準化すべきであると勧告する決議を行った[12]。

また特にヨーロッパでは、ドイツなど旧枢軸国の敗退に伴って領土変更があちこちで見られ、第二次世界大戦以前の地名を自分の言語の文脈に合致する地名に変える動きが見られた。ただしここでは必ずしもドイツ語地名が外来地名で、改名されたポーランド語やロシア語の地名が内生地名であるとは言えない点で、発展途上国の旧宗主国が与えた外来地名を排除する動きとは状況が異

表1　日本における国名呼称と国連地名標準化会議による公式国名表

日本での呼称	日本	イギリス
自国公式名	日本国	United Kingdom of Great Britain and Northern Ireland
自国公式名（略称）	日本	United Kingdom
国連公式名（略称）		
英語	Japan	United Kingdom of Great Britain and Northern Ireland
フランス語	Japon	Royaume-Uni de Grande-Bretagne et d'Irlande du Nord
中国語	日本	大不列颠及北爱尔兰联王国
日本での呼称	ジョージア	アメリカ合衆国
自国公式名	sakartvelo	United States of America
自国公式名（略称）	sakartvelo	United States
国連公式名（略称）		
英語	Georgia	United States of America
フランス語	Gorgie	États-Unis d'Amérique
中国語	格鲁吉亚	美利坚合众国
日本での呼称	韓国	北朝鮮
自国公式名	Taehan Min'guk	Chosŏn-minjujuŭi-inmin-konghwaguk
自国公式名（略称）	Han'guk	Chosŏn
国連公式名（略称）		
英語	Republic of Korea	Democratic People's Republic of Korea
フランス語	République de Corée	République populaire démocratique de Corée
中国語	大韩民国	朝鲜民主主义人民共和国

注）国連公式名は上記のほかスペイン語・ロシア語・アラビア語で記載されている．ジョージアの自国公式名はジョージア国家地名機関（2011年）によるローマ字表記．韓国および北朝鮮の自国公式名はマッキューン・ライシャワー式（1939年）ローマ字表記．

なっている。たとえば旧東プロイセン王国の首都、ケーニヒスベルクは明らかに内生地名であるが、そのドイツ人を国外退去させてカリーニングラードとロシア地名に変更したのは、発展途上国の問題意識としての内生地名重視とは異なっている。

いずれにせよ、国連を舞台として、自国の地名は自国が定め、これを国際舞台で認知させるという地名政策で多くの国々が一致したのである。同時に各国は自分をどう呼ばれたいか、他の国をどう呼ぶのかを、また多くの国々が使用するラテン文字（ローマ字）で自国の地名をどう表記するのかを議論することとなった。これは国際貿易の進展と人や情報の交流の拡大とによって、相互の意思疎通を図る上で地名の国際的標準化が必要となってきたこととも関連している。

国連は社会経済理事会の下にある7つの常任専門家会議の一つとして1967年に地名標準化会議（UNCSGN）とそれを支援する地名専門家会議（UNGEGN）を設立した。専門家会議は主に地域・言語などによって24の分科会（Division）に分かれ、日本は韓国および朝鮮人民民主主義共和国（通称北朝鮮）と東アジア分科会を作っているが、漢字地名など共通の問題を抱える中国が一国だけで中国分科会を形成し、モンゴルはこれらの分科会自体に参加していない。

第３節　日本における地名行政

地名標準化は国の権利義務であると国際社会で広く認知されてきた中で、日本は、地名行政を司る国家機関が存在しない点で特異な国である。それは国連の地名標準化会議の成立過程を見ればわかるように、旧植民地から独立した国々や第二次世界大戦で戦勝国側となって新たな領土を獲得した国々が、旧宗主国や旧敵国の地名を新たな地名表記・地名呼称に変更し、それを国家の主権の問題であるとする、いわば国に関わる課題と認識していたのに対して、日本は旧植民地ではないため、海外から入ってきた外来地名は、遠い昔に漢字とともに採用された音読地名か、近年になって採用されてきたカタカナ地名で、いずれも押し付けられてのものではないこと、また第二次世界大戦においては領土を喪失した敗戦国の側であって、地名問題に積極的な国々とは正反対の立場であったことも、国際関係上、世界の地名問題の議論に参加し難かった理由である。その意味では、地名を国際関係の中で理解する必要を感じていなかったからである。

またドイツが失った旧ドイツ領の地名は必ずしも現地に押し付けた外来地名ではなく、ケーニッヒベルクのように歴史的には内生地名であったので、ドイツ語表記をあえて変えなかったが、日本の場合にはシンガポールの昭南島のように現地に対する外来地名であったから、日本の現領域外にあった地名の維持を主張する立場になかった。

日本で近年起こっている地名問題は、町村合併の際の新地名への改名と、住居表示の改正に伴う旧来の地名の廃止と新地名の命名にまつわって顕在化しており、法律的には、住居表示に関する法律（昭和 37 年 5 月 10 日）と地方自治法（昭和 22 年 5 月 3 日）に依拠している。しかし地方自治法における一連の地名に関する言及は、実に 140 年前の郡区町村編制法（1878 ＝明治 11 年）の「旧慣による」以来変更されていない。せいぜい「但町村ノ大小ニ拘ハラス歴史上著名ノ名称ハ可成保存ノ注意ヲ為スヘシ」[13] と注意を促しているだけで、そのための調査・研究・調停・認可などの手続きがあったわけではない。したがって地名変更に関しては、あくまでも地名の存在する地方の局地的問題であって、地名を国家や民族が共有する文化財であるという認識は生まれなかった。つまり地名は国家の主権に関わるという現代の世界の状況とは乖離したままであった。地名は地方自治体が独自に定めるか、法律的に曖昧な旧慣による地名を継承する場合に限られて、地名を日本独自の文化遺産であると評価して保護する機構も存在しない。地名はあたかも地方自治体の占有物であり、当該自治体以外の地域に居住する人々の、いわば日本民族全体の共有物であるとする認識が生まれにくかった。

また、自然地名は国土地理院や水路部が地図・海図に記載しているものが一般に使われるようになったが、その法的根拠はなく、命名権を持つものはだれであるのかは曖昧なままである。自然発生的に普通名詞的な地名が、大きい川が大川となり、白雪を頂く山が白山となり、駒形の雪渓を見て駒ヶ岳の地名が生まれるなど、旧慣の継承はそれなりに内政地名の尊重という国際的動向に合致してもいた。しかしとりわけ深刻な問題は、歴史教育で用いる埼玉（さきたま古墳群）と行政文書の埼玉県・さいたま市のように行政の都合で漢字・ひらがなと別書きを標準とする例[14] や、自然地名の赤石山脈の一部を占めるに過ぎない自治体が南アルプス市を僭称するなど、地方自治体がその地名を教えられ用いる国民全体とは無関係に命名権に関して全く制約を受けていないことである。この点については第3章でも触れた。

国連地名標準化会議では、地名の売り買いは長期的に使用する地名の安定性を阻害する行為であるとさえ言及した決議案が提出されている[15]。もちろんその土地をより個性的ならしめてきた企業名（豊田市）や宗教名（天理市）はありうるにしても、単に命名権の販売となると、そもそも地名の所有者は誰か、という疑問が生まれる。現実に日本では、泉佐野市が市名を売り出した。また、鎌倉市の由比ヶ浜や腰越は実際に販売されたが、購入者が住民の意識調査をして改名を諦めた。ただしこれは地名を売ったのではなく、由比ヶ浜海岸海水浴場という施設名を売ったのであって、スタジアムなどの命名権と同じであるとの主張もあり、国連決議に触れられている地名の長期的使用のための安定性については考慮されていない。また、初等中等教育では、ローマ字教育で訓令式の地名表示を教え、英語教育ではヘボン式で教えるので、Huzisan と Fujisan を同じ山として学習する。しかし外国人から見れば、この2つの地名がひとつの同じ山を示すとは理解できない。これら多様な地名問題を調整する行政機関は存在していないのである。

第４節　国際社会における日本の地名行政

国連地名標準化会議には、分科会に共通する課題を議論する部会（Working Group）が置かれている。現在は、国名、地名集、地名用語、広報と資金、ローマ字化、地名教育、評価と実施、外来地名、文化遺産としての地名、の9つの部会があり、日本が積極的に参加しているのは日本海地名呼称問題を抱えている外来地名部会である。

いずれの部会の課題もそれなりに日本と関わりを持っているが、ローマ字化部会には訓令式とヘボン式との国内における統一ができていない現状で、積極的に参加しづらい。地名教育（トレーニングコース）部会では国として地名の担当研究教育機関を持たない現状では発言できない。地名集部会も、国土地理院と海上保安庁がささやかな地名集を国連に提出しているが、国として地名を公認し標準化する体制ができていないので、諸外国が発行するような体系的な地名の採録・編集・出版は行われていない。さらに文化遺産としての地名分科会には、地方議会の議決によって軽々に地名変更できる日本の地名行政のもとで、地名を文化遺産と捉える思想自体が評価されているとは言い難いので、担当部局も曖昧で、歴史的地名が失われてゆく現状を正確に把握する機関もないし、国連にその代表を送る状況にはない。

自治体がいかに地名呼称を改廃しようが、その発議権限を持つ地方議会が議決すれば、事実上国が受け入れることが地方自治の原則であるとの認識があって、他地域の住民が日本語・日本文化の文脈にそぐわない地名呼称の是正を要求する場がない。地名が国民全体の財産であるという認識がないという点では、国際社会の常識とはかけ離れていると言っても良い。実際、すでに地番表示で各務原市ではスペイン語由来のテクノプラザが存在しているし、福井市には英語由来のグリーンハイツも生まれている。同様に横須賀市にもグリーンハイツなる住居表示がある。これらを「技術広場」とか「緑ヶ丘」と日本語表示にしては新しさがないと感じるのが日本人の感性であろうが、国際化の時代にこれらの全く新しい外来地名を外国語でどう表示するのだろうか。

韓国・北朝鮮は日本海を東海と呼ぶべきであると国連に訴えてきた。実際、韓国は国連の地名標準化会議に地名大使を筆頭に常時日本の数倍の代表団を送り込み、国連の勧告に従って行政組織として地名委員会を作っている。ここ数年の会議に送り込んだ有識者は、地理・地図・言語の専門家も20名近いが、日本はわずか2人である。また連年、政府が後押しする東海協会なる団体の主催で世界各地を巡り、国際地名シンポジウムを開き、「日本海」は外来地名であって「東海」こそ国連の推奨する内生地名であるとか、「日本海」と表示する地図類の輸入を制限すべきだと広報活動をするなど、地名を国家的行政の重要な問題であるとしている。そして、たとえば半島南部にあった「日向堆」の地名を、日本に向いた浅瀬を意味しているとして廃止している。代表団によれば、軍艦「日向」が座礁した危険な海底地名であることを示唆した歴史的遭難に際して日本海軍が命名した地名であったとしているが、軍艦「日向」の履歴にそのような事案は見出せなかった。

しかし、地名を民族全体の共有財産であるとの認識が薄い日本では、せいぜい外務省か国土地理院の問題と捉えて、地名大使まで置く韓国とは異なっているし、韓国が独島と国を挙げて主張する地名問題を抱えた竹島は、島根県の問題となっている。地名を国際関係の中でいかに取り上げるべきかを日本全体で再考する時代になっていることを認識し、特に国として地名委員会を政府の責任部局として組織すべきではないかという点については後の章で述べることにする。また、漢字使用国の間では登録商標の悪用問題もあるが、これは第6章第4節で取り上げた。

［注］

(1) 田邉　裕（2018）「地名をめぐる国際関係」地理、63-3、pp.31-37 を修正・加筆。

(2) 関戸明子（1988）「地名研究の視点とその系譜」歴史地理学、140、pp.17-27。

(3) 教科書研究センター編（1994）『新地名表記の手引き』ぎょうせい。
明木茂夫（2014）『中国地名カタカナ表記の研究』東方書店。

(4) 楠原祐介（2003）『こんな市名はもういらない！　歴史的･伝統的地名保存マニュアル』東京堂出版。

(5) Charles Rostaing（1969）*Les noms de Lieux*，Que sais-je?

(6) Richard Coates（1998）A new explanation of the name of London，*Transactions of the Philological Society*, 96(2)，pp.203-229.

(7) 井上幸治編（1985）『民族の世界史 8　ヨーロッパ文明の原型』山川出版社、pp.101-102。

(8) F.Giraut & M. Houssay-Holzschurch（2008）*Au nom des territoires! Enjeux géograpique de la toponymie*，L'Espace Géographique, T.37, pp.97-105.

(9) 加賀美雅弘（2015）『地理学における外国地名の表記方法に関する検討』平成 27 年度国土地理協会学術研究助成報告書。なお、日本で通称「東ヨーロッパ」と呼ばれていた旧ドイツ領が主で、現地では「中央ヨーロッパ」と称している。

(10) 第 8 回国連地名標準化会議決議（2002）「「少数民族と先住民の地名」の振興」E/CONF.94/L.3。
オーストラリア地名委員会（2012）「オーストラリア先住民の地名プロジェクト」第 10 回国連地名標準化会議報告、E/CONF.101/52。
カナダ地名委員会（2012）「カナダの地名における先住民言語由来の特性の保存

と表示」第 10 回国連地名標準化会議報告、E/CONF.101/142。

(11) 第 1 回国連社会経済理事会地名標準化会議（1967）「1 号決議　国連常設地名委員会の設置」E/CONF.53/2/Add.2。

(12) 第 1 回国連地名標準化会議勧告 A（1967）「地名当局」E/CONF.53/2/Add.1。

(13) 明治 21 年 6 月 13 日 内務大臣訓令第 352 号。

(14) 平仮名や片仮名が使用されている地名は、市町村名だけで 40 近くある。アイヌ語起源のものを除けば、多くは漢字地名の仮名書きである。以下の地名を都道府県名なしで直ちに特定できる人はそう多くはない。ニセコ町、せたな町、えりも町、むかわ町（北海道）、つがる市、むつ市（青森県）、にかほ市（秋田県）、いわき市（福島県）、かすみがうら市、つくば市、ひたちなか市（茨城県）、さくら市（栃木県）、みどり市（群馬県）、いすみ市（千葉県）、あきる野市（東京都）、さいたま市、ふじみ野市（埼玉県）、南アルプス市（山梨県）、かほく市（石川県）、あわら市、おおい町（福井県）、みよし市（愛知県）、いなべ市（三重県）、たつの市、南あわじ市（兵庫県）、かつらぎ町、みなべ町（和歌山県）、さぬき市、東かがわ市（香川県）、東みよし（徳島県）、うきは市、みやこ町、みやま市（福岡県）、みやき町（佐賀県）、あさぎり町（熊本県）、えびの市（宮崎県）、いちき串木野市、さつま町、南さつま市（鹿児島県）、うるま市（沖縄県）。

(15) カナダ地名委員会（2012）「商業目的の地名に関する決議」第 10 回国連地名標準化会議報告、E/CONF.101/1。

第9章　地名は誰が決めるのか[1]

第1節　地名標準化

人類はお互い名付け合うことによって個別認識をしているが、個性の無い独裁社会を示すために、姓名を記号化している小説もある[2]。土地も同様で、緯度経度によって地点を同定することは可能であるが、人はそれに命名し、変更して地名呼称を争う。実際、緯度経度では地点を同定できても、特定の不定型の地域を表現できない。地名は人名と並んで固有名詞の代表であって、名前によって特定の土地と結びつき、その土地を懐かしみ、所有権を主張し、認識するからである。同じ土地をいくつかの異なった名前で呼べば、混乱が生じ、自分の親しんでいる地名と異なることで自己否定されたと感じる人々が生まれ、紛争に発展しかねない事態になる。とりわけ言語の異なる民族間ではそれが民族問題に、国家間では領域問題になる。

これら地名に関わる軋轢を解決し、諸加盟国が地名を決める手順を明確にするために、国連が社会経済理事会の下に作った組織が「地名標準化会議（UNCSGN）」である。会議は5年に1回開催され、2017年で10回を数えた。その間には「地名標準化専門家グループ（UNGEGN）」の会議が開催されて随時地名問題の調査・報告・指導などを行っており、とりわけ世界の文字の主要部分を占めるラテン文字化に際してのガイドラインを示している。多くの諸外国は、このような機構（地名委員会）を設置し、国連の発行する地名行政のためのマニュアルやガイドに従って活動している。各国は国連に地名標準化作業の進行状況を報告し、それが地名呼称の国際基準となりつつある。

なお、このUNCSGNとUNGEGNとは2017年に統合され、略称でUNGEGN（国連地名専門家会議）となり、専門家の関与が強くなった。

第2節　地名専門家会議

「国連地名標準化会議」、現在の「国連地名専門家会議」には、日本からは外務省を中心に国土地理院やその他の関係機関が代表を送ってきたが、他の国々からは多くの地図学・地理学・言語学者が参加している。この学識経験者の代表は比較的永続的に参加して、座長など役員となる場合が多い。毎回の会議に多数の地理学者を派遣している韓国からは2019年に地名専門家会議の副議長が選出されている。日本は2012年に私と渡辺浩平帝京大学准教授が初めてこの専門家会合に参加し、それが契機となって学者が参加する国際地理学連合（IGU）と国際地図学協会（ICA）との地名共同作業部会の委員にも加わった。

UNGEGNの活動目的は多様で、単に地名争いの裁定委員会ではない。2012年7～8月の会議では日本海の地名呼称問題に半日を費やしたが、本来は、地名の使用に関して国連参加国における地名標準化国家委員会の設立に関する支援活動を行い、地名標準化活動自体を支援し、さらにそのための人材育成支援などを主要任務としている。また標準化に必要な学問上の考え方を練り上げ、成果を本会議に提案している。それだけ専門家同士の議論が必要になってきたのである。

近年特に議論の焦点になっているのは、たびたび言及しているように、外来地名（外名）より内生地名（内名）を重視すべきだという考え方である。これは欧米の植民地であった国々が中心となって、主に旧宗主国から与えられた外来地名をその地で生まれた内生地名に地名変更することを基本としている。

ヨーロッパのように第二次世界大戦後に民族分布が著しく変化した地方については次章でも触れるが、敗戦国のドイツ地名が戦勝国の表記に変えられている。たとえばドイツ語表記のダンツィヒを旧地名である外来地名として、ポーランド語表記で内生地名のグダンスクに変えている。また複数の民族が混住しているベルギーでは、原則としてそれぞれの言語による地名表記が認められているが、フランス語地域ではルーイク（フラマン語）の代わりにリエージュ（フランス語）表記が使われ、フラマン語地域ではアンヴェール（フランス語）の代わりにアントウェルペン（フラマン語）が卓越しているが、日本では英語の翻字であるアントワープも使われている。

しかし少数民族の言語が公用語として認められていない国々では、少数民族の地名は公用語に置き換えられて表記されることになる。とくに漢字文化圏では、内蒙古のホフホトのように呼和浩特（Hoh-hot）と漢字表記は少数民族の内生地名を認めているのか、漢字表記によって外来地名化しているのか曖昧である。またフランス領カタロニアでは , 内生地名としてのカタロニア語表現クルーザ村 (Clusa、かんぬき) が公用語のフランス語に翻訳されてエクリューズ村（Ecluses）となり、さらにレクリューズ（Les Cluses）村と翻訳・翻字の折衷表記にかえられている。

第 3 節　日本の地名委員会

世界の多くの国には、国連地名標準化会議の指導や支援を得て地名標準化機構が組織されているが、度々言及しているように日本には公式の地名を定める国家機関が存在しない。国内の地名は、遠い昔に歴史的に定められたものを追認している場合が多く、どのように歴史的遺産として維持してゆくべきか、また新たな地名も、誰がどのような手続きで決めるべきか、法律的にはともかく文化的規範が不分明である。文化遺産としての地名が地番整理の名の下に行政当局の単純な効率を求めて改変されることに対して、一部から異議申し立てが見られるにもかかわらず、醜悪な地名があちこちに見られる。

たとえば Minami-arupusu 市は、国際的に発表して恥ずかしくないローマ字表記であるといえようか。高速道路の標識はすでに Minami-Alps 市と書かれていて、日本の標準ローマ字の書式を逸脱している。それならば、なぜ Minami

を South と同じ英語表記にしないのか。いわゆる重箱読みと呼ばれる、ローマ字・英語混合表記である。しかし l と r とを区別出来ない日本語では、本来ローマ字表記に l を使用できない。将来的にこの地域を世界自然遺産に登録を申請できるかどうかを考えると、ヨーロッパのアルプス諸国の反応が心配である。長い間、東京大学の赤門の近くの喫茶店にプランタン (Purantan) という看板があった。多分その店はちょっと洒落てフランス語の春（Printemps）を表示したかったのであろう。フランス語からカタカナに翻字し、それを忠実にローマ字化した店名であるし、地名ではないから本題からはずれるが、日本の表記の混乱を示している。

似たような例として、岐阜県各務原（かがみはら）市にテクノプラザという町丁名のついた行政上の街区がある。英語の説明では Techno Plaza とあるから、スペイン語の Plaza に由来する地名であるが、ローマ字表記では Puraza となるのだろうか。それとも道路の地名表記のように l が許容されているのであろうか。あるいは、越谷市レイクタウン一丁目をローマ字で探すと、Reikutaun-1 chome などが現れる。これも多分 Lake Town のことなのであろう。だが横須賀市グリーンハイツは Green Height なので幸い l を使わないが、素直に緑ヶ丘では不動産販売に影響すると市当局が忖度したのだろうか。また、福井県若狭町のテクノバレー（Techno Valley）は Tekuno Baree とするのだろうか。

そもそも日本では、ローマ字化する基準さえヘボン式と訓令式との統一ができていないというのが実情で、外来語をカタカナ表記した国内の地名・固有名詞は原則としてその原語のローマ字表記を準用するしかないと思われるが、その基準を定める国家機関は存在しない。外国人に利用される英文の地図類はヘボン式が多いから、パスポートなどで用いる外務省のヘボン式に軍配が上がっているようだが、文部省の訓令式のローマ字教育が廃止されたとは聞いていない。この地名のローマ字表記の統一は、国内の地名を最終的に決定・調整する機関がなく、国土地理院でも総務省でもなく、地方自治体にあるとも明確に決められてはいない。明らかに国には地名標準化の機構がない。海外地名や個人名に限ってローマ字表記に l や v 、あるいは kh や th を許しても良いのではないかとも思われるが、それを審議する機関も見当たらない。それとも国語審議会であろうか。だが、ここに地名表記の専門家がいるのだろうか。

第７章４節でも取り上げたが、かつて泉佐野市が市名を売り出した。地名は所有権を持つ主体が存在せず、一般公共に供するものであって、たとえ地方自治体であっても地名を所有していると証明することは不可能であるから、命名権が売買の対象になるはずもないのだが。地名決定権を持つ国の地名標準化機構が存在しない不可思議さ、それを扱う行政部門も不明確であることは、地名を日々使う一般国民も、あるいは学習している生徒も気づいていないようである。実際、国連でも地名を企業が取得してしまうことは問題であるとされていることはすでに述べた(3)。

横浜に「港南中央」という地名がある。翻字では Kounanchuuou であるが、翻訳すれば Center of the South of Port なのであろう。Kounan Center もありかもしれない。これは中国地名委員会のように、普通名詞は翻訳するとして、東西南北の方角や中心、場合によっては大小・新旧などは翻字せず翻訳を用いるという原則を取り入れればという前提である。もちろんこの場合、港南を Port South と普通名詞化せず固有名詞としているのであるが。もちろん中国ではセンターは認可されず、「中心」となる。

第４節　地名標準化委員会と法制化

日本では、外国地名を教育・報道・外交の分野でいかに表記すべきかが統一されていない。これは、文部科学省・新聞協会・日本放送協会などが個別に外国地名の呼び方を提案し、国名については外務省が一覧を出しているが、（何度でも繰り返すが）公式の地名標準化機関はない。国語審議会も表記方式を審議しているが、地名表記に関与しているはずでも、地名を管理しているのではない。

国連の地名標準化会議には各国から自国の地名標準化に関する報告があるが、日本はその成果を採用していない。たとえば国名で、大韓民国は「韓国」

(Han-guk、ハングク)、朝鮮人民民主主義共和国は「朝鮮」(Jo-seon、チョソン)と報告しているが、日本では「カンコク」や「キタチョウセン」と呼ぶことが多い。国連の標準化手引きを用いないで、慣用地名はそのまま従来の呼び方とするという考え方は、別に法律によって決められているわけではないのである。

とくに問題となるのは、地名が国家主権にかかわるとしている中国や韓国・北朝鮮のような国々と、国が地名決定権を持っているか否かが不明確な日本とでは、その曖昧さが領土問題と結びついて、事態を難しくしていることである。現在、竹島や尖閣列島では韓国や中国が周辺海域の岩礁など細部にそれぞれの言語による命名を始めているが、その命名権は日本のどの機関にあるのか知られていない。国際関係なので外務省が対応しているが、法整備が遅れていることは否めない。

地名表記に関する書籍は地名の言葉の意味や表記法についてくわしいが、地名標準化にはあまり触れていない(4)。

国際化が進む現在、地名標準化機構を整備し、日本の地名表記を統括する機関が必要となって来た。国内外の地名の漢字(中国など東アジアを含む)、カタカナ、ローマ字の表記の議論が不十分であるということである。外国人に日本地名を知らせるにはローマ字表記を訓令式とヘボン式の統合が望まれ、外国地名を日本人がどう使うのが有用かという視点からは、外国地名をどうカタカナ表記に統合すべきかを考えねばならない。とすれば国語の一般的表記の例外として、とりわけ外国地名の表記にかんして、人名漢字と同様に一般国語の表記から独立した地名用のローマ字やカタカナ表記も必要となる。たとえばplazaのlがあげられようが、その他の工夫も必要かもしれない。外来地名のみを例外として、たとえばチェコの首都Prahaをプラハとすれば、La Plata川はラ゚プラ゚タ川と表記してはいかがだろうか。Plazaはプラ゚ザ、Alpsはアル゚プスとなる。

[注]

(1) 田邉 裕 (2013)「地名は誰が決めるのか」地理、58-5、pp.16-20を修正・加筆。

(2) ザミャーチン（1927）『われら』

(3) カナダ地名委員会（2012）「商業目的の地名に関する決議」第 10 回国連地名標準化会議報告、E/CONF.101/1。

(4) たとえば、教科書研究センター編（1994）『新 地名表記の手引き』ぎょうせい、山口恵一郎（1984）『地名の論理』そしえて、松尾俊郎編（1959）『地名の研究』大阪教育図書、など。

第10章　地名行政の確立に向けて[1]

第1節　地名への関心－解釈・起源から呼称問題の政治地理へ－

一体地名はどのように決まって来たのか、その起源に関しては、すでに述べているように[2]、東の山、西の海、大きな川、新しく開いた土地などの普通名詞から進化して固有名詞化した地名もあれば、守護神や支配者、所有者の名前に由来する地名もあって、いつ、誰が、なぜ決めたのか不分明なものが多い。

そのような、いわば自然発生的に生まれた地名、内名または内生地名（Endonym）の意味するところを読み解くために、日本では言語学、民俗学、地理学や歴史学が地名研究に援用されて来た。この地名の起源や意義について自然や文化などと結びつけて解釈する地名研究は、地名問題あるいは地名呼称問題に広がることはなかった。地番整理などが行われた際にも、歴史的伝統的地名の抹殺として、行政当局への批判はあったが、地名の基本に立ち返った全面的な学術的批判は主流にならなかった[3]。

しかし、世界の地名研究の趨勢は、地名の起源と分布の民族学的言語学的研究から、地名呼称問題の政治地理学的研究に進んでいる。とりわけ第二次世界大戦後の国境変動に伴う国家領域の改変やそれに伴う公用語や少数民族言語の介在が複雑に絡み合って、いわば土地の人々とは一線を画する外来地名または外名（Exonym）が問題となり、政治学、国際関係論の視点から、あるいは政治地理学的観点から論ずるようになって来た。

国境変動による地名の改変では、第8章に挙げた例をはずしても、ナポレオンとロシアおよびプロイセンとが1807年に平和条約を結んだ歴史的地名、旧ドイツ領からロシア領になったティルジットがソヴェツクに、また同じく旧ドイツ領からポーランド領になったポーゼンがポズナンにと、現地では呼称を変えているが、ドイツではなお旧名も用いられている。

あるいは、旧宗主国が命名した地名を、ミャンマーのラングーンがヤンゴンに、インドではマドラスがチェンナイに、コンゴのエリザベートビルがルムンバシにと、独立した旧植民地側が改変した例など、海外各国発行の地図帳を参照すると実に多くの事例があげられる。

第2節　地名標準化会議で討論されていること

国連の社会経済理事会が開催する地名標準化会議（UNCSGN）では、外来地名を内生地名に変更することを原則とすることを決議し、同時に各国が地名標準化機構あるいは地名委員会を設置して、地名とラテン文字表記の標準化を図るよう勧告した。この点についてはすでに前章でも述べた(4)。

ただ、地名を厳密に内生地名と外来地名に二分する考え方に関して、太平洋や日本海のように多くの沿岸国を持つ大海洋の場合には、その海洋全体を包含する内生地名が存在しないまま大航海時代を迎えたため(5)、それまで全体を表現する内生地名は存在しなかった。もちろん早くから全体像が明確なヨーロッパの北海の場合には、沿岸国の言語で、North Sea，Mer du Nord，Noordzee などと呼称された。しかし、たとえば日本海の形状が明らかになったのは、フランス人航海家が東シナ海からオホーツク海に初めて通り抜けた18世紀になってからであった。

欧米の探検家たちは未知の海洋に進出し、全体像を把握してそれぞれ命名したが、決して統一されてはいなかった。しかし彼らの探検報告が正確になり地図出版に反映されると、次第に他の海洋国に広まり、沿岸国にも伝えられて、第2章に述べたように地名として定着していった(6)。

命名はその航海家の母語によって行われた場合が多いが、インドヨーロッパ系言語の特質から、素直に多言語に翻訳された。たとえば第2章2節で述べたように、初めて日本海の形状を確認したフランス人は「Mer du Japon」[7]と命名し、ドイツ系のロシア人は「Японское море（ヤポーンスコエ モーリェ）」[8]とし、英語に翻訳されて「Sea of Japan」[9]となり、これが後に日本語あるいは中国語に翻訳されて「日本海（にほんかい、Riben-hai；リーベンハイ）」となっている。その意味では、これら大海洋全体を包括する名称がなかったのであるから、この呼称は内生地名でも外来地名でもないことになる。したがって、全体像の内生地名が存在せず、外来地名も持たない、あるいは全体を示す地図もない沿岸国では、国際的共通呼称が誕生し、その沿岸にしか用いられなかった内生地名に優先したのである。

その地名は、翻訳されて定着したという意味で他国が押し付けた外来地名でもなかった。このような地名は「優先地名」と理解すべきであると、2013年の国連の地名標準化会議「外来地名」分科会で私が提議しており、すでにカドモン（Naftali Kadmon）も海洋名には内生でも外来でもない失われた術語があるのではないかと二分法に対して疑問を呈していた[10]。

国連が地名標準化会議の場で討議する基本理念は、地名は加盟国に命名権があり外来地名を排して内生地名を尊重すると同時に、そのラテン文字化、すなわちローマ字化（Romanize）によって地名と地理的事物との一対一対応ができるような国際的標準化を勧めることにあった。これは地名に対応する地理的事物がすぐれて領土などの国家主権に関わることであったから、旧宗主国の命名権は徹底して否認された。その意味では、主権を持たない少数民族の地名の命名権はかならずしも本来の地元のEndonymではなく、多数民族の地名が公認されるという事態を生み、民族間の争いになっている。

公用語がいずれかを少数民族語と認定できないベルギーでは、Gand（ガン）とGent（kh音でヘントまたはケント）のように[11]、国としては併用を認めている。実際、単一の内生地名として旧名を求めても、ケルト語起源のGandiaとラテン語起源のCandiaとの旧名が並立しているために、一方を内生地名と決め難い。もちろん遠い昔のローマ軍がケルトの地域に持ち込んだラテン語起源の地名を外来地名とすれば、たとえばドイツのケルンはゲルマン人の旧名を探さねばならず、ヨーロッパにおける多くの現在の地名は外来地名になってしまう。

日本のように多くの地名が内生地名で外来地名が例外的にしか存在しない国では、地名が国家あるいは民族の共有財産であるという意識が育たず、法律的にも曖昧なままに歴史的地名を継承してきた。近代的法制度において最初に地名呼称に言及した郡区町村編成法では、単に「郡町村の名称は総て旧に依る」(12)とされた。しかし町村合併などに際して、地名が歴史的民族的遺産であるとする基本的な考え方は十分に理解されず、その時々の当該地域の地方議会が議決すれば十分であることになった。この考え方は、地方の意思の尊重とは聞こえが良いが、地名がその地方の人々だけでなく、同一の文化を享受する国民全体の財産であることが当然となっている多くの近代国家の考え方とずれがあると言えよう。

地名標準化の国家機関は、国連の勧告を待つまでもなく、アメリカ合衆国（1947年）やドイツ（1897年）など海外の国々は、外交や国防と同様に国家の重要な権能として、早くから国家地名委員会あるいは国家地名機構を持っていた。またそのような機関を持たなかった国々も、韓国（2013年）やインドネシア（2006年）などのように、国連地名標準化会議のガイドラインにしたがって、地名行政を強化するために地名委員会を組織し、国として地名問題の対応にあたることとなった。また、各国は国連に地名標準化作業の進行状況を報告し、それが地名呼称の国際基準となっている。

第3節　日本の地名行政の問題点

この地名標準化に向けた世界の動きに対して、日本は外務省を中心に国土地理院その他の政府機関が個別に対応してきたが、その動きは国家として首尾一貫した整合性のある地名行政の一環であるとは言いがたい。国連には多くの国が地理学者・地図学者・言語学者などを常時派遣して、国としての地名の保護を明確に主張しているが、日本は、地名が国民全体の歴史的文化的共有財産であることすら自覚しないままであったから、標準化自体を行っておらず、地方が勝手に地名を改変しても、国としてそれを厳密に審査して承認しているとは思えない。地名の命名権が明確な国家の権利あるいは義務であるとする世界の趨勢からずれていると言わざるをえない。

国内地名の表記・呼称は、地方自治体にほとんど丸投げ状態で、国土地理院は、国内の地名を調査し地図上に図示することは引き受けても、地名を提案・承認・否認・決定する権限は持っていない。強いて言えば自然地名の地図上の表記が国土地理院や海洋情報部によって決められてはいるが、その法令上の根拠は曖昧である。実際、神戸のポートアイランドの島名は不明で、町名として「港島」が見られてはいても、地図上に明示されていないし、名古屋にも同様のポートアイランドが存在するが、愛知県の所属未定地で、地番はない。

そもそも、埋め立てられた多くの湾内島嶼に島名がない現状は誰も指摘していない。それとも東京都の品川区勝島や大田区平和島のように、いつしか島とは言えなくなるからだろうか。東京湾に島がいくつあるか調べてみれば分かるだろう。横須賀市の猿島は島であるが、多くの橋やトンネルでつながっている島状の埋立地は町名で処理されていて、島ではないことになる。実際、東京都の江東区・品川区・港区が出会う旧13号埋立地はまとめるとなんと呼ぶのであろうか。また、関西国際空港も島ではないのであろうか。

総務省その他の地名を扱う諸省庁は、改名・改変された地名が「総て旧に依る」という原則をはずれているのかどうかを審査・決定する権限を持っていないので、当該地方議会が議決していれば、そのまま受け取るしかない。上級機関となる都道府県議会やその上の国会で承認することもない。そこには地名の命名権が国家主権の問題であるという国際的な常識が欠けているとも言える。

また、地名教育は文科省の管轄で、都道府県名を義務教育で扱っているが、ここも個別地名をだれかが決定したものとして受容しているだけで、諸外国で地名がいかに国家の主権にかかわることとして扱われているのかは、学習指導要領にもほとんど書き込まれていない。試験問題に「筑波市」と書いたら誤りで、「筑波山」は正しいことになり、埼玉県に埼玉市は存在しないという現実が放置されている。

また、海外地名は標準化されていないので、日本としてはどう表記してどう読むのかが、いわばバラバラで、マスコミが使用する地名と学校で学習する地名が異なっていても放置されている。国際的な地名呼称問題に関して日本国民は日本の立場を理解していない。国としてはせいぜいグルジアをジョージアと呼ぶことにしたとか、日本海を韓国や北朝鮮が東海と呼ぶべきであると主張しているという報道はあるものの、一般には国としてはなぜそのようなことになっているのか、広報と教育の主体が明確であるとは言いがたい。実際、世界史で学ぶギリシアと地理で学ぶギリシャとを日本の教育界ではなぜ区別するのか。悩むのは現場の教師と先生だけで、標準化する必要はないのだろうか。

日本において法的規制を受けるとされている地名は、地方自治体など行政区画名や住居表示に関するもので、国土地理院と海上保安庁が編纂して国連に提出した『地名集日本 Gazetteer of Japan』（2007）には約 3,900 の地名が採録されて、ローマ字表記（ヘボン式）と経緯度が示されているが、それは一般国民が日常的に用いる数十万といわれる地名のうちのごく一部にすぎない。もちろん教科書や学術書・地図類を含めて各種の書籍やマスコミで使用する地名、駅やバス停の名称、道路標識や観光やなどに掲出される地名は表示のガイドラインがないので、各企業諸官庁が当惑しているのが実情である。地名の標準化は規制ではなく、太陽暦や度量衡などのような日常生活の一種の規範という約束事であって、国の統制強化ではない。

第4節　地名標準化機構または地名委員会の必要性

国連地名標準化会議自体は国益をぶつけあう外交的な場であるが、その学術的支援をする地名専門家会議（UNGEGN）は各国から派遣される地理学者・地図学者・言語学者が意見交換をする場で、その中から地名標準化会議の議長や分科会主査などが選出されている。しかし派遣されている理由は、学術的とはいえ、あくまで政府派遣の専門家である。諸外国の地名専門家は学術的交流を図りながら、車の両輪のごとく、自分の国益に反する見解を表明していない。たとえば韓国南西部にあった日向堆を「日本に向いた」という日本帝国主義時代の地名であるから廃止したと発表している韓国の地理学者は、軍艦「日向」がそこで座礁した史実を学術的に示していない[13]。それにこれらの会議に日本が学者の派遣を始めたのはごく最近のことであって、短期に交代する官庁派遣の代表はこれら会議や委員会の役員につくことはなかった。

この国連の動きに対して、ユネスコ傘下にある国際地理学連合（IGU）と国際地図学協会（ICA）は、地名標準化会議に代表を送るとともに、2011 年に合同地名研究委員会を組織して、地理学者・地図学者を糾合することになった。しかし日本の地名学専門家がこのような国際学会に手弁当で出かけることは少なく、そもそも地名学者が十分に育っていない。また日本から地名問題を発信しようにもその基盤となる地名行政が立ち後れており、立脚点を確保できない。表記の標準化も不十分で制度的にもばらばらな状況では、しょせん政治地理学的発言は難しいことになっている。

やはり日本では地名解釈の古典的地名学に戻るしかないのかという事態に直面して、世界的に立ち後れている地名行政を強化し制度的に整備することは、日本の国益とは別に、日本の IGU・ICA に参加している地理学者・地図学者にとって喫緊の課題となってきた。そこで日本学術会議地球惑星科学委員会に属する IGU 分科会では地名小委員会を発足させて、学術会議として地名行政の確立を求めて提言を提起しようとしたが、幹事会の賛同を得られず、報告となった[14]。

この報告で提起した内容を述べると、具体的には、国に地名の標準化を進める地名委員会を設置し、地名呼称・表記の助言・審査・承認の政府機関とし、国内の地名呼称に関する係争の調停と民間や各省庁・地方自治体に対して地名使用のガイドラインを提供し、教育、学術、地方行政、外交折衝、国土政策など多様な分野における地名の取り扱いを標準化し、地名表記の整合性を図り、次世代を担う教育の場で地名表記・呼称の混乱を収束させる。国際的には地名問題の対応機関として国連地名標準化会議などの活動を支援し、来日外国人に対する日本地名および海外渡航邦人に対する海外地名の表記・呼称の標準化による利便性の向上を図る。

また、地名委員会の下に地名専門家会議を設置し、地理学・地図学・言語学・歴史学などの専門家や総務省（統計局を含む）・外務省・国土交通省（国土地理院・海上保安庁を含む）・文部科学省（文化庁を含む）などの関係省庁の協力を得て、ガイドラインの作成、国内外における地名収集を進め、その呼称と表記を研究し、学術的技術的分野において地名委員会を支援し、地名の教育・使用・標準化に関して国家として地名の最終的承認・廃止・改正を地名委員会に勧告する。とりわけ諸外国ではすでに刊行されている「地名集 Gazetteer」の作成は急務である。

もしこれら官庁行政機関の設置が時間的に厳しいのであれば、少なくとも地名行政に関する研究会を発足させ、問題点の洗い出しと設置に向けた法整備や支援方法を提示してゆく必要がある。2017年には5年に1度開かれていた国連地名標準化会議（UNCSGN）が改組されて第1回国連地名専門家会議（UNGEGN）が開催された。これは専門家の関与がより重要になったことを示し、開催も隔年となった。

アメリカ合衆国地名委員会の創設130年にあたる2019年の第2回会議では韓国の地理学者が副会長に選出され、東アジア分科会の座長を韓国が日本に譲ってきた。日本から出席している専門家はわずか2人だけで、1人はすでに外来地名ワーキンググループ座長であったから、はるかに高齢の私が座長を引き受けざるを得なくなった。しかしまだUNGEGNに出席する3人目の専門家はいない。学術会議の報告を真剣に受け止め、早急に後継者を育てる努力を進め、せめて2009年に改組拡充された韓国(15)より10年遅れでも良いので、地名行政の確立に向けた行動を、関係省庁や学会にお願いしたいものである。

［注］

(1) 田邉　裕（2017）「地名行政の確立に向けて」地理、62-4、pp.8-13 を修正・加筆。
(2) 田邉　裕・谷治正孝・滝沢由美子・渡辺浩平（2010）『地名の発生と機能』帝京大学地名研究会、第 1 章。
(3) 楠原祐介（2003）『こんな市名はもういらない』東京堂出版。
(4) または、田邉　裕（2013）「地名は誰が決めるのか」地理、58-5、pp.16-20。
(5) Matthews, P. W.（2012）Endonyms, Exonyms and seas, in Woodman, P. ed. *The Great Toponymic Divide: Reflections on the definition and usage of endonyms and exonyms*. Head Office of Geodesy and Cartography, Warszawa, pp.33-65.
(6) または、田邉　裕（2014）「大海洋の優先地名について」地理、59-11、pp.4-9。
(7) *Carte générale des découvertes faites en 1878* より。
(8) Kruzenshtern, A. J.（1812）*Voyage of the world in the years 1803*.
(9) Aaron Arrowsmith が 1827 年に著した Atlas に Sea of Japan（日本海）や Eastern Sea（東シナ海）が表記されている。
(10) Kadmon, N.（2007）: Endonym or exonym – is there a missing term in maritime names ?（9th UNCSGN, New York, United Nations. E/CONF 98/6/ADD 1.）
(11) フラマン語の Gent の g の発音は、日本人にはケントともヘントとも聞こえる [kh] の音で、強いて表記すれば「ッヘ」になり、日本語にはない。
(12) 郡区町村編成法（明治 11 年 7 月 22 日第 17 号布告）第二条。
(13) 田邉　裕（2015）「漢字文化圏における地名標準化」地図、53-4、pp.2-9。
(14) 末尾の資料 2 参照。
(15) Republic of Korea（2012）Report on the Work on the Standardization of Geographical Names in the Republic of Korea between 2007 and 2012（10th UNCSGN Report）.

第11章　地名は誰のものか[(1)]
－まとめに代えて－

第1節　地名標準化への関わり

2019年7月、東京で国際地図学会議が開かれた。開会式には秋篠宮ご夫妻がご臨席され、地図展では悠仁様が地図に見入っておられた。その日の公開シンポジウム「国家地名委員会の役割と構造」では、オーストリア、韓国、ポーランドなどが、地名委員会の必要性とその活動を報告した。参加者には、その年の4～5月の連休に開かれた第2回国連地名専門家会議（UNGEGN）に出席した各国代表が多かった。翌日の地名セッションも外国からの一般聴衆が多く盛況だった。だが、日本で開かれているのに、日本の参加者は多いとは言えなかった。なぜ外国では地名が関心を呼ぶのだろうか。

私は2000年にソウルで開かれた韓国東海協会主催の国際シンポジウムに、たまたま当時の学術会議会員であった榧根 勇筑波大学教授の依頼を受けて出席し、「日本海」は「東海」とすべきであるとの韓国の地理学者の主張や、「ペルシャ湾」を批判する湾岸諸国、「インド洋」を批判するアフリカ諸国の代表の発表を聞いて、政治地理学者として地名問題の政治地理学的課題に出会った。そのため、帝京大学に諸大学から偶然集まってきた地理学専門の同僚と帝京地名研究会を立ち上げ、文部省から科学研究費をいただいて、主に「日本海」の地名の由来を諸外国に保管されていた古地図類を調査し、研究成果を『地名の発生と機能』（2010年刊）としてまとめた。この書籍は過半が海外に頒布され、国内に残されたものが少なかったが、外務省専門機関室の当局者の目にとまり、

2012年に同じ帝京地名研究会の渡辺浩平准教授と共に国連地名標準化会議に日本代表として派遣されることになった。

この会議は、日本の新聞では「日本海」と「東海」の地名をめぐって日韓が激しく争ったという取り上げ方で、日本のマスコミは、主要国で日本だけに地名委員会が存在しないことや、ローマ字の標準化も行われていない（たとえばFujisanとHuzisanの併用）状況などには関心がなかった。ましてや、教育の現場で「埼玉県」と「さいたま市」を、あるいは「筑波山」と「つくば市」を書き分けねばいけないとか、「中央市」や「四国中央市」はどこにあるのか戸惑う子どもたちがいることもほとんど取り上げられなかった。

初等中等教育の場で、東京都を「とうきょうと」と公式には漢字表記の地名をひらがなで書くことは日常的にあるが、さいたま市を「埼玉市」とひらがな表記の地名を漢字で書くことはない。実際、奥州市は奥州のどのあたりの何県にあるのか、山梨市、甲州市、甲府市、中央市のどれが山梨県の県政の中心地なのか、迷う子どもが出てきてもおかしくないだろう。

山梨県には南アルプス市も存在するが、通称南アルプスと呼ばれる赤石山脈の名前の由来となっている赤石岳は長野県と静岡県の県境にあって、山梨県にはない。この地域の山々に登山する人に、また、いわゆる南アルプスの地域に生活している静岡県・長野県の人々にも、その命名に際して発言する機会を与えられたとは聞いていない。あるいは、伊豆半島の観光スポットとなっている「伊豆高原」は伊豆市、伊豆の国市、東伊豆町、西伊豆町、南伊豆町のどこにあるのか、いやどこにもないことなど、現地の伊東市に行った人でなければわからないかもしれない。地名は土地を認識し同定する大切な固有名詞であるが、その決定が各地方にとりわけ地方自治体の意思に任されたままで、それが当該地域外の人々、国民全体に関わることが明確に意識されていないのが、国際的視野から見た日本の特異な状況である。

教科書会社だけでなく、出版関係でも地名の表記の基準となるものが不明確であるために、地名表記に迷う例も少なくない。漢字よりひらがなが読み書きに簡便であるとは言えないにもかかわらず、一部の地名表記を原則ひらがなとしたために、近年増加している中国人観光客が読めない地名となっている。埼玉県の「さいたま市」や筑波山のある「つくば市」をなぜ「埼玉市」や「筑波市」と書いてはいけないのか、小学生や中学生にはわかりにくいことは前項で述べた。国際的にも、漢字表記されている地名ならば、発音は異なるものの、中国人は土地の地名として認識できるにもかかわらず、かな書きであるためにローマ字表示の標識を探すのだという。ましてやひらがな表記やカタカナ表記はほぼ日本人だけの、国際的には暗号のようなものになる。

国連の地名標準化会議における中国代表の報告に、「センター」の表記を「中心」と書き換えさせているとあった。中国人には漢字を表音文字として利用した地名より、本来の表意文字として用いた地名が親しみやすいのは当然で、彼らは東京をトウキョウと発音せずドンジン（Dong-jing）と読んで、素直に「東にある首都」であると納得している。

第 2 節　国連地名標準化会議から日本の地名委員会へ

国連は 1967 年に地名標準化会議の第 1 回会議を開き、特に旧植民地や大きく領土変更のあった国々が、外来地名より内生地名を重視し、自国の地名標準化を進めるための国際的合意を求めた（たとえばビルマがミャンマーに）。会議は地名が国家・民族の共有財産であることを確認し、その標準化を担当する国家地名委員会の設置を勧告した(2)。やがてこの会議には、歴史的地名や少数民族地名を文化遺産として尊重し、一部では復活させる取組みが報告されるようになった(3)。ただし、日本の歴史的地名は地番整理の名の下に消失する例が多く、しかもその問題を扱う部局は国連の会議に出席していない。

文化庁のホームページには、「市町村は、都市計画または条例により伝統的建造物群保存地区を定め、国はその中から価値の高いものを重要伝統的建造物群保存地区として選定し、市町村の保存事業への財政的援助や技術的指導を行っています」と書かれている。たしかに重要伝統的建造物群保存地区（略して、重伝建）は、城下町、宿場町、門前町といった全国各地に残る歴史的な集落、町並み（＝伝統的建造物群）の保存を図るため、1975（昭和50）年の文化財保護法改正によって発足した制度であるが、その中に地名への言及はないし、国連地名標準化会議の地名を歴史的文化財として扱う分科会に代表を送ることもない。

国連地名標準化会議の討論を経て、多くの国では、地名が国民・民族の共有財産であり文化遺産であるという意識を強め、その標準化のために国家地名委員会を設置した。しかし日本では、地名の改名・命名権が事実上地方自治体にあり、ローマ字表記も不統一で、市販あるいは国の発行する地図類や教科書でさえも地名表記が標準化されておらず、国民の共有財産という意識も見られない。たとえば南アルプス市は南アルプス域内の長野県や静岡県民そして全国の登山家にとっても共有財産である地名を僭称しているが、それを調停する国家地名委員会はない[(4)]。また近年、インターネットのWikipediaなどを利用して、日本国内の地名の収集、分類、考察などが公表されてきたが、いずれも地名を既定の事実として受け入れて、一部に批判を加えながらも、日本の地名決定の問題点には踏み込んでこなかったし、また地名の所有権に関する現在の制度批判に結びついておらず、新たな地名決定のメカニズムへの提言はなかった[(5)]。

国連地名標準化会議は2012年に、地名の売買を禁止すべきであるとの勧告を決議した[(6)]。工場・企業・商店・商品名など、時には開拓者・土地所有者・開発を記念する年代や守護神など、いわば普通名詞的地名が先行して新たな地名が誕生することは十分考えられるが、すでに存在する地名を本来所有者である国民全体の存在を無視して、地方が独断で地名を売り出すことに対する国際社会の嫌悪感を表現しているともいえよう。

第7章3節で述べたように、日本では2012年に市の名前を売り出した泉佐野市がある。いわゆる命名権（ネーミングライツ）の販売である。しかしスタジアムや劇場など施設名とは異なり地名は一地方自治体の所有物ではなく、その市を故郷としている人々などさまざまな関わりのある日本国民全体が祖先から受け継いできたもので、そもそも地方自治体が命名権を持っているという考え自体が許されるであろうか。それでは盗品を売ることになる。しかも期限を限った命名権であれば、安定的に用いられる地名の機能を無視していることになる。これも国として地名に関して調査・勧告すべき法律を備えておらず、国連勧告を受け止めるべき機関が日本に存在しないことが問題であろう。

特定時代に埋め立てられ、その時代の文化の証人となっている横浜市の地名、高砂町・松影町・不老町・白妙町・黄金町・真金町・白金町などは見事に歴史的文化遺産の地名である。また、歴史を彷彿とさせる地名、紺屋町・鍛冶町・大工町・大手町などはあちこちの城下町によく現れるほか、京都市には溢れんばかりの多くの歴史的地名が保存されている。それらを収集、分類して地名集としてまとめる動きもインターネット上でしか見出せなかった(7)。他方で、地番整理と称して、本来地名の専門部局でもない地方自治体の部局が、旧地名を単純に丁目に括ってゆくことが許されている。

日本における地名保存を主張する全国組織も存在している(8)。金沢市のように、この文化遺産としての地名抹殺に抵抗して旧地名復活運動も起こっているが、全国的にこれを取り上げるべき公的な国の組織はない。前述したように 1950 年制定の文化財保護法の保護対象に地名は入っておらず、音楽や工芸技術などの無形文化財の分類項目にも、衣食住、生業、信仰、年中行事などに関する風俗慣習、民俗芸能、民俗技術など人々が日常生活の中で生み出し継承してきた無形の民俗文化財の項目にも入っていないので、その視点から地名を扱う担当部局も明確ではない。

専門家の間では、国際地理学連合（IGU）と国際地図学協会（ICA）が共同で地名研究のワーキンググループを組織し、国連の地名専門家会議に代表を送るようになったので、それに対応して日本でも 2015 年に学術会議 IGU 分科会の下部機関として地名小委員会を結成した。小委員会は 1972 年に国家地名委員会を設置する提言を日本学術会議地名小委員会がまとめたが、幹事会で承認されなかった(9)。それは少数の専門家の意見であろうというのが一つの理由だと聞いている。2019 年 8 月に一部書き換えて「報告」として認められたが、マスコミに取り上げられることはなく、やっと 11 月の末に朝日新聞に取り上げられ、意見を開陳することができたにすぎない(10)。

地方創生が叫ばれているが、地名はその土地の人だけのものではなく、日本人全体の文化的・歴史的な財産である。せめて諸外国並みに、そういった意識で調査や調停ができる地理学・地図学・歴史学・言語学の専門家や関係省庁代表による地名委員会を、日本にも作ってほしいと願う。

地名は誰のものかと問えば、法制的に地方自治体が命名・改名の権利を持っていても、本質的には言語を共にする人々の文化的歴史的共有物であって、まずは小地域の人々の普通名詞的存在がより広域の人々に伝播していったものである。たとえば鎌倉市内の地名は、たとえ小地域の地名でも、鎌倉市の所有物でも鎌倉市民だけのものでもなく、日本の人々全体にとっての中世文化の歴史的文化的な共有物なのである。

まずは国家地名委員会を設置し、地名問題の研究・勧告・調停のできる体制を作り、地名の収集と海外に通用する「地名集 Gazetteer」の編纂が必要であろう。

［注］

(1) 田邉　裕（2019）「地名は誰のものか」朝日新聞、2019 年 11 月 12 日付「私の視点」に加筆。

(2) 第 1 回国連地名標準化会議勧告 A（1967）「地名当局」E/CONF.53/2/Add.1。

(3) 第 8 回国連地名標準化会議決議（2002）「「少数民族と先住民の地名」の振興」E/CONF.94/L.3。

(4) これについては Wikipedia で「広域地名」として事例を列挙している。

(5) ウィキペディア「広域地名」「瑞祥地名」「ひらがな・カタカナ地名」「方角地名」（最終閲覧日 2019/12/03）

(6) カナダ地名委員会（2012）「商業目的の地名に関する決議」第 10 回国連地名標準化会議報告、E/CONF.101/1。

(7) Emm さん「都道府県市区町村　地名コレクション」（最終閲覧日 2019/12/03）。

(8) たとえば全国地名保存連盟（1983 年発足）は、旧東京市牛込区の 78 町を 8 地区名に変更する行政当局に対して「歴史を伝える文化である地名・町名を保存し、後世に伝えよう」とする市民運動組織として発足し、全国に広がったが、個別的な地名保存が中心で、全国的な地名の改正・命名制度には踏み込まなかった。

(9) 日本学術会議 地球惑星科学委員会 IGU 分科会（2017）「提言「地名行政の統合強化と地名委員会の設置」」学術会議ホームページ資料 5- 別添 3-1。

(10) 前掲注（1）に同じ。

資料　報告「地名標準化の現状と課題」

令和元年（2019）9 月 20 日
日本学術会議

この報告は、日本学術会議地球惑星科学委員会 IGU 分科会、同地名小委員会及び地域研究委員会地域情報分科会での審議結果を踏まえ、地球惑星科学委員会 IGU 分科会及び地域研究委員会地域情報分科会において取りまとめ公表するものである。

1　本報告作成の背景

(1) 国民生活と地名

いうまでもなく、地名は国民生活に深く関わっている。あえて列挙するなら、郵便・配送等の通信や物流、交通、産地の表示、マーケティング、宣伝、その他生産、サービス業務、観光・レクリエーション、報道、教育などの様々な場面で地名が登場する。国・自治体と住民の関係についてのみ見ても、1) 災害対応、救急、徴税、公物管理その他官公庁による行政行為、2) 規制、助成、振興等のための指定地域の設定等に必要な国会・議会による立法等行為、3) 判決、訴状等における人物・物品の特定その他裁判所・検察庁・一般国民による司法的行為、の各場面で地名は重要な役割を果たしている。

地名（一部の施設名を含む。以下同じ）は、それを使用する者又は当事者間で適切に理解されれば使用の目的を達する場合が多い。一方において、地域の管理、基本図の調製、河川、道路、鉄道、駅、橋、トンネルその他公共性のある構造物等の表示等のため、行政の執行上使用されることも多く、この場合は、一定の秩序の下に使用される必要がある。近年、国際交流、地方創生、観光等の行政課題が重要視される中、地名使用の秩序の意義は、一層高まっている。地名は地域を成長させるための、時と空間を繋ぐ重要な無形文化資産である。

また、高度情報化社会を迎え、地名と正しく結びついた地理情報システムの構築のためにも地名の適切な使用の重要性が高まっている。

(2) 地名の命名にかかわる問題点

地名の命名又は改変を行政として行う場合、その主体は原則として市町村となるが、住民の意思は当然尊重されるべきである。実際問題としては、地域住民の範囲、市町村外の住民の意思、首長及び議会の責任と権限等にかかわる難しい問題があり、市町村による地名の命名又は改変について何らかのルール、ガイドライン、助言と調整の仕組み等があることが望まれる。

地名の命名又は改変を行うとき、歴史的経緯を尊重することとともに、常用漢字と現代仮名遣いの使用等現在の日本国民の理解という観点から一定の原則の下に行うことが望ましいし、ローマ字使用も国際的な理解の得やすいことが重要である。訪日外国人が急増しつつある今日、地名を英語等に翻訳して表記する必要性はますます高まっており、この場合も統一的なルールの下に行うことが望まれる。

地名を扱う国の機関は、地形図等の基本図について国土地理院、海図について海上保安庁海洋情報部があるが、河川、道路、都市公園、鉄道、航空、海運、港湾行政を所管する国土交通省も深く関与しており、各府省庁はそれぞれの所管行政において多かれ少なかれ地名とのかかわりを持っている。もちろん、地方公共団体は、地名と深いかかわりがある。また、鉄道会社、バス会社も地名との関連は大きく、参拝客や観光客が多い神社仏閣も地名に関連する。

このように、多数の主体がさまざまな場面で地名に関与しており、その間で地名の取り扱いについてのルール、ガイドライン、助言と調整の仕組みを共有することは重要である。それらがなく、地名に関して各主体任せということでは、行政に混乱や無駄を招来し、国民生活に悪影響を及ぼすことが懸念される。とりわけ教育の観点から見ると、地名の教育は児童の基礎的教養を形成するので、教科・科目によって標準化されていない地名によって教育を受けていることは問題であり、児童・国民を取り巻く様々な書籍・アトラス・地図・表示板などが構成する地名環境が混乱していることは日本の文化行政が地名に無関心であることを示している。

地名に関わる法律としては、地方自治法と住居表示に関する法律があるが、これらが対象とする地名は、実在する地名の一部である。また、これらによる地名の決定のプロセスは、地域住民をはじめとする多様なステークホルダーや学識経験者の意見を十分に反映するものとなっていない。例えば都市計画法では、都市計画の案について公聴会、広告縦覧、審議会という過程を踏むことを義務付けているのに対し、上記2法には議会の議決は要するものの、そのような規定はない。

多くの地名が各種の法令によって公的なものとなっているが、これらの公的な地名の採用に当たり、横断的に妥当性や整合性を担保する制度は存在しない。公的な地名に限っても、その命名、改廃、運用の妥当性や整合性を確保するための法律は、個別法としても基本法としても存在しない。地名に関する総合的、基本的な法律が存在しないということは、国として総合的、基本的な仕組みも機関も存在しないことを意味する。少なくとも公的に使用される地名については、その命名、改廃、運用等に関し、基本理念、手続き、責任の所在等を定めた基本法の制定を検討する必要がある。

地名のローマ字又は英語表記の重要性が近年急速に高まっている。このことについても国としての基本的、統一的な法律もガイドラインも存在しない。地名に関し国としての標準化が遅れることは、領土領海の保全、貿易等国際的な視点から不利益を生み、ひいては国内産業等へのマイナスも惹起しかねない。

(3) 世界の流れ

1967年以来、5年に1度、国際連合社会経済理事会の下部機関に当たる統計委員会は、国連加盟各国が自国並びに関連する外国地名の表記を標準化するにあたり技術的観点から討議する地名標準化会議（United Nations Conference on the Standardization of Geographical Names, 略語：UNCSGN）を主催している。1967年の第1回会議では、各国に地名標準化のための国の機関を設置するよう勧告した [1]。

「地名の標準化」とは「公的機関による地名の表現方法等についての規範の確立」を意味し、具体的には、地名を扱う公的機関が地名の承認・命名・改名・呼称・表記の管理など統合管理を行うことである [2]。国連が地名標準化を打ち出した背景には、第2次世界大戦後における国土領域の変動と植民地の独立にともない、外来地名（Exonym）を排して内生地名（Endonym）を尊重した地名呼称を重視する国々の要求があったことや、国際交流を深める現代社会において、例えば国際航空における出発地・到着地の地名表記のように、特定地域名に対して諸国間が互いに利用しやすい地名呼称を用いることの必要性があった。また、少数民族や先住民の地名尊重の課題もあった。

そのために、地理学的名称に関する国連専門家グループ（United Nations Group of Experts on Geographical Names, 略語：UNGEGN）が組織され、これには各国の地理学者・地図学者・言語学者等が参加している。UNGEGN では Exonym 分科会、Romanisation 分科会、Place Names as Cultural Heritage 分科会などを設けて国際的に理解し合える地名表記を追求している [3]。

また、UNCSGN の勧告を受けて、あるいはそれ以前から、アメリカ、カナダ、中国、韓国などを含む多くの国々が国家地名委員会を設置し、行政当局と地理学者・地図学者との共同作業によって地名標準化を進めている。日本では国土地理院と海上保安庁海洋情報部が「地名等の統一に関する連絡協議会」を設置して、それぞれが発行する地図に記載する地名についての統一を図ってきたが、これは上記の意味での「地名の標準化」をめざすものではない。また、地名標準化のための研究を担う人材が養成されていないため、UNCSGN や UNGEGN には外務省及び国土地理院が対応し代表を送ってきた[1)]。実際、学識経験者としての地理学者・地図学者が UNCSGN に参加したのは、発足後、実に45年を経た2012年であった。

その前年、国際地理学連合（IGU）と国際地図学協会（ICA）は共同地名研究委員会・作業グループ（IGU/ICA Commission/Working Group on Toponymy）を組織し、以後、ほぼ毎年、国連の行政的外交的会議とともに学術的なシンポジウムを開催して来た。日本学術会議はIGU/ICAに加盟しているが、国際派遣に際し限られた派遣枠の中ではUNCSGNと同様に地名に関する会議への参加はボランタリーに任され、近年まで公的な参加が行われてこなかった。

(4) 日本学術会議地球惑星科学委員会IGU分科会の取り組み

日本学術会議における国際地理学連合及び国際地図学協会への対応機関となっている地球惑星科学委員会IGU分科会は第22期第8回分科会（平成26年5月26日）で、国際地理学連合における地名に関する議論を検討した。次いで第23期第2回分科会（平成27年5月18日）で地名問題の国際的動向を検討した上で、IGU分科会の下に地名小委員会を設置することを提案した。また、第23期第3回分科会（平成27年11月9日）では、国土交通省国土地理院及び海上保安庁海洋情報部から参考人を招へいし、国連地名標準化会議や地名呼称問題を議論した。

これらの議論を踏まえ、平成28年5月16日に第1回地名小委員会を開催し、それ以降、14度の会合を持ち、研究者、外務省、国土地理院、海洋情報部、関係官庁、在野の専門家、教科書出版社などを交えて検討を行ない、本提案の素案を審議した。平成28年3月28日には、筑波大学において、IGU分科会と日本地理学会理事会の共催で「地名標準化の現状と課題―地名委員会（仮称）の設置に向けて―」と題する公開シンポジウムを開催した。また、令和元年5月13日に日本学術会議講堂において、「日本における地名標準化の現状と課題」と題する公開シンポジウムを開催した。

2　日本の地名に関する問題

(1) 地名の発生

地名は場所、土地、地域などに付与された名称である。それは、発生の時代や意味が不明なものもあるが、一般には、単に大川、小山、あるいは新田のような普通名詞として始まり、やがて広く人々に用いられ、単なる名称から所有権、文化圏あるいは土地の自然と文化を要約する固有名詞に成長してきた。また、入植の指導者、守護聖人、伝説上の土地の英雄など、特定の人物の名前や村の創立、侵略からの解放などや歴史上の事件を記念して命名される地名、災害現象を示す地名もある [4]。

(2) 地名の機能

地名は人名と並んで 2 大固有名詞群である。地名は、特定の土地に固有の名称を与えて他の土地と区別するが、特定の固有の地名が複数の土地で用いられることもあるため、外部から見て土地を一義的に特定出来ないことが多い。そのため、例えば「伊豆大島」や「奄美大島」のように、その地名がどの地表地物を示しているのかを明確にしなければならないことになる。地名の標準化の可能性を求める理由もそこにある。また、地名は伝達される際に、その土地に随伴する多様な概念・表象を同時に伝える。「富士山」と固有名詞を伝えるだけで、富士の持つ自然人文景観・地球科学的存在の総合的な概念を伝達できる [5]。

(3) 地名問題の発生

地名が生まれる経緯によって、特定地域に複数の呼称が成立するような場合には、地名は必ずしも十分にその機能を果たせず、むしろ呼称を巡る争いを惹起することがある。地名はそれを使用する人々に、時に自分自身の名前と同様に、特別な情感をもって迫ってくるからである。同じ地域を自分が認識している地名と異なる地名で呼ばれることは、その土地に対するいわば愛着を否定されることにつながり、その土地の歴史・利用・所有などを象徴するものとして、自らの地名を固執し、異なる地名を拒絶するという、いわゆる地名問題を生み出す。

同様な問題は、それまで慣れ親しんだ地名が新たな地名に改変されるような場合にも生じる。昭和 37 年の「住居表示に関する法律」の制定により、由緒ある地名の改廃や、地名が示す区域の変更によって、日本各地で、地名をめぐる訴訟や紛争が起こった。また、市町村合併による新市名の誕生は、多くの対立を生んでおり、新たな地名の誕生に関する問題点は少なからず報告されている [6] [7] [8]。外来語を使用した、日本語の文脈に合わない地名も生まれている。更に、歴史的に成立して来た地名が売買・詐称・改名されることでその地名に愛着を持つ人から抗議を受ける等の地名問題も発生する。国連では地名の売買の抑制が決議されている[2)]。

また、地名が象徴する地域名が有名であればあるほど、いわばブランド化した地名となって、その利用をめぐる商標権の争いともなり、本来の地名と関係のない土地についてのいわば詐称問題などをも引き起こす。郷土学習において地方の地名を冠した風物・産物が取り上げられても、基本となる地名が標準化されていない現状は教育界に混乱をきたすだけである。

更に、地名は文化資産であるとの認識が世界的にも高まってきていることから、たとえ小地域の地名であっても、一部の地域が自分の属する文化圏の文脈から逸脱して自由に地名を改変することは厳に慎むべきであり、この無形の文化資産を保護するという意味においても、法律やガイドラインを作るためにも、「地名委員会」のような組織を設けることは有意義である。

(4) 情報化時代における地名

地名のように地球上の特定の位置や範囲と対応づけられる地理空間情報は、コンピュータで処理する際には緯度・経度などの座標データに置き換えられ、地図作成やナビゲーションなど様々な用途に利用される。その際には地名を緯度・経度に置き換える必要があるが、こうした処理はジオコーディングあるいはアドレスマッチングと呼ばれている。

現在、日本では、地名を含む住所をジオコーディングするための様々なサービスが提供されているが、地名の標準化が遅れているなどの理由により、地理情報標準に準拠した全国統一のジオコーディングデータベースは作成されていない。これらのジオコーディングデータベースは、地名辞書といわれるものである。一般的に地名辞書というと地名の由来や位置などが記載された書籍としての地名辞典を意味する場合が多い。しかし、地理情報標準で扱う地名辞書は、行政地名だけでなく、例えば橋、道路、ポスト、店舗などすべての地物ごとに作成することが可能であり、更に地物の位置情報も名称と対応づけて保存されているデジタル辞書である。また、同一の場所や地点に複数地名が存在する場合、ジオコーディングデータベースによって統合的に管理できる。今後、地物ごとに多様な地名辞書が作成されると考えられるが、まずは、行政地名に関する全国統一のジオコーディングデータベースの作成が必要である [9]。

(5) 地名標準化の現状

これらの地名問題に対して、日本国内の地名をどう呼び、書くのか、また、諸外国の地名の日本国内における呼称と記載、ジオコーディングへの対応について、出版放送だけでなく、教育や文化の現場で使用する地名を標準化するための基準を決定し、承認し、公示する機能をもつ国の機関は存在しない。

地方自治法によれば、地方公共団体名は従来の名称によると明示し、その変更は条例でこれを定めるとなっている。また住居表示に関する法律によれば、住居表示の名称は市町村が決め、国又は都道府県が必要な指導を行うこととなっているが、国がどこまで関与するかについては明確ではない。地名をめぐって、地方行政と住民との対立が発生した場合の国の役割も曖昧である。

一方、自然地名の命名は法律上の規定が存在しない。実際、無名の島嶼名は国土管理上問題であるとして国土地理院が命名したが、国土地理院自体には国内地名を決定し承認する法的な権限はなく、地方公共団体に要請されればそれを拒否する権能をもたない [3)]。

現行法においては、地名の存在する地方公共団体以外の住民が地名の決定・改変に対して異議を申したてる機関は存在しない。多くの諸外国の状況を見ると、地名は国民全体の財産であり、国家が関与することは当然であるとしている。日本では、私企業などが地名決定に影響力を及ぼす事例も多いため、地方行政と住民との対立が発生した場合の国としての役割の規定を定める必要がある。また文化資産としての地名を尊重しようとする世界の流れ[4)]に対して、それに対応する機関も曖昧である。

地名に関する教育を担うべき文部科学省が地名の呼称を扱う準拠とする教科書検定基準は現状追認に留まっている。国内地名について、100万分1縮尺の地図に記載される地名を対象に、国土地理院及び海上保安庁が2007年に「地名集日本（GAZETTEER OF JAPAN）」を作成し、国連地名標準化会議に提示している。しかし、これとて初等中等教育で扱う地名との擦り合わせを行なってはおらず、その取捨選択は両省庁の裁量にまかされている[10]。地名を平仮名、片仮名、漢字、仮名漢字まじり、ローマ字（訓令式とヘボン式）、英語その他の外国語のいずれを用いるべきか、国としての明確な基準があるとは言えない。その意味では教育の分野において、地名を扱う教科書・地図・学習参考書出版社がしばしば困惑しており、何よりも地名を用いた授業を受ける児童・生徒に影響を与えている。

日本の地名のみならず外国地名についても明確な指針は存在せず、例えばイギリス、英国、連合王国、UKの表記手法が示すように国として「明確な」呼称のガイドラインは存在しない。自由であることの長所もあるが、国際化の中、先進国でありながら日本は標準化された地名を提示する行政機関が存在しないと評価される可能性がある。

隣接する諸国間における地名呼称問題は、第2次世界大戦によって国境の変動が大きかったヨーロッパの事例のみならず世界各地に存在し、国連でも地名標準化の必要性を取り上げており、日本もその問題の埒外にはない。しかし、日本には統一された対応機関がなく、文部科学省、総務省、外務省、国土交通省など問題ごとに異なる機関が対応する。

日本の公的な地名集としては、上記の「地名集日本」がある。この地名集には、約3,900件の地名が採録され、ローマ字表記（ローマ字教育で用いられている訓令式ではなく、外務省で用いられているヘボン式である）と経緯度座標値を持つ形で整理されている。一方、国土地理院刊行の2万5千分1地形図には、全国で約40万件の注記が表示されている。注記のすべてが地名というわけではないし、図葉間で重複もあるので地名の数はこれより少ないが、実在し少なからぬ国民に使用されている地名のうち、「地名集日本」に採録されているものは極めて少ない。

冒頭に述べたように、近年重要性を増している外交、国際交流、地方創生、観光等の行政課題に対処するためにも内容の充実した公式地名集を早急に整備する必要がある。

そのような観点からも、前述のとおり、無形の文化遺産を保護するという意味においても、法律やガイドラインを作るためにも、地名に関する「地名委員会」のような国の組織が必要であろう。

UNGEGN の Information Bulletin（No.51, Nov. 2016）の表紙カバー地図では、日本が With National Names Authorities の国家群に分類されているが、これは国土地理院と海上保安庁海洋情報部による「地名等の統一に関する連絡協議会」をもって日本に地名委員会が設置されているとみなしているにすぎない。その連絡会は、外務省、文部科学省、総務省、その他諸省庁を束ねる地名委員会としての必要な機能や権限、すなわち呼称と表記を標準化することは行っていない。また、教育用書籍（教科書やアトラス）の表記と連動してもいない。よって、実効力を持つ地名委員会の設置が必要である。

3　日本の行政組織と地名

(1) 地名の法的根拠

1　国内の地名の命名権者の法的基礎は法的には慣行に依存し、その理論的な根拠が定められていない（地方自治法など）。この地名に関する旧慣遵守は明治維新以来の郡区町村編成法であれ、府県制、町村制の施行時であれ、常に維持されて来た考え方である。

2　国内地名の大部分は、事実上、各地方公共団体が歴史的地名として継承し、住居表示に関する法律（昭和 37 年 5 月 10 日法律第 119 号）の施行や市町村合併など行政区画の変動、更には地域計画・開発の実施に際して、これを変更し決定している。これに対して、総務省、国土交通省、文部科学省などの省庁はそれぞれ独自に対応しており、国家としての標準化を図る機関は存在しない。国土地理院では必要に応じて当該地方公共団体に対して地名調査を行っているが、地名を決定・承認することはない。

3　市町村名以下の大字や小字などの小地域の地名は、多くが近代市町村制施行以前の旧藩政村名であるか、あるいはその後の行政区画変動によって成立したものであり歴史的地名として尊重されてきたが、これに準ずる住居表示の命名権については、その理論的な根拠が定められていない。とりわけ坪名のような極小地名は土地の人々が継承してきたが、都市化などの社会変動とともに消失しつつあり、これは標準化の枠外となる。住居表示によって、しばしば伝承して来た文化遺産とも言える地名が失われて、単に東西南北中央などの接頭辞が用いられたり、意味を理解しがたい外来語も介在するようになっている。しかし法律[5)]で定められている国又は都道府県の指導や勧告が、国連での議論の動向を考慮して行われている例は無い。

4　国外の地名については、国名を外務省がパンフレットなどで示しているが、例えば、イギリスという国名については旧来の呼称を維持する一方で、グルジアをジョージアと改称した事例は、地名呼称に関する本来の機関が存在しないためにその場しのぎの対応にすぎない。

5　日本語地名のローマ字表記法についても、表記法が統一されていない。文部科学省が推奨してきた訓令式か、外務省が用いて来たヘボン式か、いずれを対外的に正式な地名表記とすべきかなどについても不明である。例えば、Fuji-san（ヘボン式）が Huji-san や Fuzi-san、Huzi-san（訓令式）とした場合には誤記となるのか、不明である。日本人は同一の地名と理解をしていても、国際的に認知されず、異なる地名と捉えられることもある。これらの地名の標準化を進める行政機関はない。

6　基本的には教育の場であれ、ジャーナリズムの場であれ標準化された表記を定める機関も法令も存在しない。地図帳の地名記載にも混乱をきたす事例がある。

7　国土地理院と海上保安庁海洋情報部とは、自然地名について常設の連絡協議機関を設けているが、あくまでも協議事項は地形図と海図との齟齬の排除であり、両機関以外の機関への影響力は限定的である。両者が合意する地名は、もともと地形図か海図かのどちらかで採用されていた地名であり、多角的な観点から地名を決定しているものではない。同一の地名が地形図、民間地図、駅名、バス停、道路標識、観光案内板等に異なった名称で表示されている例は多数あり、ローマ字又は英語表記については不統一である。

8　国の制度という視点からして、地名に関連するものは極めて限定的であり、法令の規定は稀である。地名は、居住地名、自然地名、公共施設名等に大別され、それらの中で、呼称の適正化という観点からの規定は、都道府県名及び市町村名と住居表示の他にはない。地名の命名に関し議会の議決を要するが、住民の意思や学識経験者の意見に配慮する規定はない。地名を統括する法律又は地名の命名、改廃、運用等に関して国家的見地から妥当性や整合性を確保するための法律は、我が国になく、地名の命名、改廃、運用等に関する国家機関も統一的な制度あるいは仕組みがない。

9　次のように、国の様々な省庁が、それぞれ地名と関わっている。

・国土交通省国土地理院 : 地形図等への記載、・海上保安庁海洋情報部 : 海図への記載、・国土交通省道路局 : 道路の建設維持と道路標識、・国土交通省水管理・国土保全局 : 河川管理、砂防、防災と河川、砂防指定地、急傾斜地崩壊危険区域等の指定とその表示、・国土交通省都市局及び住宅局 : 都市計画、市街地開発とそれに関する地域指定とその表示、・観光庁 : 観光行政と観光地における標識、案内板等、・環境省 : 自然保護と自然公園の命名と表示、・経済産業省 : 鉱工業振興と産地表示、・農林水産省 : 農業振興と農産物産地表示、・林野庁 : 保全林指定とその表示、・水産庁 : 漁区、漁港等の指定とその表示、・財務省 : 国有財産の管理とその表示、・総務省 : 地方公共団体の名称、住居表示等、・法務省 : 地籍の管理とその表示、・文部科学省 : 教育行政、教科書検定等、・文化庁 : 文化財等の保護とその表示及び標識、案内板。

(2) 国土交通省における地名

国土交通省は国土地理院及び海上保安庁を所管し、日本の地図及び海図に記載する地名表記を担当している。地図及び海図に記載するいわゆる自然地名は国土地理院及び海上保安庁が現地調査によって確認するか、あるいは地方公共団体の申請による。また各地方公共団体が地名を改名した場合に、命名の指導・助言をすることはない。

(3) 文部科学省における地名

1　教育の場における地名呼称・表記の曖昧さは、教科書、学習参考書、入学試験などに顕在化している。過去には関係者が会合を持ち標準化を図る試みがなされたが（「地名の呼び方と書き方」（1959）[10]、「地名表記の手引き」（1978）[11]、「新地名表記の手引き」（1994）[12]、日本では地名標準化を行ってきていないために新聞・雑誌の地名と教科書の地名との不統一、教育の場でも各教科・科目間における地名の不統一は黙認されている [13]。例えば歴史や、地理の授業で用いる「筑波」の地名を例にとると「つくば市」が「筑波市」でも「ツクバ市」でもないのか、その標準化はどこで誰が責任を持つのか明確ではない。「筑波山」を読めないつくば市の中学生が生まれ、行田市にある「埼玉古墳群」の世界遺産登録を推進することは「さいたま市」の市民には、自分の地方の問題と捉えにくい。日本語の表記上、漢字地名を仮名表記することは認められているが、入学試験では仮名表記の市の名称を例えば漢字表記して誤答であるとされる可能性は捨てきれない。大学の入試問題でさえも「ギリシャ」か「ギリシア」か、などの論争があった。

2　地名に関する教育を担うべき文部科学省は、地名呼称自体の意義あるいは国内外の地名呼称について学習指導要領等でほとんど触れず、検定基準も現状追認に留まっている。外国地名においては、1959 年時点で現地語読みの原則が示されているが、現在でも、中国の地名について、中国標準語読みをカタカナ書きするものと、漢字表記・日本語読みするものとが混在しており、マスコミでは後者が中心、教科書・地図帳ではカタカナと漢字の併記が中心であるが不統一である。他の国についても原則「現地読み」であるが「カタロニア」と「カタルーニャ」のように、命名対象が所在する国の言語での呼称、その地方での言語による呼称、あるいはそれ以外の言語による慣用呼称とが混在している。

3　地名は文化財あるいは文化遺産であるとも考えられる。地名表記には旧漢字をどこまで認めるのか、「筑波市」や「埼玉市」のように現存しない地名をどのような場合に認めるのかなども明確ではない。特に国連地名標準化会議で議論されている文化遺産としての地名の保護や少数民族の地名保護などの観点は扱う部局がない。

4　新聞・雑誌・一般書籍における地名表記は、もちろん表現の自由との関係から強制されるべきものではないが、義務教育で学習する地名が標準化されているのであれば、さまざまな出版物に対して良きガイドとなるはずである。

(4) 総務省、地方公共団体における地名

1　総務省は、地方自治を所掌事務とするが、地名に関する管轄権あるいは調整権があるわけではなく、実質的命名権は地方公共団体にあって、総務省は通知を受けるだけである。地方自治法第3条は、市町村の名称は、従来の名称により、これを変更するときは条例で定め、実際に名称を変更するときには、あらかじめ都道府県知事に協議し、都道府県知事は名称変更の旨を総務大臣に通知し、総務大臣はこれを告示し、国の関係行政機関に通知する手続となっている。中央政府の関与は、旧自治省（現総務省）の通知（昭和33年5月7日、昭和45年3月12日、平成13年1月21日）や文化庁国語審議会答申（昭和28年10月8日）において自治体名称の重複や漢字表記の基準を示すにすぎない。これは「自らがどのように名乗るか」という住民自治の観点から設定された立法趣旨を加味したものだが、人名とは異なって日本語による地名は住民だけのものではなく、国内地名、国外地名を問わず、国民全体の共有財産であるという点も留意されるべきである。

2　地方公共団体が命名権を持っている日本の現状では、歴史的な文化資産と

もいうべき地名を、自治体の裁量によって、東西南北を付し、あるいは1・2・3丁目を付加し、地番整理として廃止する場合もあり、地域住民の反発を招く事例も報道されている。文化資産としての地名の喪失は、当該地名が示す土地を所有・利用している当事者の地名権が法律上確立しておらず保護もされていないことに起因している。地方公共団体及びその包含する領域内の名称は当該自治体の議会が条例・例規を制定する形で関与するが、自然地名は国土地理院が当該地方公共団体に確認した地名を地図に表記しているので、先に挙げたように、「筑波山」と「つくば市」が併存することになる。

3　地方公共団体は実質的な地名決定の役割を担い命名に関して地域対立、合併等による地名変更、都市化や地域開発にともなう新地名の創設、地番整理などに際して混乱をきたすことがある。歴史的地名の維持と、異なる地名の受け入れが住民の間で交錯し調停が困難となる場合がある。助言が可能な人的資源が不足する地方では、本来地名の専門家ではない地方政治家や行政当局が妥協的な地名を地域内の狭い視野・論理だけで思案することになる。このような場合、その決定過程において地方公共団体に地域外からの広い視野で、日本全体の地名標準化の観点から支援や助言をおこなうシステムも機関も存在していない。

(5) 外務省における地名

国家地名委員会を持つ韓国などでは地名表記の国際紛争に対して、個別省庁としての外務省が対応するのではなく、国家として統一見解を持つことが出来る。しかし、日本では外務省でさえ関係地域局と国連地名標準化会議の担当局とが対応し、他の省庁は個別に関わっている。このような個別省庁のそれぞれの目的に応じた多元的命名方式に対して、多くの国々では地名表記は国家の主権問題であるとの認識が強い。しかし、日本にはそれを総括管理する機関がない。

また、国外の地名に関しては、国名は外務省の在外公館を設置する際に必要であるため、外務省が標準化していると言えるが、当該国での現地呼称に必ずしも対応していない。したがって国内では有効であっても、国外では意味が異なる場合がある。イギリスやオランダがその代表的な事例で、連合王国の一部を意味するイギリスは、スコットランドやウェールズなど連合王国の他の地域を含んでいないし、オランダもネーデルラントの一部であって、フリースラントを含まないオランダの地方名であるため、日本国内では異なる意味で捉えられる可能性がある。

とりわけ問題になるのは中国等漢字使用国で、漢字表記であれば現地で理解されるが、片仮名の場合には中国で用いられる標準語のピンインの片仮名表記である場合と広東語などによる漢字の読みを英語で表記して、更に片仮名表記に変えた地名が混在して、現地で使われない地名や英文等の外国文献で検索できない地名が、地理科目だけでなく多くの日本の教育現場に混乱をもたらしている。例えば北京、ペキン、ベイジン、Pekin、Beijingのいずれの表記を学習すれば、将来の国際交流に役立つのか、その標準化を明確には定める機関が存在しない。

(6) 経済産業省あるいは農林水産省における地名

地名は経済産業省の特許庁にも関わり、しばしばブランドとして特産地登録に用いられる。フランスの農産物にも見られる原産地登録等は世界的に知られている。普通名詞化したカマンベールチーズはノルマンディーのカマンベール村以外の製品でも用いられる名称であるが、リヴァロ、ポンレヴェックなどの名称は、多くのワインのシャトーと同様に原産地名として保護されている。

中国で「青森林檎」、「宇治茶」や「松坂牛」など地名を登録商標とする動きが報道されると、日本貿易振興機構は2007年末までに中国で約30件の日本の地名が商標申請されていると報告した[14]。諸外国同様に日本に地名委員会が成立し、国の地名集（Gazetteer）を発行し、その標準化されている地名を一括して登録できるようにすれば偽装地名による商品登録の歯止めとなろう。

(7) 国としての地名

以上の各省庁における地名の扱い方を検討してみると、これら分散している行政の対応の中で、将来を託すべき児童に伝える地名文化がほとんど考慮されていないことは歴然としている。それだけではなく、日本の文化を共有している人々に地名への共通認識が不十分で、地名はその土地だけの局地的な存在として扱われがちである。

とりわけ教科書を含む書籍、地図、あるいは日常的に目につく様々な標識の記載や読み方を標準化すべき機関がないことは、教育・文化行政にとって大きな欠陥となっており、地名を統一的に所管する機関の存在が必要であると考えられる。もちろん、そのような機関を全く新規につくるというよりは、既存の機関の改変や連携により、実効性のある方向も考えられる。なお地名が国際社会において領土領海における実効支配の実態やその妥当性を証するものであることなど、地名を国の行政対象とする必要性があることにも留意すべきであろう。

4　国際社会の地名標準化への取り組み

(1) 国際機関

1　国連地名標準化会議

前述のように、国連では国連地名標準化会議（UNCSGN, 国連社会経済理事会の下部機関）を 1967 年以降、5 年ごとに開催し、各国の地名表記について植民地時代に旧宗主国から押し付けられた地名や戦乱によって占領されていた地方の地名を改めたり、少数民族の古来の地名を保護するなど標準化を進めた。同時に、国連は加盟国が相互に地名呼称を標準化することを支援し、ラテン文字表記の普及と、各国による地名標準化の実施状況を共有する場を提供している。

この会議及びその協力機関である国連地名専門家グループ（UNGEGN）に対し、日本は外務省及び国土地理院が対応、参加しているが、諸外国と決定的に異なることは、地図・地理学や地名学の専門家を送る予算も人員も不足し継続的な研究者の参加がない点である。例えば、2014 年の会議では韓国が研究者 7 人を派遣したのに対し日本は研究者を送り込むことはなかった。部会での研究者の関与は大きいため、継続的に派遣されている各国の研究者は会議役員並びに分科会座長に選出される例が多いが、日本からは2017年まで全く選出されなかった。一方、オーストリア、スウェーデン、オランダ、韓国等の研究者は部会の主査を務め[6)]、本会議とは別に研究者が参加する独自の会合を開催し、勧告や決議文の草案に向けて活動を行ってきている。

2　国際水路機関

海洋名については、1921年に発足した国際水路局（IHB）を母体に国際水路機関条約（1970年発効）により設立した国際水路機関（IHO）が、各国の水路機関が航海用刊行物を編集する際の利便性を目的として、世界の海域の境界と名称を記載した「大洋と海の境界」を刊行した。同刊行物は英語及びフランス語で刊行され、それ以外の言語で記載されていない。

3　国際学会

2011年に国際地理学連合（IGU）と国際地図学協会（ICA）は合同で共同地名研究委員会・ワーキンググループを設置し、2012年のドイツ、2013年の日本、2014年のポーランド、2015年のロシアで開催されたIGU、2015年のブラジルICA会議では地名問題セッションが開催され、UNGEGNに参加する地理学・地図学者らが討議を深めた。

ただし、地理・地図学者の学術的国際機関であるIGU及びICAの地名研究委員会においては、国連地名標準化会議とその分科会とは異なり、学術の場であるため日本からの参加者への旅費予算の獲得は参加者の努力に任されていることもあって、IGUの2013年の京都国際地理学会議を除き、日本からの参加者は皆無であり、各会議での意見交換の内容は把握できていない。一方、世界には地理学者を含めて数人が常時派遣されている国がある。2012年のケルン国際地理学会議での地名研究委員会セッション、2014年のクラクフ国際地理学会議での地名委員会セッションで韓国から報告された地名に関わる研究内容[15]について日本からのコメントを示すことはできなかった。

(2) 諸外国の取り組み

多くの国々は国家地名委員会を組織し、外交官と地名学者が協力体制をもって国家内部の地名問題を扱うだけでなく、この国際的な地名問題の場に出席し報告している。以下にいくつかの国の事例を挙げておく。

1　アメリカ合衆国

アメリカ合衆国はアメリカ地名委員会（United States Board on Geographical Names（BGN））をUNCSGNの勧告より早く1947年（原型は1890年に遡る）に設立し、未解決の全ての地理的問題を解決する権限を与え、その決定は、連邦政府、地方公共団体を拘束する。したがって、地名委員会は地名問題の解決や地名の変更、新たな地名の命名を行っている。

2　ドイツ

Ständige Ausschuss für Geographische Namen（StAGN 地名に関する常設委員会）はドイツ語が使用される地域の地名を統括する地名委員会であり、ドイツ・オーストリア・スイス・ベルギー・イタリア各国が参加している。ドイツ語圏における地名委員会の設立は1893年のケッペン（Köppen）の提言に端を発している。

委員会の主な機能は、1）ドイツ語圏における地名の適切な使用と標準化に関してガイドラインや提言を適宜発行する、2）国内的、対外的、国際的（国連地名専門家グループ等）にドイツ語での地名に関する代表機関としての役割を果たす、3）ドイツ語圏における地名集を作成する、4）ドイツ語圏外におけるドイツ語地名（エキゾニム）の地名集を作成する、等となっている。なお、StAGNはドイツ連邦共和国地名委員会を兼ねるが、他の構成4ヵ国は各々の国家地名委員会も設立している。

3　中国

中国は中央地名委員会の下に各省自治区市県にも地名委員会が設置され、各々が地名を決定・変更し、地名集を発行している。その中で漢字の音を用いた少数民族地名の表記は、時に表意文字による原地名の翻訳の影響もあって、漢民族地名と少数民族地名とが混淆しており、単なるアルファベット表記では両者を区別しにくいため理解しにくい。

例えば、モンゴル語の原地名ウランハド（Ulanhad）はその原義を中国語訳し「赤峰（チーフォン ,Chifeng）」とする一方で、ウランホト（Ulanhot）は翻字を用いて烏蘭浩特と表現する [16][17]。これらは中央政府発行の地名集（Gazetteer）で参照出来る。

4　韓国

韓国では「空間情報の構築及び管理等に関する法律」（改正 2013.3.23）によって、地名及び海洋地名の制定、変更、その他の重要事項を審議・議決するため、国土交通部に国家地名委員会を置き、市･道には、市･道地名委員会を置き、市･郡又は自治区には、市･郡･区の地名委員会を置いている。地名は、「地方自治法」その他の法令で定めるもの以外は、国家地名委員会が審議・決定して、国土交通部長官又は海洋水産部長官がその決定内容を告示することとしている。国の地名委員会の構成及び運営等に必要な事項は、大統領令で定め、市・道地名委員会と市・郡・区の地名委員会の構成及び運営等に必要な事項は大統領令で定める基準に基づき地方公共団体の条例で定めている。

5　インドネシア

インドネシアはアジアで最も地名委員会活動が整備されている国であり、UNGEGN においてもアジアにおける活動を主導している。領土が多数の島々からなり、領土領海の確定への関心が背景にあるものと考えられる。現在の体制は大統領令 112/2006 に基づいており、国家地名委員会は 3 部会からなっている。第 1 部会は内務省・外務省・国防省・水産省・教育省から構成され、全般的な政策を担当する。第 2 部会は地理空間情報局（BIG）を中心に政策実行を担当、第 3 部会は言語学、人類学、地理学、歴史学、考古学等の専門家によって構成され、諮問への対応や審議・提言を行っている。この委員会によって、インドネシアにおけるすべての地名が準拠しなければならない 8 つの原則及びガイドライン（内務省令 39/2008）が制定されている。

5　地名問題の解決に向けて

(1) 地名標準化の課題

1　地名に関する国の基本的、統一的な法律やガイドライン、各省庁に分散する地名への対応を統一的に所管する機関が必要であり、教育、学術、地方行政、外交折衝、国土政策など多様な分野での地名の取り扱いを統一し、教育の場での地名表記・呼称の混乱を収束させる必要がある。

2　日本の地名は日本社会の歴史的言語的文脈の中で生まれ育ってきたという点で、明らかに日本文化を共有する国民全体の共有物であるとの認識が必要である。地名の決定権はあくまでも地方公共団体に与えられるものではあるが、地方議会の議決を総務省が官報に告示する前に、決定案の策定に関して、支援・助言を行い、時には議会決定とは異なる住民等の申し立てに対応し、必要に応じて調査・調整する機会が求められる。

3　国際交流の進展に伴って、来日外国人に対する日本地名及び海外渡航邦人に対する外国地名の表記・呼称の標準化による利便性の向上は、観光立国を標榜する日本にとって喫緊の課題である。

4　ローマ字表記の地名が訓令式の文部科学省表記とヘボン式の外務省表記との2種類あって、内外に混乱をまねき、教育の現場でも困惑している現状を改善し、日本としての地名表記の整合性を高める必要がある。

5　地名が国際社会において領土領海における実効支配の実態やその妥当性を証するものであることに留意すべきである。

(2) 地名の統合管理

日本国内の地名と日本で用いる外国地名を統合管理（命名・改名・呼名・表記に関する支援・助言）し、各省庁並びに地方公共団体・民間などで地名を使用する際のガイドラインを作成し、地名改廃を見届け、地名表記と呼称の標準化への方向性をつけるため、既存の組織を横断した取り組みが必要である。標準化に際しては、歴史的経緯を十分に考慮し、文化的遺産・歴史的遺産としての地名の保存を図ることが望まれる。また、地方公共団体並びに各省庁と連携して、外国に対して日本の地名を周知し、国内地名について外国人観光客や外国書籍に向けた外国語表記の標準化を進め、外国語を用いた国内地名の評価・指導、場合によっては廃止など許認可を行い、対外的には外務省等の協力を得て地名ブランドの保護、外国との地名呼称問題などに総合的に対応するための有識者・専門家・研究者からなる組織が必要である。

(3) 地名専門家の育成

地理学・地図学・言語学・歴史学などの専門家や総務省（統計局を含む）・外務省・国土交通省（国土地理院・海上保安庁を含む）・文部科学省（文化庁を含む）などの関係省庁の協力を得て、地名の命名・廃止・改正に際しての地名の適切な運用に対して助言のできる専門家の育成が必要である。また、国内外における地名収集を進め、その呼称と表記を研究しうる人材の育成も必要である。

(4) 国際的対応の強化

国は、関係機関と協力して国連地名標準化会議（UNCSGN）関連の諸会議及びIGU/ICA共同地名研究委員会など地名に関わる国際的な学術団体に、多くの国々と同程度の数名の地名専門家を派遣し、世界の地名問題に対応する必要がある。特に国連地名専門家グループ（UNGEGN）への専門家の派遣が必要である。

(5) 地名集（Gazetteer）の作成

現存する100万分の1縮尺レベルの地図上に表記されている地名集では歴史地名、文化的地名、さらには災害にかかわる地名などは扱われていない。これらを含めたデータベースは日本でも作成が進んでいるが[7]、いっそうの充実が必要である。国内では教育やジャーナリズムの分野で使用する地名を標準化し、国外には日本の地名の呼称・表記のガイドラインを提示して、国際的な地名に関する動向（地名の売買の抑制や文化財としての地名保護など）に対応しうる国際化時代にふさわしい地名の統合管理が行えるようにすることが必要である。

〈注〉

1）UNGEGN は地名トレーニングコース分科会を組織し、特に国際地図学協会（ICA）と共同で学部課程の地名コースを提案している。

2）2012 年の国連地名標準化会議決議 X/4 号 :Discouraging the commercialization of geographical names

3）国土地理院は自然地名である甑島（こしきじま）を合併した鹿児島県薩摩川内市の申請によって「こしきしま」と呼称を変えたが、この変更の決定・承認・拒否の権限はどこにあるかを定めた法令はない。

4）2017 年の国連地名標準化会議では Geographical names as culture, heritage and identity を議事日程にのせている。

5）住居表示に関する法律第十条

6）UNGEGN Bureau and Working Group Convenors, 2012-2017　http://unstats.un.org/unsd/geoinfo/UNGEGN/bureau.html

7）例えば、大学共同利用研究機構人間文化研究機構が、『大日本地名辞書』、『延喜式神名帳』、『旧 5 万分の 1 地形図』をベースに作成した、ジオコーディングを可能とする『歴史地名データ』を公開した。https://www.nihu.jp/ja/publication/source_map

〈用語の説明〉

国連地名標準化会議（United Nations Conference on the Standardization of Geographical Names, 略称 UNCSGN）

国連社会経済理事会の下部機関である統計委員会が主催する国際会議で、1967 年に第一回会議が開催されて以来、5 年に 1 度定期的に開かれた。その目的は、国内及び外国地名の標準化、国内の標準化された地名の方法を国際的に普及促進すること、非ラテン文字表記をラテン文字表記に転換する単一方式の承認、用語の定義、表記方法について技術的観点から専門家による議論が行われる。個別地名に関する審議や決定は行わないことになっているが、実際には議論の過程で国家間の問題が提起される。なお、同会議からは 1）国家地名機関の設置、2）地名集、地名ガイドラインの作成、3）各国が提案する地名のラテン文字化の単一方式の承認、4）外来地名（Exonym）の削減などが各国に勧告されている。

国連地名専門家グループ（United Nations Group of Experts on Geographical Names, 略称 UNGEGN）

経済社会理事会の専門機関の 1 つで、国連地名標準化会議の実質的な進行を担う。ほぼ 2 年に 1 度開催される。グループは地域・言語により 24 部会に分かれ、日本は日本・韓国・北朝鮮からなる東アジア部会に属する。また課題別に 10 の作業部会（WG）と 2 つの課題チームが設置されている。作業部会は 1）国名、2）地名集、3）地名用語、4）広報・ウェブサイト管理、5）ラテン文字化、6）地名研修、7）評価・実施（UNGEGN の活動と決議実施の評価・提案）、8）外来地名、9）文化資産としての地名である。また課題チームには地図編集者などにおける国際使用のための地名ガイドラインがある。これらの座長国はほぼ欧米の地理学者・地図学者に限られている。

国家地名委員会（National Committee on Geographical Names）

国連地名標準化会議の勧告によって組織化をされた地名に関する一元的管理（命名・変更の承認又は決定）のための行政機関である。多くの国連加盟国が設置しているが、アメリカ合衆国など一部の国々は勧告以前に既に設置していた。National Board on Geographical Names とも呼ばれ、この場合には国家地名局あるいは地名庁と訳すことも可能である。

外来地名（Exonym）

地理的実体が存在する地域の公用語ではない言語によって付与された地名であって、当該地域の公用語による地名とは形の異なるもの。ただし古い Exonym はしばしば内生地名化し Endonym となる場合もあるので、Exonym は相対的な概念といえる。

内生地名（Endonym）

地名当局が承認した地名、あるいは歴史的に発生した当該地域の公用語による地名。ただし領土変更などによって Exonym 化する可能性もある。

地名集（Gazetteer）

アルファベットあるいはアイウエオなどの順で配列された地名のリストで、その位置の記述、できれば異名や地理的実体（geographical feature）の種類、定義、その他技術的情報を含む。

国際地理学連合（International Geographical Union, 略称 IGU）

1922 年創立の地理学者の国際的連合である。国際学術会議（ISC）の構成団体で、

34 の研究委員会のうちには ICA と共同の地名研究委員会を組織している。日本学術会議の地球惑星科学委員会にある IGU 分科会がその日本委員会となっている。

国際地図学協会（International Cartographic Association, 略称 ICA）

1959 年発足の地図学者の国際学会である。国際学術会議（ISC）の構成団体で、IGU と共同の地名研究委員会を組織している。日本学術会議地球惑星科学委員会の IGU 分科会のもとに ICA 小委員会が設けられ、それが日本側の対応組織となっている。

〈参考文献〉

[1] United Nations Group of Experts on Geographical Names（2006）Manual for the national standardization of geographical names. https://unstats.un.org/unsd/publication/seriesm/seriesm_88e.pdf

[2] United Nations Group of Experts on Geographical Names（2002）Glossary of Terms for the Standardization of Geographical Names. https://unstats.un.org/unsd/geoinfo/UNGEGN/docs/pdf/Glossary_of_terms_revised.pdf

[3] United Nations Group of Experts on Geographical Names（2014）Report on the toponymical activities of the ICA 2012-2014. 28th UNGEGN Working Paper No.34/35 https://unstats.un.org/unsd/geoinfo/UNGEGN/docs/28th-gegn- docs/WP/WP34_The%20joint%20ICA.pdf

[4] Kadmon,Naftali（1997）Toponymy : the lore, laws, and language of geographical names（邦訳:カドモン ナフタリ著、国土地理院測図部資料課訳「地名学」日本地図 センター）.

[5] 田邉　裕・谷治正孝・滝沢由美子・渡辺浩平（2010）地名の発生と機能．帝京大学地名研究会.

[6] 谷川健一（1979）現代「地名」考．NHK ブックス.

[7] 今尾恵介（2009）「平成の大合併」における新自治体の命名傾向．言語．35 (8)．pp. 20-29．大修館書店.

[8] 楠原祐介 (2003) こんな市名はもういらない．東京堂出版.

[9] 碓井照子・羽田康祐・石山一義（2009）地名の標準化と地名辞書．地理情報システム学会講演論文集．18．pp. 37-40．地理情報システム学会.

[10] 文部省編（1959）地名の呼び方と書き方 : 社会科手びき書．大阪教育図書.

[11] 教科書研究センター編著（1978）地名表記の手引．ぎょうせい.

[12] 教科書研究センター編著（1994）新地名表記の手引．ぎょうせい.

[13] 上野智子(2009)生活のことばとしての地名. 言語. 35(8). pp. 30-37. 大修館書店.

[14] JETRO (2009) 中国商標権冒認出願対策マニュアル 2009 年改訂増補版. JETRO.

[15] Choo, Sungjae (2012) Recent Discussions on the Naming of the Sea between Korea and Japan and Topics of the Geographical Toponymy. 대한지리학회지 (Journal of the Korean Geograpical Society). 47 (6). pp. 870-883.)

[16] 田邉　裕 (2015) 漢字文化圏における地名標準化. 地図. 53 (4). pp. 2-9. 日本地図学会 .

[17] 中国国家測絵局編 (1997) 中国地名録. 中国地図出版社.

あとがき

私が初めて国際問題としての地名問題に関心をもったのは、2000年のソウルにおける国際地理学会議に並行して開かれた韓国主催のシンポジウムである。日本海はけしからん、インド洋はおかしい、ペルシャ湾も再考すべきだ、とそれぞれ韓国、アフリカ、アラビア半島の学者の発表を聞いてからである。

地名研究とは、民俗学者・歴史学者や言語学者が地名の由来や起源などを取り扱うことが主体で、私のように政治地理学者として市町村の境界問題や合併問題に取り組んできたものにとって、地名を国際政治の場で、わざわざ国際地理学会議に並行して国が支援して独自にシンポジウムを開く主題であることに、きわめてショックを受けたのであった。

ここ20年近く、地名に関して、さまざまな場で政治地理学者として地名に関する発言をし、論考を披露してきた。その一部は海外の地名学者に向けて発表してきたので、帝京大学時代の同僚である渡辺浩平教授に私の和文原稿を校閲して英訳してもらい、共著論文とした。自分でも英語で論文を書いてはいたが、通常フランス語で書いたものを英訳するという手間と、高齢となって行文と校正に自信が持てなくなってきたこともあって、ケンブリッジ大学に留学していた同教授からの支援を受けたのである。共著や私自身の英語論文のリストはまえがきの末尾に付記した。日本語で書いた本書とはやや異なる共著論文となっているので、関心のある方はご参照いただきたい。この著作にあたって助言をいただいた渡辺浩平教授には、ここ10年以上にわたるご助力に感謝する。また、この地名に関する老人のため息を記事にまとめあげてくださった朝日新聞の齋藤智子記者にも感謝の意を記したい。

最後に学術会議の「報告」(2019 年 9 月 20 日）を資料として本書の末尾に掲出した経緯を簡略に述べる。まず、第 22 期 IGU（国際地理学連合）分科会（委員長・春山成子三重大学名誉教授）で 2014 年 5 月 26 日に、私が代表として初めて参加した 2012 年夏以降の国連地名標準化会議の活動報告を行った。やがて私が副会長を務めていた IGU と ICA（国際地図学協会）の地名共同研究のワーキンググループが組織されたのに触発され、その秋に IGU 分科会の下に設置された 22 期地名小委員会が組織され、私も委員として参加した。

この小委員会は学術会議幹事会に地名行政の推進に関する「意見」を 2016 年 7 月に提出したが、了承を得られなかった。今回本書に収録したものは、2016 年に引き続いて設置された 23 期地名小委員会（委員長・岡本耕平名古屋大学大学院教授）が 22 期の「意見」を「報告」の形に修正して幹事会の承認を得たものである。この資料が一部本書の記述と似通う部分があるのは、22 期の「意見」原案を私が担当したためである。

本書の出版の先触れとして執筆した報告『地名の政治地理学的研究報告』には、岡本教授を代表とする「日本における地名標準化に向けての課題と社会への影響に関する研究」(2017－19 年度、挑戦的研究（萌芽））の科学研究費補助をいただいた。続いて本書『地名の政治地理学』は「人と社会からみた地図・地理空間情報の新技術とその評価」（代表・若林芳樹東京都立大学教授）の科学研究費をいただいた。ありがたいことである。

この間、環太平洋大学の大橋博理事長および大橋節子学長には研究の場と時間とを与えてくださったことを感謝したい。それがなければなかなか研究を持続できなかった。さらに、関係した科研費参加者、学術会議の小委員会、分科会、幹事会および外務省専門機関室や国土地理院の諸氏に感謝する。とりわけ快く出版を引き受けてくださった古今書院と元原稿の雑誌「地理」への掲載の労を執って下さった原光一さんには、厳しい出版界の現状は十分承知しているので、いくら感謝しても感謝しきれない。

2020 年盛夏

田邉　裕

著者略歴

田邉　裕（たなべ ひろし）

1936年生まれ。1959年東京大学教養学部卒。1963年同学大学院数物系研究科地理学専攻中退。1966年理学博士。1966-68年レンヌ大学留学。1959年国際基督教大学助手、1963年東京大学教養学部助手・助教授・教授・名誉教授、1997年慶応義塾大学経済学部教授・特選塾員、2002年帝京大学経済学部教授・学部長、2013年広尾学園中学・高等学校校長、2014年環太平洋大学特任教授、2019年村田学園学園長。この間、パリ第七大学客員教授、パリ大学都市日本館館長、国際地理学連合副会長、国連地名標準化会議日本代表、国連地名専門家会議日本代表・東アジア部会会長などを歴任。

書　名	**地名の政治地理学－地名は誰のものか**
コード	ISBN978-4-7722-5337-6　C3036
発行日	2020（令和2）年10月2日　初版第1刷発行
著　者	**田邉　裕**
	Copyright　©2020 Hiroshi TANABE
発行者	株式会社古今書院　橋本寿資
印刷所	理想社
発行所	**（株）古今書院**
	〒113-0021　東京都文京区本駒込5-16-3
電　話	03-5834-2874
F A X	03-5834-2875
U R L	http://www.kokon.co.jp/
	検印省略・Printed in Japan